트렌드
코리아
2012

# 트렌드 코리아 **2012**

**1쇄 발행**  2011년 12월 1일
**20쇄 발행**  2012년 3월 30일

**지은이** | 김난도, 이준영, 권혜진, 전미영, 이향은, 김서영
**펴낸이** | 성의현   **펴낸곳** | 미래의창

**등록** | 제10-1962호(2000년 5월 3일)
**주소** | 서울 마포구 서교동 395-179 미르빌딩 5층
**전화** | 02-325-7556(편집), 02-338-5175(영업)  **팩스** | 02-338-5140
**홈페이지** | http://www.miraebook.co.kr
**이메일** | miraebook@yahoo.com/miraebook@chol.com
**ISBN**    978-89-5989-172-6 13320

※ 책값은 뒤 표지에 있습니다. 잘못된 책은 바꿔 드립니다.

TREND KOREA

# 트렌드
# 코리아
# 2012

| 김난도, 이준영, 권혜진, 전미영, 이향은, 김서영 지음 |

## 서문

# 드래곤볼

### 격변의 2012년, 누가 흑룡의 여의주를 가질 것인가?

2012년은 격동이 예고된 해다. 우리나라의 근미래를 책임질 국회의원과 대통령을 4월과 12월에 선출한다. 북한은 소위 '강성대국'으로 들어가는 해로 규정하고 있다. 김정일 국방위원장의 후계 작업이 본격화하고, 김정은의 동선이 확대되면서 예상하지 못한 크고 작은 사건이 발생할 것으로 예상할 수 있다. 한반도에서뿐만이 아니다. 2012년은 전 세계적으로도 리더십이 격변하는 '글로벌 정권 교체'의 해다. 1월 대만의 총통 선거를 시작으로, 프랑스·인도·터키·멕시코·핀란드 등 무려 29개국이 대선을 치른다.[1] 미국에서는 오바마 대통령이 재선에 도전하고, 중국에서는 시진핑, 러시아에서는 푸틴이 대권을 잡을 것으로 전망된다.

　이러한 정치적 구도는 사실 기대보다는 불안감을 더 불러일으킨다. 글로벌 강국들이 나라 밖 세계 경제체제의 안정보다는 나라 안 선거에 발이 묶이면서 자국 이기주의적인 정책을 쏟아내면, 가뜩이나 지뢰밭 같은 세계 경제의 위기가 언제 어디서 폭발할지 모르게 되기 때문이다. 이러한 분위기 속에서 강대국의 선거를 겨냥한 테러의 위험이 더욱 커지고 있다. 2011년 후반기부터 시작된 '99% 시위', '점령occupy 시위'가 어떤 파급효과를 불러올지 우려스러운 한 해이기도 하다.

　2012년 임진년壬辰年은 용의 해다. 용은 12간지 동물 중 유일하게 실존하지 않는 상상의 존재다. 그만큼 상징적 의미가 강한 동물이다. 용은 용안龍顔, 용비어천가 등의 예에서 보듯이 임금을 상징한다. 대선의 해에 어울리는 아이콘이다. 또 용은 비바람을 부르는 것으로 알려져 있다. 임진년의 흑룡이 전 세계를 가로지르는 격변의 조화를 일으킬 것을 예고하는 듯하다.

　그 어느 때보다도 기대와 긴장이 교차하는 신년을 앞두고, 이런 격랑기의 트렌드 키워드를 선정하는 데 어려움과 긴장감이 컸다. 서울대 생활과학연구소 소비트렌드분석센터는 2007년도부터 그 해의 간지干支에 맞춘 동물을 활용해서 키워드의 첫 글자를 맞춰왔다. 2012년 용띠 해에 맞춰 용이 들어가는 여러 단어를 고민한 끝에 선정한 단어의 조합은 바로 드래곤볼(DRAGON BALL)이다.

〈드래곤볼〉은 일본의 토리야마 아키라가 1984년부터 1995년까지 연재한 만화와 이를 원작으로 한 애니메이션의 제목이다. 중국의 '서유기'를 현대적으로 재해석한 이 만화는 손오공이 드래곤볼이라 불리는 7개의 구슬을 모으면 용신龍神이 나타나 어떤 소원이라도 들어준다는 내용을 주축으로 하고 있다. 주인공들이 용신을 부르는 주문은 "나와라, 용신!"이다.

민화民畵에서 용 그림을 자세히 보면 턱 아래 작은 구슬이 있는데 이를 여의주如意珠라고 한다. 이것을 가지면 무엇이든 만들어낼 수 있다는 영묘한 구슬이다. 만화 드래곤볼은 아마도 이 여의주에서 영감을 얻었을 것이다. 하지만 2012년에는 이 만화를 좋아하는 독자들뿐만 아니라, 많은 사람들이 여의주, 즉 드래곤볼을 더욱 더 간절히 원할 것으로 보인다. 여의도와 청와대에 입성을 꿈꾸는 정치인, 사업이 대박 나기를 바라는 사업가, 승진과 승급을 원하는 직장인, 성적이 올라가기를 기대하는 학생들에 이르기까지, 무슨 소원이든 이루어준다는 드래곤볼은 모든 이의 꿈이다.

60년 만의 흑룡黑龍띠라는 2012년, 이 모든 분들이 자기 소원을 들어줄 수 있는 드래곤볼을 모으시라는 축원을 모아, 여의주라는 의미도 가지고 있는 '드래곤볼'을 올해의 키워드로 삼았다.

만화 〈드래곤볼〉에서 용신을 부르기 위해 모아야 하는 드래곤볼은 모두 7개였지만, 이 책에서 독자들의 여의주를 위해 선정한 키워드는, 늘 그랬듯이, 모두 10가지다. 각 키워드의 명칭과 의미는 책의 본문에서 설명하겠지만, 그 저변을 관통하는 공통분모를 이야기하라면 '불확실성의 시대에 살아남을 수 있는 설득과 공감 능력'을 꼽고 싶다.

선거에 출마를 하거나 상품을 판매할 때, 가장 필요한 것은 유권자와 고객을 설득하는 일이다. 요즘처럼 경쟁이 치열하고 각종 '리스크'가 커지는 상황에서, 막강한 정보로 스마트하게 무장한 소비자에게 선택을 받는다는 것은 매우 어려운 일이다. 일단 '주목'을 받아야 하고, '진정성'을 가지고 '세대를 아우르는 공감'을 얻어내야 한다. 그러기 위해서는 '차선책'을 제시하거나, 상품에 '인격'을 부여하거나, 아니면 '진귀한 성분'이라도 내세워야 한다. 오늘날의 소비자들은 '자생·자발·자족'적으로 문제를 해결해낼 능력이 있으며, 아무리 '마이너'한 상품이라도 느낌만 좋다면 기존에 써오던 메이저 브랜드를 버리고 바로 선택한다. 때로는 '삶의 여백'을 꿈꾸며 지금까지와는 매우 다른 선택을 하기도 한다. 이러한 트렌드를 정확히 파악하고 신속하게 대처하는 것이 사업이든 선거든 성공의 관건이 될 것으로 보인다.

그 어느 때보다도 트렌드 대응능력이 중요해진 격랑 속의 2012년이다. 『트렌드 코리아 2012』가 이 변화의 파도 속에서 정확한 조타操舵를 가능하게 할 풍향계의 역할을 할 수 있기를 희망한다. 변화하는 시대의 바람을 제대로 읽으면, 모두 여의주를 얻고 소망을 이룰 수 있을 것이다. 지금 불고 있는 시대의 바람은 '자발성과 진정성의 힘'이다.

〈트렌드 코리아〉 시리즈는 매년 표지의 기본 디자인은 유지한 채 색깔로써 책의 내용을 표현하고 있다. 예를 들어 2011년에는 '두 마리 토끼'의 이중적인 의미를 띠는 보라색을 표지 컬러로 썼다. 『트렌드 코리아 2012』의 상징색은 청록색이다. 용 그림에서 가장 많이 쓰이는 색깔이 청록색이기도 하지만 저자 나름으로는 기원과 의미를 담아 청록색을 타이틀 컬러로 사용하기로 했다.

청록색은 파랑과 녹색의 중간색이다. 파랑은 명도가 낮고 파장이 짧아 눈의 피로를 풀어주고 안정감을 주는 차분한 색이다. 격변의 2012년에 변동이 최소화되고 되도록 안정을 찾으라는 의미에서 파랑이 들어간 색을 찾았다. 녹색은 강한 생명의 색이다. 하늘로 승천하는 용의 이미지는 불경기와 사회 불안 속에서도 꿈틀거리며 살아나는 생명의 모습이 담겨 있기에 녹색 역시 새해와 어울린다고 생각했다. 이러한 청색과 녹색을 합친 색깔이 청록색이기에 2012년의 색으로 청록색을 택한 것이다. 부디 우리가 고른 청록색이 용의 조화造化를 지긋이 진정시켜 대한민국과 세계의 정치·경제가 안정적으로 순항할 수 있기를 기원한다.

원고를 마무리하는 막바지 작업이 한창일 때, 10·26 재보선 선거가 치러졌다. 개표결과에 대한 분석과 향후 전망을 잔뜩 담은 조간신문이 서둘러 배달되던 다음 날 아침, 원고를 교정하던 출판사의 편집자로부터 짧은 이메일이 왔다.

"정말 쪽집게시네요."

예상치 못하게 치러진 서울시장 선거였지만, 어떤 양상으로 전개될지에 대해서는 어느 정도 예상이 가능했다. 생각보다 일찍 확인이 됐을 뿐이다. 10·26 재보선 선거의 결과는 본서의 〈Let' s 'plan B'(차선, 최선이 되다)〉, 〈Over the generation(세대 공감 대한민국)〉, 〈Neo-minorism(마이너, 세상밖으로)〉, 〈All by myself society(자생·자발·자족)〉 등의 키워드가 복합적으로 작용한 것이라고 해석된다. 이러한 경향은 2012년의 총선과 대선에서 〈Deliver true heart(진정성을 전하라)〉, 〈Attention! Please(주목경제가 뜬다)〉 등의 트렌드와 함께 더욱 뚜렷하게 나타날 것으로 보인다.

본래 〈트렌드 코리아〉 시리즈가 논의하는 주제는 '소비' 트렌드와 그에 영향을 미치는 경제·사회·문화적 흐름에 관한 것이다. '정치적 흐름'은 책이 처음 발간될 때부터 의도적으로 분석하지 않았다. 하지만 2012년은 명실상부하게 정치의 해다. 워낙 국민적 관심도 높고, 소비에 미칠 파장도 크다. 그래서 고민 끝에 『트렌드 코리아 2012』에서는 트렌드 키워드의 정치적 의미에 대해서 간략하게나마 설명하기로 했다.

이는 어디까지나 객관적·중립적 분석이며, 특정 정당·정파·후보자에게 유불리한 영향을 주려는 의도는 전혀 없다. 부디 조금이라도 오해가 없었으면 좋겠고, 정치적 오독誤讀이나 확대해석도 일어나지 않기를 희망한다. 앞으로도 〈트렌드 코리아〉 시리즈는 정치적 중립을 엄정하게 지키고자 한다.

〈트렌드 코리아〉 시리즈는 일 년 내내 여러 사람이 힘을 합쳐 자료를 수집한 후, 한정된 시간 동안에 집필을 마쳐야 하는, 매우 까다로운 책이다. 금년에도 언제나 그렇듯이 많은 분들의 도움을 받지 못했다면 제때 출간하기 어려웠을 것이다.

금년 키워드의 일부분은 기업들과의 협력 작업을 통해 얻어진 것이다. 특히 (주)아모레퍼시픽의 마케팅부문 CIConsumer Insight팀과 디자인팀, (주)CJ제일제당 식품연구소, 롯데마트의 동반성장전략팀, (주)한라마이스터의 전기자전거 개발팀, 애경백화점(AK플라자), 지식경제부 산업기술기반조성사업 산하 아이패션 의류기술 비즈니스 센터i-Fashion Biz Center 등과의 프로젝트 및 자문을 수행하는 과정에서 큰 도움을 얻었다. 해당 기업의 관계자 여러분께 깊이 감사드린다.

트렌드 키워드 선정을 위한 밑자료로 사용되는 트렌드다이어리Trendiary를 성심껏 작성해준 트렌드 헌터그룹 '트렌더스 날' 과 서울대 · 성신여대 학생들에게도 감사한다. 짧은 일정 속에서 꼼꼼하게 윤문작업을 수행해 준 고은경 서울대 박사수료생, 여러 행정적인 궂은일을 도맡아준 이일순 연구원, 그리고 밤낮을 가리지 않고 자료수집에 열중해 준 소비트렌드분석센터의 여러 연구원들께도 깊이 감사드린다. 마지막으로 출간을 허락해주신

〈미래의 창〉 성의현 사장님과 직원 여러분께도 감사드린다.

그중에서도 가장 감사드리는 분들은 바로 독자 여러분이다. 변함없는 성원 덕분에 〈트렌드 코리아〉 시리즈가 4년 만에 대한민국 대표 트렌드 서적으로 자리 잡았다. 눈코 뜰 새 없이 바쁜 집필 기간 동안 몸과 마음을 소진하고 나서도, 이내 다시 추스르고 새로운 자료 수집에 나서게 되는 것은, 온전히 독자분들의 기대에 대한 감사와 책임감 때문이다. 부디 올해에도 이 책이 2012년 한국 소비트렌드를 정확하게 짚어내 독자 여러분의 그러한 기대에 부응할 수 있기를 기원한다.

2012년 흑룡의 해에는 우리 모두의 소원을 이룰 수 있도록 크게 외쳐보자.

"나와라, 용신!"

2011. 11.

김난도

서문

# 제1부 | 2011년 소비트렌드 회고    019

| D | **Deliver true heart**<br>진정성을 전하라 |
|---|---|
| R | **Rawganic fever**<br>이제는 로가닉 시대 |
| A | **Attention! Please**<br>주목경제가 뜬다 |
| G | **Give'em personalities**<br>인격을 만들어 주세요 |
| O | **Over the generation**<br>세대 공감 대한민국 |
| N | **Neo-minorism**<br>마이너, 세상 밖으로 |
| B | **Blank of my life**<br>스위치를 꺼라 |
| A | **All by myself society**<br>자생 · 자발 · 자족 |
| L | **Let's 'plan B'**<br>차선, 최선이 되다 |
| L | **Lessen your risk**<br>위기를 관리하라 |

# 2012년 10대 소비트렌드 키워드

# DRAGON BALL

누가 흑룡의 여의주를 가질 것인가?

- 진심이 아니면 움직이지 않는다. 화려한 메시지보다 진심이 담긴 마음, 상대방의 입장에 서는 공감에 기반한 진정성만이 통한다.

- 오가닉(유기농)에서 로가닉(천연 성분)으로. 구하기 어려운 천연 성분의 원료가 각광받는다. 뼛속까지 깨끗하고 처음부터 좋았던, 순수한 것들이 인정받는다.

- 과잉의 시대, 치열한 경쟁이 일상화됐다. 이제 웬만해서는 소비자의 주의조차 끌지 못한다. 심지어 물의를 일으켜서라도 어떻게든 주목을 받아보려는 시도가 봇물을 이룰 것이다.

- 무생물인 제품의 인격화가 시작된다. 기술은 캐릭터를 갖고, 사물은 성격을 갖는다. 따뜻한 감성 기술이 일상으로 들어온다. 별명과 성격으로 인격을 갖춘 상품이 소비자의 친구가 되어줄 것이다.

- 세대를 아우를 수 있는 상품이 각광받는다. 문화를 향유할 줄 아는 부모세대와 복고를 트렌디하게 받아들이는 자식세대 간 간극이 빠르게 줄어들면서 어머니와 딸이 같은 취향을 공감한다.

- 신생과 비주류가 뜬다. 기존의 강력했던 메이저들도 이름값만으로는 행세할 수 없는 시대가 됐다. 이제 실력만 갖추면 바로 인정받을 수 있다. 마이너한 감성이 세상 밖으로 나온다.

- 숨 쉴 겨를도 없이 앞만 보고 달려온 소비자들은 '모든 것이 일시정지 되는 상태'를 꿈꾼다. 행복의 패러다임이 변화하면서 천천히 가려는 사람들이 늘어날 것이다. 소비자의 공백을 영리하게 점령하라.

- 현대의 소비자는 필요한 것이 있으면 아쉬운 소리 하지 않고 스스로 해결한다. 시키지 않아도 옳다고 생각하면 과감하게 행동한다. 남들이 좋다고 말하는 것보다 내가 만족할 수 있는 것이 최고다.

- 차선 경제의 시대가 왔다. 불안하고 침체된 경제적 피로 앞에서, 저렴하고 품질 좋은 차선을 선택하는 소비자가 늘고 있다. 정치 · 경제 · 사회 등 영역을 막론하고 차선의 대안을 모색하는 경우가 많아질 것이다.

- 위기가 상시화하고 있다. 정확하게는 모르지만 언젠가는 발생하게 될 위기를 관리하라. 경제적 불황과 자연재해의 급습을 대비할 수 있는 시나리오의 필요성이 그 어느 때보다도 커지고 있다.

TWORABBITS

# 2011년 소비트렌드 회고

# 2011년 대한민국 소비자,
# 어떻게 살았나

『트렌드 코리아 2011』이 제안했던 2011년 신묘년辛卯年 토끼해의 트렌드 키
워드 슬로건은 TWO RABBITS, "두 마리 토끼를 잡아라" 였다. 두 마리 토끼
를 키워드 슬로건으로 삼은 것은 독자들이 적은 투자로 커다란 성과를 얻
을 수 있는 '일거양득' 의 한 해가 되기를 기원하는 의미였다. 하지만 이제
우리가 잡아야 할 두 마리 토끼는 단순한 일석이조가 아니라, 매우 모순된
두 마리 토끼다. 경제 환경이 복잡해지고 소비자의 성향이 까다로워지면서
시장은 매우 상반된 요구를 하고 있기 때문에, 이 모순을 만족시키지 못하
면 성공하기 어렵다는 위기의식 때문이다.[1]

2011년에도 변함없이 대한민국은 열심히 뛰었다. 기업은 기업대로, 정부는 정부대로, 그리고 소비자는 소비자대로 각자의 목표를 달성하기 위해 최선을 다했다. 우리 사회 각 분야에서 잡아야만 했던 모순된 두 마리, 혹은 그 이상의 토끼들을 살펴봄으로써, 『트렌드 코리아 2011』이 예측했던 한국 사회의 풍경을 되짚어 보고자 한다. 2011년, 우리가 잡으려 했던 '두 마리 토끼'는 과연 무엇이었던가?

## 경기 부양, 물가 안정, 재정건전성이라는 트릴레마

2008년 세계를 강타한 금융위기 이후, 2009년 한국 경제는 다행히 빠른 경제 회복을 이루었고 2010년에도 비교적 괜찮은 성적표를 받았다. 2011년 초, 정부는 경제회복 기조를 유지하기 위해 의욕적인 행보를 보였고 국내 30대 그룹도 사상 최대 규모의 투자를 발표하며 적극적으로 한 해를 시작했다. 2011년 7월까지 17개월 연속 경상수지 흑자를 기록하며 대외적으로는 나쁘지 않은 성적을 거뒀다. 특히 상반기에 외환보유액이 3천억 달러를 돌파하는 성과도 있었다. 그러나 하반기부터 본격 가시화된 미국과 유럽의 재정위기로 수출성장세가 둔화되면서 무역수지 흑자 폭이 감소하기 시작했고, 국내 경기도 영향을 받기 시작했다. 각종 경제연구소 등은 앞다퉈 한국의 2011년 경제성장률 예측치를 하향 조정했다. 생산자물가와 소비자물가 둘 다 연중 급등하며 기업과 소비자 모두에게 부담을 주었다. 가계 부채 문제도 갈수록 악화됐다. 2011년 8월, 가계 부채가 사상 최대 규모인 900조 원에 육박하면서 일시적으로 가계 대출 중단 조치가 단행되는 등 브레이크를 걸어야 할 상황에 이르렀고, 이후에도 가계 빚은 줄지 않고 계속 불어나고만 있는 상황이다.

세계경제 침체, 기상이변, 원자재 가격 급등으로 야기된 수출 부진과 물가 고공 행진은 정부의 경제 정책만으로는 해법을 찾을 수 없는 문제라는 데 그 심각성이 있다. 작금의 어려운 경제 상황 아래에서는, 두 마리 토끼는커녕 한 마리 토끼도 제대로 잡기 어렵다. 물가를 잡기 위해 금리를 올리자니 날로 심각해지는 가계 부채를 증가시켜 결국 가계의 소비 여력은 줄어들 것이고 그러면 경기가 침체된다. 또한 내수 경기를 살리기 위해 재정 지출을 늘리면 안 그래도 높은 물가를 더 자극하게 되고, 높아진 물가는 인플레를 고착시켜 가계 소비심리가 더 위축되고 가계 부채는 더욱 악화될 것이다. 결국 재정 지출이 내수 경기를 오히려 위축시키는 역효과를 가져오게 되는 것이다. 수출의존도가 높은 우리나라의 경제구조상 지금의 상황을 타개할 묘책을 찾는 것이 쉽지 않다. 2011년 내내 정부는 경기 부양, 물가 안정, 재정건전성이라는 세 마리 토끼 사이의 트릴레마(trilemma, 3중 딜레마) 속에서 고민하는 모습을 보였다.

최근 정부에서 적극 전개하고 있는 FTA 체결 확대 추세는 결국 어려운 경제 상황을 수출 증대와 수입 물가 안정을 통해 타개하기 위한 것이다. 2011년 7월 발효된 한·EU FTA도 궁극적 목적은 한국과 EU 양측의 성장과 고용 창출 및 관세 철폐를 통한 물가 안정 기여 등 여러 마리 토끼를 잡는 데 있다. 그 처리를 놓고 국회에서 많은 논란을 빚었던 한·미 FTA도 세부적인 사항에서는 양측의 득실에 대한 이견이 분분하지만, 정부가 지속적으로 FTA 타결을 주장하는 이유는 FTA를 통해 전술한 트릴레마를 어떻게든 해결하고자 하는 노력의 발로라고 보인다.

급등하는 물가를 억제하기 위한 대책이 강하게 요구되면서 두 마리 토끼 전략이 강요되다시피 하기도 했다. 2011년 들어 정부와 공정거래위원회는 물가 안정과 소비심리 회복을 통한 내수 촉진을 꾀하기 위해 기업을 상대로 수차례 가격 인상을 자제해줄 것을 주문했다. 많은 지방자치단체들도 고물가를 억제하기 위한 방편으로 저렴한 가격에 양질의 서비스를 제공하는 모범업소를 지정해 홍보 및 인센티브를 제공하기도 했다.[2] 그러나 이러한 인위적인 물가 억제책은 그 실효성에 의문이 제기되면서 기업과 소비자 모두의 공감을 얻는 데는 실패했다.

물가는 2011년 내내 핫이슈였다. 소비재 가격과 관련된 에피소드도 많았다. 오픈프라이스 적용 대상을 지속적으로 확대해왔던 지식경제부는 제도의 실효성에 대한 비판이 제기되자, 과자·라면·빙과류 등에 대한 오픈프라이스제 적용을 8월부로 철회한 바 있다. 아무리 자유경쟁 시장이라도 소비자 가격정보의 투명성·적시성·경쟁성 등 오픈프라이스제가 실효성을 거두기 위한 환경을 제공하는 것은 이론적으로만 가능할 뿐, 현실적으로는 불가능했다. 지식경제부는 오픈프라이스제를 폐지하면서 관련 품목의 소비자가격 인상 억제를 유도했지만, 실제 가격 인상을 막지는 못했다.

소비자이익을 증대하고 물가 안정을 도모하려던 두 마리 토끼 전략은 결국 실패로 돌아간 셈이다.

　너도나도 치솟는 물가를 잡느라 동분서주한 가운데 일각에서는 유통 구조를 개선하고 가격 안정을 도모하기 위한 대안이 지속적으로 모색됐다. 그중 하나가 대안주유소다. 휘발유 가격이 연일 역대 최고치를 경신하자, 지식경제부와 정유업계가 함께 도입을 모색한 대안주유소는 대기업과 공공기관 등이 공동출자하고 유통망 간소화 및 국유지·공유지 이용 등을 통해 공급단가를 낮추고자 한 시도였다. 또 다른 예로 방송통신위원회가 2011년 역점사업으로 추진한 이동통신 재판매 사업MVNO을 들 수 있다. 이는 소규모 통신사가 이동통신 3사의 통신망을 임대 사용할 수 있게 하는 것으로, 이동통신 재판매 사업자인 프리텔레콤이 내놓은 '프리씨free C 후불서비스'가 이에 해당한다. '프리씨 후불서비스'의 경우 월 기본료가 4,500원, 1초당 요금이 2원, 문자는 건당 2원에 불과해 주목을 받았다.


## 환경과 경제, 취약계층 지원과 지역 발전, 기업 성장과 사회 공헌 모두 다 잡기

과거, 비용으로 인식되던 녹색경영은 이제 투자이자 하나의 성장 동력으로 완전히 자리매김했다. 정부 각 부처는 기업뿐만 아니라 소비자들도 녹색체질로 전환시키기 위해 다양한 시도를 했다. 환경부는 친환경적인 생활을 실천하는 소비자에게 연회비 평생 면제 · 포인트 적립 · 공공시설 할인 · 각종 생활서비스 및 쇼핑 할인 등의 다양한 우대 혜택을 제공하는 '그린카드'를 출시해, 소비자에게는 경제적 혜택을 제공하고 사회적으로는 온실가스 감축 및 녹색생활문화 확산을 도모하는 일석다조一石多鳥 전략을 성공시켰다.

2011년 7월 22일 출시된 그린카드는 10월 현재 가입자가 15만 명에 이를 정도로 반응이 뜨겁다.[3] 기획재정부는 이윤과 환경보호라는 두 마리 토끼를 다 잡은 해외 선도 기업 사례를 제시해 녹색경영에 대한 관심을 환기시키는 데 앞장서기도 했다. 전 세계 200여 개국에서 물 관리 프로그램을 진행하고 있는 코카콜라, 온실가스 감축에 적극적인 스타벅스, 희귀동물 보호에 앞장서는 로로피아나 등의 사례를 소개함으로써 환경친화적 경영이 기업의 이윤 추구 목적과 부합한다는 사실을 적극 홍보했다.[4]

한편 사회적 기업이 취약계층의 일자리 창출을 통한 경제 회복과 공익적 경영 확대에 기여하는 것으로 인식되면서, 서울의 여러 자치구들이 다양한 사회적 기업 육성 프로그램을 운영하기 시작한 것도 큰 변화다.[5] 사회적 기업의 매력은 바로 취약계층 지원, 지역 발전, 중소기업 성장이라는 여러 목적을 한꺼번에 달성할 수 있다는 데 있다.

소비자 욕구가 복잡해지고 급변할수록 바빠지는 곳은 역시 민간 기업이다. 2011년 한국의 기업들은 두 마리가 아닌 여러 마리 토끼를 고민한 한 해였다. 기업의 사회적 책임이 갈수록 강조되면서, 기업의 내적 성장과 사회적 역할 수행이라는 다소 이질적인 두 가지 역할을 조화하기 위한 기업의 움직임은 매우 활발했다. 일례로 KT&G는 담배업계 세계 최초로 제조실명제를 도입해 품질경쟁력을 향상시키는 한편, 제품 포장을 혁신한 환경친화적 제품을 출시함으로써 친환경기업으로 거듭나기 위해 노력하는 모습을 보였다.[6]

　　트렌드와 공익 추구를 조화시키는 것은 이제 대세로 자리 잡은 듯하다. 예컨대 개인적 만족과 공익 추구의 동시 실현을 표방하는 뉴욕의 '띵크커피Think Coffee'가 해외 진출 1호점을 서울 경복궁 앞에 개장했는데, 이는 트렌디한 소비를 중시하면서도 공익에도 관심이 높은 한국 시장의 가능성을 높이 평가했다는 점에서 의미가 있다.


## 작품성과 대중성, 의미와 재미, 웃음과 감동, 현실성과 판타지, 어느 하나도 놓칠 수 없다

대중문화 분야에서도 그 자체로 두 마리 토끼를 잡는 성과를 올리거나, 소비자가 원하는 두 마리 토끼를 대신 잡아줌으로써 높은 평가를 받은 작품들이 많았다. 2011년 대중문화 최대의 이슈메이커였던 〈나는 가수다〉는 안착하기까지 우여곡절이 많았지만, 음악성과 오락성이라는 두 마리 토끼를 적절히 조화시켜 성공한 대표적인 사례다.

　　2011년은 두 마리 토끼를 잡은 드라마가 주목받은 한 해였다. 〈시크릿 가든〉, 〈마이 프린세스〉, 〈최고의 사랑〉, 〈보스를 지켜라〉 등 현실성과 함께 시청자들의 좌절되거나 잠재된 욕망을 건드리는 판타지라는 두 마리 토끼를 동시에 잡은 드라마가 많은 사랑을 받았다. 〈49일〉은 작품성과 대중성을 둘 다 충족한 보기 드문 수작이었고, MBC 토요단막극 〈심야병원〉은 밤 12시 20분에 방영되었음에도 불구하고 작품성과 시청률 모두에서 만족스러운 성과를 낸 작품으로 평가받았다.

2011년 드라마 부문의 또 다른 흐름은 시청자의 대리만족 욕구에 충실한 드라마가 많았다는 점이다. 〈무사 백동수〉나 〈계백〉 같은 사극은 공격적·자극적 요소가 많아지고 선악 대결구도가 명확해지면서 시청자의 대리만족 역할을 충실히 해냈다. 이런 경향은 돌싱녀와 완벽한 연하남의 러브스토리를 소재로 한 〈불굴의 며느리〉, 〈애정만만세〉, 〈오작교 형제들〉 등의 드라마에서도 잘 나타났다. 〈보스를 지켜라〉, 〈여인의 향기〉, 〈동안미녀〉, 〈미스 리플리〉 등에서와 같이 강자에게 더 당당한 캔디 캐릭터의 여주인공들이 많았는데, 이 역시 대리만족 코드와 일맥상통하는 것이었다.

예능에서도 일석다조가 대세였다. 리얼 버라이어티의 전설로 통하는 〈무한도전〉은 서해안 가요제 특집이나 조정 특집 등을 통해 재미와 감동을 조화시킴으로써 시청자들의 꾸준한 사랑을 받았다. 국민예능으로 자리매김한 〈1박 2일〉은 예능과는 전혀 무관할 것 같은 문화유산 전문가 유홍준 교수를 출연시키는 참신한 시도를 통해, 재미와 교양이라는 사뭇 거리가 멀어 보이는 두 요소가 버무려진 새로운 형식의 답사여행을 탄생시켰다.

2011년 상반기에는 〈써니〉가, 후반기에는 〈도가니〉가 스크린을 평정했다. 7080세대의 향수를 자극한 〈써니〉는 세대를 불문하고 폭넓게 사랑받

우리 국민의 행복도는 낮고 불만도가 높은 이유는
어쩌면 두 마리 토끼를 모두 잡으려 한 사람들의 욕심에서
기인한 것인지도 모른다. 모두들 욕심을 줄이고 소박하게
토끼 한 마리에도 자족했다면, 우리는 좀 더 행복해졌을지도 모른다.
그러나 토끼 한 마리에 자족한다는 건 애초에
불가능한 세상이 되어가고 있다. 소비자의 모순된 욕구 이면에는
불확실성에 대한 위기의식과 생존본능이 자리한다.


으며 740만 이상의 관객을 스크린으로 끌어들였다. 〈도가니〉는 단순히 영화를 넘어 공분으로 사회를 움직이는 하나의 현상으로 자리 잡으며 2011년에 등장한 어떤 아이템보다도 확실하게 두 마리 토끼를 잡았다. 〈도가니〉개봉 이후 네티즌들은 '아동성범죄 공소시효 폐지' 캠페인과 함께 '사건 재수사 서명운동'을 벌이기 시작했고, 경찰은 광주 인화학교 사건 재수사에 나섰으며, 장애인 인권 문제가 잇달아 폭로되는 등 〈도가니〉가 일으킨 사회적 반향은 아직도 현재진행형이다.


## 유난히 심했던 자연재해와 사건사고

2011년은 유난히 대형 재해가 잦았다. 국내에서 발생한 재해도 상당했지

만, 지난 3월 일본 열도를 강타한 대지진의 여파는 한동안 가라앉지 않았다. 우리나라는 비록 직접적인 물리적 피해를 입지는 않았지만, 워낙 지진 규모가 컸고 쓰나미의 충격이 엄청났던 데다, 누구도 예상치 못했던 최악의 원전 사고가 가져온 불안에 최인접국인 우리까지 떨어야 했다. 이론적으로 인체에 유해한 수준은 아니라고 해도, 국내에서 방사성 물질이 검출된 사실 자체가 불안감을 증폭시켰다. 원전 사고가 발생한 때가 마침 황사 시즌과 겹쳐 황사와 방사능이 합쳐진 '황사능'이라는 신조어가 유행했고, 해양오염과 방사능 물질에 대한 공포로 소금·다시마·미역 등의 사재기가 기승을 부렸다.

2011년 여름 100여 년만의 폭우로 지방 각지와 서울 곳곳이 물바다로 변했고, 자연재해와는 아무런 관련이 없을 것 같았던 서울 광화문과 강남 일대에 대규모 침수 사태가 발생하면서 재해 대비능력에 대한 사회적 질타가 빗발쳤다. 지방 각지의 산사태도 잦았지만 특히 서울의 우면산 산사태는 시민들에게 큰 충격을 안겼다. 우리 정부와 지방자치단체의 재해 대비능력의 실상을 온 국민이 적나라하게 목격하면서 자연재해보다는 인재人災로 인한 피해 확대에 국민들의 비난이 집중됐다.

자연재해가 할퀴고 간 상처를 치유하기도 전에 발생한 9월의 대규모 정전 사고는 인재의 전형적인 사례였다. 삽시간에 전국을 암흑천지로 만들어버린 정전 사태의 후폭풍은 거셌다. 정전 사태 당시 예비전력까지 완전히 바닥났다는 사실이 알려지면서 정부와 한국전력공사가 언론과 대중의 집중포화를 맞았다. 국민의 전기 과소비 행태도 문제시됐지만, 무엇보다도 전력 수요예측 및 위기관리 시스템의 혁신이 시급함을 온 사회가 절감했다. 정전 사태로 인해 다수의 피해자가 발생했음에도 제대로 된 피해 보상이 이루어지지 않았는데, 이를 계기로 사회적 시스템의 문제로 발생한 무고한 개인의 손실을 어떻게 보상할 것인가에 대한 논의가 대두됐다.

2011년은 유난히 대형 해킹 사고가 빈발한 해이기도 했다. 그 시작은 3월 초, 청와대·국회·국정원·경찰청·주요 포털·은행 사이트 등 국내 40개 주요 웹사이트를 노린 디도스 공격이었다. 4월에는 현대캐피탈과 농협 해킹 사고, 삼성카드·하나SK카드·한국엡손 등에서 대규모 고객정보 유출 사건이 이어졌고, 7월에는 국내 최대 포털 중 하나인 네이트와 싸이월드가 해킹당해 3,500만 명의 개인정보가 유출되면서 거의 전 국민의 개인정보가 노출됐다고 해도 과언이 아닌 상황을 맞았다. 정부는 인터넷 개인식별번호제를 전면 도입하는 등 해킹사고 예방책을 모색하고 있지만, 이미 유출된 개인정보가 제2, 제3의 피해로 이어질 수 있어 우려를 낳고 있다.

저축은행 영업정지 사태로 발생한 뱅크런은 그동안 쉬쉬하던 문제가 한꺼번에 터지면서 수많은 선의의 피해자를 낳은 대형 사건이었다. 저축은행 부실은 금융 환경 변화에 제대로 대응하지 못한 경영의 실패, 대주주와 경영진의 도덕적 해이와 방만한 경영, 당국의 관리감독 소홀 및 과도한 규제 완화가 만들어낸 부실덩어리 합작품이다. 그러나 총체적 부실로 인해 발생한 손실은 저축은행에 의지해왔던 서민들이 고스란히 떠안았고, 늘 그렇듯이 고위층은 면죄부를 받았다. 저축은행 사태를 목도하며 국민들 사이에는 힘없는 서민을 봉으로 여기는 부정부패가 더 이상 용인되어서는 안 된다는 사회적 공감대가 확산되고 있다. 국민들은 총체적으로는 자신들이 의지하고 있는 모든 시스템의 안전과 잠재된 위험에 대한 대비를, 더 구체적으로는 사회적 책임의 제도화와 위험 분담의 정의를 소리높여 원하고 있다.


## 가장 큰 토끼를 놓치지는 않았는가

대중을 위로하고 즐겁게 하는 것이 존재 이유인 대중문화를 제외하고는 2011년 대한한국 소비자들을 행복하게 만든 것을 열거하기는 쉽지 않아 보인다. 평창 동계올림픽 유치 소식 정도가 2011년을 살아낸 한국인을 행복하게 해준 소식이었는지도 모른다. 전술한 바와 같이 이웃나라 일본의 대지진과 원전 사고의 여파, 봄·여름의 유난히 궂었던 날씨, 그리고 기록적인 폭우로 인한 수해 등 크고 작은 사고가 끊이지 않고 이어지면서 2011년은 그만큼 팍팍했다.

그래서 그런지 2011년은 유난히 행복에 대한 관심이 고조된 해였다. 우리는 얼마나 행복해졌는가가 아닌, 왜 누구도 행복하지 않은가가 화두였다. 한국개발연구원KDI에 따르면 우리나라의 '삶의 질' 지표는 OECD와 G20에 포함된 39개국 중 하위권인 27위 수준이다. 세계 10위권의 경제대국이라는 위상에 걸맞지 않는 너무나도 초라한 성적표다. 그 내부를 좀 더 자세히 들여다보면 실망감은 더 커진다. 한 신문사의 조사에 따르면, 2011년 대한민국 국민의 행복지수(100점 만점)는 52.86점으로 2003년의 64.14점에 비해 대폭 하락했다.[7] 더 놀라운 사실은 소득수준에 상관없이 모든 사람들이 8년 전보다 더 불행하다고 느끼고 있다는 점이다. 월평균 가구소득이 600만 원 이상인 고소득 계층마저 행복지수가 60.48점으로 나타나 2003년 국민 평균에도 못 미쳤다.

한국 사회에 대한 만족도를 조사한 다른 신문에 따르면 현재 사회 현실에 불만족이라는 응답자가 무려 67.2%였고, 정치 · 경제 · 교육 · 고용 · 육아 · 노동 등 모든 분야에서 불만족스럽다는 응답이 만족스럽다는 응답을 압도했다. 특히 여야 정당들이 제 역할을 하고 있느냐는 물음에 87.9%가 '아니요'라고 응답해 고용 여건이나 교육 현실, 대기업 중심의 경제 구조보다도 정치에 대한 불만족도가 더 높은 것으로 나타났다.[8] 이러한 조사 결과는 2012년의 양대 선거에 시사하는 바가 작지 않다.

그렇게 많은 여러 마리의 토끼를 잡겠다고 하면서도 정작 가장 중요한 단 한 마리 토끼, 즉 행복은 놓치고 있는 것이 아닌가 하는 생각에 마음이 착잡하다.

우리 국민의 행복도는 낮고 불만도가 높은 이유는 어쩌면 두 마리 토끼를 모두 잡으려 한 사람들의 욕심에서 기인한 것인지도 모른다. 저마다 두 마리 토끼를 다 잡으려 하지만 이런저런 이유로 원하는 대로 풀리지 않았기 때문에 행복도가 떨어지는 것은 아닐까? 모두들 욕심을 줄이고 소박하게 토끼 한 마리에도 자족했다면, 우리는 좀 더 행복해졌을지 모른다. 그러나 토끼 한 마리에 자족한다는 건 애초에 불가능한 세상이 되어가고 있다. 소비자의 모순된 욕구 이면에는 불확실성에 대한 위기의식과 생존본능이 자리한다. 그러므로 소비자의 모순돼 보이는 요구는 억지스러운 것이 아니다.

왜 우리는 토끼 한 마리에 만족할 수 없을까?

한 마디로 눈높이가 높아졌기 때문이다. 경제·기술·지식이 동반 발전하고 평준화·대중화되면서 소비자의 기대 표준standard이 향상됐다. 다시 말해, 어지간한 수준으로는 소비자의 눈에 들 만한 차별화 요소를 갖기 어려워진 것이다. 이는 단지 소비 시장에 국한되지 않으며, 정치·사회·문화 등 여러 분야에서도 마찬가지다. 공급자 혹은 수요자가 처한 현실이 어떻든 간에, 수요자는 언제나 자기 관점에서 최상의 것을 추구한다. 과거 경제적 안정과 건강이 삶의 질을 결정했다면, 지금은 그뿐만 아니라 사회적 안전·자기계발·풍성한 여가 등 많은 요소들이 삶의 질을 결정하는 데 중요하게 작용한다는 사실을 명심해야 한다. 고학력 여성 인력이 급증하면서 일과 가정의 양립이 큰 사회적 문제로 대두된 이유도 여기서 찾을 수 있다.

소비자 스스로도 불확실성의 시대에 적응하기 위한 노력에 숨이 가쁜 요즘이다. M.net의 〈슈퍼스타K3-백스테이지〉에서 전국체전 씨름대회에 참가중인 정식 씨름선수이면서도 가수가 되기 위해 과감히 도전을 감행한 김도현 선수가 화제가 됐다. 오늘을 사는 젊은이들에게 커리어는 기존의 '외길'이나 '한 평생 한 길' 류의 개념이 아닌 '내가 원하는 일이라면 무엇이든'의 개념이다. 이러한 마인드로 살아가는 요즘의 소비자들은 자신이 다다를 수 있는 영역을 넓혀나가면서 자신감과 성취감을 얻곤 한다.

이런 자신감을 갈망하는 오늘의, 또 다른 내일의 소비자들에게 힘을 실어주는 기업이 미래 시장을 선도할 것임은 자명하다.

'두 마리 토끼'를 잡기 위해 분주했던 2011년. 10개의 키워드별로 예측 내용을 살펴보고 그것이 어떤 모습으로 현실화되었는지 점검해본다.

■ CTC가 전망한 2011, 10대 소비트렌드 키워드

## TWO RABBITS

| | | |
|---|---|---|
| **T** | Tiny makes big | 작은 차이가 큰 변화를 만든다 |
| **W** | Weatherever products | 변하는 날씨, 변하는 시장 |
| **O** | Open and hide | 개방하되, 감춰라 |
| **R** | Real virtuality | 실재 같은 가상, 가상 같은 실재 |
| **A** | Ad-hoc economy | 즉석경제 시대 |
| **B** | Busy break | 바쁜 여가 |
| **B** | By inspert, by expert | 직접 하거나, 전문가에게 맡기거나 |
| **I** | Ironic identity | 내 안엔 내가 너무도 많아 |
| **T** | Tell me, celeb | 스타에게 길을 묻다 |
| **S** | Searching for trust | 신뢰를 찾아서 |

# Tiny makes big
## 작은 차이가 큰 차이를 만든다

**예측내용** |

꾸준한 기술 발전으로 이미 놀라울 만큼 향상된 제품 수준과, 한층 치열해진 경쟁 상황에서 자사 제품의 차별성을 강조하려는 기업의 노력이 더해지면서, 가격 경쟁은 품질 경쟁과 서비스 경쟁에 이어 '디테일 경쟁'으로 진화하고 있다. 더구나 그 어느 때보다도 스마트해진 소비자들은 사소한 하나까지 놓치지 않고 자신이 받은 세밀한 느낌을 SNS를 통해 적극적으로 전파한다. 현대의 모든 산업은 마치 패션 사업처럼 변화하고 있다. 디자인이 중요해지고, 트렌드의 변화주기가 더욱 빨라지며, 미세한 뉘앙스가 커다란 차이로 작용하는 것이다.

이러한 변화의 물결 속에서 이제 기업은 사소한 것으로 고객을 감동시키는 서비스 차원의 노력과 더불어 디테일 경영에 몰두하지 않을 수 없게 됐다. 왕중추汪中求의 지적대로, 100−1=99가 아닌 0이 되는 시대를 맞고 있는 것이다.

『트렌드 코리아 2011』 pp.187−202

**TREND KOREA**

## 회고

영어 속담에 "Devil is in the detail(악마는 사소한 데 숨어 있다)"이라는 말이 있고, 중국에는 "큰 둑도 작은 개미구멍 때문에 무너진다"는 고사故事가 있다. 2011년 한국에서는, 30cm짜리 드라이버 하나가 영광 원자력 발전소의 가동을 사흘이나 중단시키면서 25억 원의 손실을 초래했고, 7mm의 너트 때문에 KTX가 탈선하는 사고가 벌어졌다. 큰 문제를 일으키는 것들은 대개 매우 사소한 것들이다.

사고만 그런 것이 아니다. 작은 개선으로 큰 성공을 거두는 경우도 많이 있다. 기술혁신을 통한 혁명적 변화보다는 맛과 식감의 미묘한 차이가 중요한 식품 산업에서는 특히 그렇다. 껌의 주원료를 멕시코산 천연 치클로 바꾸고 냉장 포도주스의 포도를 와인 제조용 품종인 카베르네 소비뇽으로 바꾸는 등, 식품업계에서는 원료 성분을 바꾸는 시도를 통해 새로운 차별화 포인트를 부단히 찾고 있다. 말 그대로 디테일 경영에 매진하고 있는 것이다. 예를 들면, 커피믹스의 프림 성분이 조금 바뀐 것만으로 시장의 오랜 판도가 달라지기도 한다. 남양유업은 커피믹스 시장에 진입하면서, 부드러운 맛을 내기 위해 사용하는 화학적 합성품 카제인나트륨 대신 천연 원료인 무지방 우유를 사용했다는 점을 마케팅 포인트로 부각시켰다. 사실 카제인나트륨은 사용에 아무런 문제가 없는 원료임에도 불구하고, 미세하지만 집요한 차별화 전략에 힘입어 그동안 맥심(점유율 78%)과 테이스터스 초이스(17%)가 양분하고 있던 커피믹스 시장을 3강 구도로 재편하는 성과를 거뒀다.[1]

국물 색 하나를 바꾸는 작은 시도로 출시 두 달 만에 2,200만 개의 판매고를 올린 라면도 있다. 소고기나 돼지고기 대신 닭고기 육수를 사용한다는 작지만 새로운 발상에서 출발한 꼬꼬면은 없어서 못 파는 라면이 됐다 (꼬꼬면의 셀렙 마케팅 측면에 대해서는 〈Tell me, celeb〉 키워드 참조). 꼬꼬면의 성공은 '라면은 원래 빨간 국물'이라는 통념을 과감히 뒤집은 작은 반전과 역발상의 승리다.

2011년 식품업계에서 두드러진 또 하나의 트렌드는 상품 구성이 매우 디테일하게 '세분화segmentation'되고 있다는 것이다. 상품의 세밀한 네이밍을 통해 소비자의 디테일한 니즈를 자극하는 것도 한 예이다. 예를 들어 오리온 닥터유는 제품에 '뼈가 좋아하는 남해 통멸치 크래커', '비타민을 좋아하는 해남 단호박 쿠키', '머리가 좋아지는 임실치즈 쿠키' 등의 이름을 달아 원료에 대한 정보를 상세하게 전달한다. 단지 이름(네이밍) 뿐만이 아니라 상품 라인도 보다 세분화되고 있다. 풀무원에서는 국산콩 두부를 소비자들의 입맛에 따라 부드러운 찌개용, 단단한 찌개용, 부드러운 부침용, 단단한 부침용, 더 단단한 부침용 등 총 5가지 타입으로 세분화시켰다. 오뚜기가 출시한 'SnowValley 냉동감자'는 패스트푸드점이나 전문 레스토

"손톱을 다치지 않게 하는 자동차." 기아차 모닝은 '성능이나 마력'같은 기존의 마케팅 소구를 과감히 버리고 작은 디테일 하나만을 남겼다.

랑 등에서만 먹어볼 수 있었던 프렌치프라이를 집에서 간편하게 즐길 수 있도록 했는데 그 가짓수가 무려 6개에 달한다. 주름감자, 팝콘감자, 반달감자, 메가크리스피, 양념벌집감자, 미니해쉬브라운 등 총 6가지 유형의 제품을 취향대로 선택할 수 있게 했다. 날이 갈수록 섬세해지는 소비자들의 니즈를 적극 반영한 결과이다.[2]

디테일한 차별점의 중요성은 이제 중후장대한 상품군에서도 자주 관찰할 수 있게 되었다. 예를 들어, 기아자동차의 모닝은 그립 형태의 도어핸들을 적용해 "손톱을 다치지 않게 하는 자동차"라는 컨셉트로 마케팅을 벌였다. 사실 그동안 자동차는 성능을 앞세운 "○○○마력을 자랑하는 고성능 엔진"과 같은 카피나 "성공한 리더의 자존심"이라는 식의 이미지를 주된 소구appeal의 포인트로 삼아왔다. 그런데 문을 열 때 손톱을 다치지 않는 도어를 갖췄다는 것은, 사실 자동차의 핵심적인 기능을 생각할 때 매우 사소한 문제다. 그럼에도 이러한 마케팅 시도가 등장했다는 것은, 현대의 USP (Unique Selling Proposition, 자사만의 소구점)가 얼마나 디테일해지고 있는가를 잘 보여주는 사례라고 하겠다.

이러한 현상은 '산업의 패션화'에 기인한다고도 해석할 수 있다. 다시 말해서 자동차 같은 기계공학 제품도 패션 제품처럼 변화하고 있다는 것이다. 패션 제품은 일반적으로 디자인이 중요하고, 변화의 주기가 빠르며, 섬세한 디테일의 변화에서 개성을 찾는다. 현대 시장에서는 모든 제품 영역에서 이러한 미덕을 갖추지 않고서는 소비자의 선택을 받기 어렵다.

제품의 패션화를 선도하는 기업은 역시 애플이다. 애플은 감성적 디자

끊임없이 진화를 거듭하고 있는 변화무쌍한 시장에서
살아남기 위해서는 프로세스 전체를 갈아엎거나
조직 개편을 단행하는 것보다 소비자들의 작은 니즈에 귀 기울여
기존에 없던 만족감을 선사하는 것이 훨씬 효과적이다.
기술은 점점 평준화되고 창의력은 갈수록 격차를 벌이고 있다.
그러나 어디든 반전은 존재한다.
미세한 변화만으로도 시장의 판도를 바꿀 수 있다.

인을 실현하기 위하여 제품 설계 후 디자인을 하던 관행을 뒤집고 디자인을 먼저 하고 그에 맞게 설계와 부품을 배치하는 선先디자인 정책을 시행했다. 일반적으로 휴대폰과 같은 전자제품은 전자 부품을 한데 모으는 모듈화 설계를 채택한다. 하지만 애플은 제품의 본체에 나사를 쓰지 않고, 모듈식 구성을 채용하지 않으며, 부품들의 타업체 로고를 배제하는 '3무無 정책'을 쓰고 있다.[3] 이는 사실 생산성, 내구성, AS편의성을 크게 희생시켜야 가능한 것이다. 애플의 성공은 디테일한 감성 디자인이 얼마나 실현하기 어려운 목표인지 잘 보여준다.

산업의 패션화는 자동차나 전자제품 같은 소비재에는 보편화된 현상이지만, 이제는 B2B 산업재 분야에서도 심심치 않게 관찰할 수 있게 됐다. 중공업 분야에서도 그간 시도하지 않았던 엔진 디자인에 주력해 큰 성과를 거둔 곳이 있다. 현대중공업이 국내 최초로 독자 개발한 드릴십(석유시추

선)용 중형엔진인 힘센(HiMSEN, High-Touch Medium Speed Engine의 약어)엔진은 2011년에만 1억 5천만 달러의 수주 실적을 올렸다. 힘센엔진은 엔진의 외형에 견고한 이미지를 주고 세련된 패턴을 적용시키기 위해 자체 전문 기관에서 수년간 디자인을 개발했다. 선박용 감시 제어 시스템의 경우에도 고휘도 LED를 적용함으로써 시인성과 심미성을 동시에 높였다. 또한 볼트의 노출을 최소화하는 절제된 디자인으로 실용성과 유지보수성을 강조했다. 이러한 노력을 통해 힘센엔진은 2009년 독일 2010 IF International Forum 디자인 어워드, 2010년 독일 레드닷 디자인 어워드, 2011년 독일연방 디자인 어 워드의 제품 디자인상을 수상하며 권위 있는 디자인 어워드 3관왕의 영예를 안았다. 엔진이나 제어 장비의 외형에까지 '이유 있는 디자인'을 강조하며 완성도를 높인 결과였다.

디테일의 중요성은 이질적인 문화를 가지고 있는 해외 시장에 진출할 때 더욱 필요한 덕목이라고 할 수 있다. 따라서 본국 공장에서 생산된 제품을 그대로 수출하던 기존 방식을 과감히 버리고 현지 사정을 최대한 반영하는 현지화 전략을 채택하는 기업이 늘어나고 있다. 현대자동차는 인도에 수출하는 소형차 아토즈의 경우, 인도의 고르지 못한 도로 사정을 감안해 차체 높이를 기존 아토즈보다 조금 더 높게 설계했다. 또 하수 시설이 부족해 차가 번번이 물에 잠기는 것을 고려해 엔진 아래쪽에 있던 전자 제어장치를 엔진 위로 옮겼다. 이름 또한 인도인에게 친숙한 발음인 S로 시작하는 '쌍트로Santro'로 바꾸는 등 세밀한 현지화 전략에 힘입어 인도 시장에 성공적으로 진입할 수 있었다. 러시아 사정에 맞게 일부 개조된 액센트 또한

'쏠라리스Solaris'라는 이름으로 수출되어 러시아 수입차 시장에서 최대 판매량 기록을 경신했다. 쏠라리스는 겨울이 길고 기온이 영하 30도 밑으로 내려가는 날이 많은 러시아 기후를 고려해 추운 날씨에도 시동이 잘 걸릴 수 있도록 기존 배터리 용량을 33%나 늘린 배터리를 장착했다. 4리터의 대용량 워셔액 탱크를 탑재한 것도 러시아 시장에 맞춘 것이었다.[4] 현지화를 위한 세심한 배려가 돋보이는 디테일 경영의 좋은 예라고 볼 수 있다.

## 향후 전망

디테일이 중요해졌다고는 하지만, 작고 사소한 한 가지를 개선하기 위해서 기울여야 하는 노력은 절대로 작지 않다. 오히려 커다란 개선을 도모할 때보다 훨씬 더 고통스러운 노력을 요하는 경우가 더 많다. 시대의 혁신가로 불리는 스티브 잡스의 에피소드가 이러한 사실을 잘 보여준다.

애플사의 엔지니어들이 아이팟iPod을 개발해 잡스에게 가져갔다. 잡스는 요리조리 만져보더니 더 작게 만들라고 했다. 엔지니어들이 "기술적으로 더 작게 만들 수 없다"고 하자 그는 사무실에 있던 어항 속에 아이팟을 넣었다. 기포가 올라오자 그가 말했다. "이 공기방울만큼의 공간이 제품 안에 있다는 증거다. 더 작게."[5]

이처럼 미세한 디테일에까지 완벽을 추구했던 스티브 잡스는 늘 사람들의 라이프 스타일을 유심히 살폈다. 사소한 습관, 말투, 무심한 행동까지

면밀히 관찰하여 사람들의 숨은 니즈를 발견해 냈다. 또한 그는 니즈를 발견하는 것에 그치지 않고 발견한 니즈에 대한 세심한 솔루션까지 제공함으로써 이 시대의 진정한 구루(산스크리트어로 스승, 정신적 지도자를 의미함)로 추앙받았다. 이렇듯 시대를 이끈 스티브 잡스의 엄청난 창조적 혁신은 사소한 디테일에서부터 시작된 것이다. 아주 사소한 발견일지라도 그 속에 내재된 가치를 읽어내는 일, 드러나지 않은 잠재력을 보는 눈, 그리고 감성으로 의미를 부여하는 일은 디테일 경영의 핵심 원칙이다.

프레젠테이션의 황제로 불러도 손색이 없는 스티브 잡스는 모든 프레젠테이션을 준비할 때 조명의 위치며 켜지는 순서는 물론 조도에까지 신경을 썼다. 조금이라도 흐트러지면 불같이 화를 내기도 했고, 심지어는 제품 포장 박스의 손잡이 부분이 마음에 들지 않는다며 컴퓨터 디자인을 다시 하라고 지시한 적도 있다고 한다.[6] 디자이너들의 완벽주의는 편집광적으로 비춰질 때가 많다. 하지만 기호와 취향이 다른 천차만별의 소비자들을 만족시키려면 천차만별로 다른 디자인을 할 줄 알아야 한다. 1mm 혹은 0.1mm의 라인 굵기 변화로 사람들이 인지하는 세련미의 느낌이 달라질 수 있다. 이들은 디테일의 힘을 알기에 편집광적으로 보일 만큼 완벽을 추구하는 것이다.

그렇다면 디테일 개선을 위해서는 구체적으로 어떤 방법론적 전략이 필요한가? 소비자의 충족되지 않은 요구unmet needs의 틈새를 메우는 방법으로 특히 주목받는 전략은 디자인 감성 강화와 이업종과의 융합을 통해 새로운 가치를 부여하는 것이다. 먼저 감성적인 디자인으로, 혹은 마음을 사로잡는 친절한 서비스로, 혹은 무릎을 치는 역발상으로 소비자들로 하여금 갖고 싶다는 '원츠wants'를 만들어낼 수 있다. 또한 이업종 간의 협력과 기술 융·복합은 새로운 부가가치를 창출한다. 이러한 점은 취약한 자본과 미흡한 성과관리 시스템 아래서 고군분투해야 하는 중소기업들이 틈새niche경쟁력을 찾기 위해서는 더욱 필요한 덕목이라고 할 것이다.

끊임없이 진화를 거듭하고 있는 변화무쌍한 시장에서 살아남기 위해서는 프로세스 전체를 갈아엎거나 조직 개편을 단행하는 것보다 소비자들의 작은 니즈에 귀 기울여 기존에 없던 만족감을 선사하는 것이 훨씬 효과적이다. 기술은 점점 평준화되고 창의력은 갈수록 격차를 벌이고 있다. 그러나 어디든 반전은 존재한다. 미세한 변화만으로도 시장의 판도를 바꿀 수 있다.

죽어 있는 감각의 촉을 다시 세워야 한다. 쓸모없다고 생각하지 말고 모두 활용하라. 모든 것을 줌 인zoom-in해서 봐라. 그러면 보이지 않던 작은 틈새들이 보일 것이다. 이제 그 틈을 무엇으로 메울지 더욱 신선한 아이디어를 위해 몰두해야 할 때다. 디테일은 힘이 강하다.

# Weatherever products
## 변하는 날씨, 변하는 시장

**예측내용** |

기상이변이 일상화되고 있다. 이제 지구 한 곳에서의 기상이변은 단순히 해당 지역의 국지적인 인명 · 재산상의 피해를 주는 데 그치지 않는다. 전 세계적으로 날씨의 물리적 · 경제적 파급효과가 커지고 있다. 우리나라에서도 최근 급격하게 변화하는 기후로 인해 각 분야에서 생산과 소비의 모습이 달라지고 있다. 이제 기업들은 기상을 단순한 날씨예보의 차원을 넘어 마케팅의 수단으로 삼기 시작했다. 변화하는 날씨에 따라 생산시스템 · 판매 방식 · 상품 종류 등이 바뀌고 있고, 보험 상품 · 맞춤형 기상 산업 등 새로운 분야가 속속 등장하고 있다. 우리나라의 날씨 관련 산업과 상품은 아직 초보 단계로, 향후 성장 가능성은 매우 크다. 날씨와 기상을 읽고 이에 적극적이고 능동적으로 대처할 수 있는 기업만이 변덕스러운 날씨만큼이나 빠르게 변화하는 소비자의 마음을 얻게 될 것이다.

『트렌드 코리아 2011』 pp.203-217

TREND KOREA

## 회고

2011년은 유난히 기상이변이 잦았던, 웨더 쇼크wheather shock의 한 해였다. 1월에는 기록적인 한파가 계속돼 너도나도 패딩점퍼를 입게 만들더니, 2월에는 미터단위의 폭설이 내려 큰 맘 먹고 장만한 어그부츠를 더럽혀 놓았다. 3월에는 대지진과 쓰나미가 이웃나라 일본을 뒤흔들어 전 세계가 방사능 공포에 떨어야 했다. 자연재해가 자체만의 피해에 그치지 않고 2, 3차 복합 재해로 이어지는 현상은 피할 수 없는 문명의 아이러니라는 점을 일깨웠다. 봄도 늦게 찾아와 4월까지도 겨울 제품이 불티나게 팔리는 기현상이 벌어졌으며, 5월에는 최악의 황사가 몰아닥쳐 국민 건강에 비상이 걸렸고 반도체 회사의 수율마저 떨어뜨렸다. 그리고 6월부터 8월까지 지긋지긋하게 비가 내린 끝에 결국 서울 도심이 물바다가 되었다. 9월에는 이상고온 현상이 지속되면서 엄청나게 늘어난 전력 수요를 감당하지 못해 전국적인 대규모 정전이라는 초유의 사태가 벌어지기도 했다.

이러한 기상이변은 사실 우리나라만의 일도 아니다. 8월, 미국 동부를 강타한 허리케인 아이린은 44명의 사망자와 70억 달러에 이르는 재산 피해를 냈고, 대규모 홍수·폭염·산불 등 다양한 자연재해가 발생해 많은 피해를 입혔다. 그 밖에도 전 세계가 폭염·폭설·가뭄·홍수 등으로 몸살을 앓으면서, 글로벌 위어딩(global weirding, 전 지구적 이상기후)이라는 단어까지 나왔다. weird는 기괴하고 섬뜩하다는 의미인데, 지구온난화global warming의 문제가 단지 '온난'의 문제가 아니라 '섬뜩한' 경지에 이르고 있는 현실을 경고하는 단어다. 지구촌 전체에 "30년 만의 폭우" 혹은 "기상관측 이래 최대의 폭설" 등과 같은 기상이변이 해마다 새로운 기록을 쓰고 있다.

기상이변이 일상화되고 있다는 얘기다. 이변이 더 이상 '기이한 변고'가 아닌 것이다. 날씨의 중요성을 강조하면 흔히 기상재해의 예방과 복구만을 생각하는 경우가 많다. 하지만 날씨는 재난을 일으키지 않더라도 우리의 생활과 산업에 막대한 영향을 주고 있다. 세계기상기구WMO에 따르면 우리나라 국내총생산의 51%가 날씨의 영향을 받으며, 국내 산업의 80% 정도가 날씨와 관련 있다. 농업 · 수산업 · 양식업 · 건설 · 수송 · 에너지 · 유통 · 가전 · 의류 · 식품 · 레저 · 스포츠 · 건강 · 의료 등의 산업에서 단기적인 기상과 장기적인 기후 변화에 따라 소비의 지도가 바뀐다.

2011년, 날씨의 영향을 가장 많이 받은 업계는 농 · 축산업이었다. 폭우로 수확량이 줄면서 농산물 출하량이 크게 줄어 농산물 가격이 요동쳤고,

■ 폭우로 나타난 업종 이변

**농 · 축산업**

| | |
|---|---|
| • 달걀값 **29.6%**↑ | 닭 스트레스로 인한 산란율 저하 |
| • 복숭아값 **54.2%**↑ | 개화시기 놓친 데다 시장 반입률 저조 |

**건설업**

| | |
|---|---|
| • 일자리 **4만 1,000명**↓ | 불경기에다 장마로 건축 일정 연기 |

**유통업**

| | |
|---|---|
| • 백화점 매출 **8%**↑ | 피서객 줄면서 백화점으로 붐벼 |

**에너지**

| | |
|---|---|
| • 주택용 전력수요 둔화 | 냉방수요 줄면서 수요 증가량 0.8% 그쳐 |

**금융**

| | |
|---|---|
| • 날씨보험 출시 | 삼성화재 등 강수량 · 강설량 연동 보험 |

＊6월 기준 전년 동월 대비. 자료＝통계청, 지식경제부, 국토해양부

출처 : 매일경제신문(2011. 7. 15)

많은 기업들이 이상기후에 대응하기 위해
발 빠른 움직임을 보이고 있다.
특히 몇몇 패션 기업은 민간 기상정보 회사와 계약을 맺고
주요 품목의 매출과 기온 · 강수량 · 날씨 등과의 연관성을
분석한 결과를 상품 기획에 반영하고 있다.

과수농가는 낙과 피해를 많이 본데다 일조량까지 부족해 과일이 제때 익지 않아 제대로 된 추석 대목은 기대도 할 수 없었다. 이렇다 보니 아예 긴 장마나 혹한에 꿋꿋이 버티는 기능성 과일과 같이 기상이변을 견디는 강한 작물을 키우려는 움직임이 나타나고 있다. 건설 분야 또한 기상이변으로 인해 많은 건설 현장에서 공사가 중단되거나 지체되면서 일자리가 크게 줄어들었다.

유통업계는 희비가 엇갈렸다. 백화점이나 대형마트 같이 대규모 주차설비를 완비한 곳은 소비자들로 문전성시를 이룬 반면, 재래시장이나 골목상권 등 비를 피하기 곤란한 곳은 소비자들의 발길이 줄어들어 울상이었다. 또한 궂은 날씨로 외출을 포기한 소비자들이 홈쇼핑과 인터넷 쇼핑을 많이 이용하면서 관련 업계는 폭우로 인한 반사이익을 톡톡히 누렸다. 마찬가지로 금융업계에서도 폭우 같은 기상 이변에 대비하는 금융 상품을 출시하며 기상 이변을 기회로 삼았다. 예를 들어, 삼성화재는 지난 3월 일본 대지진 발생 이후 지진보상플랜을 출시했고, 날씨 변화가 나타날 때마다 가입 금

액 한도로 보상하는 신개념 날씨 연계 보험을 출시했다.

집중호우 탓에 대표적인 여름 상품인 음료와 빙과류 등의 판매량도 급
감했다. 레저 산업은 특히 호우의 타격을 크게 입었다. 골프장의 경우에는
작년 대비 최대 30%까지 고객이 줄었으며 프로야구도 비로 인해 경기가 취
소되거나 일정이 지연되는 일이 잦았다. 반면, 날씨의 영향을 받지 않는 실
내 수영장이나 실내 놀이공원 등은 큰 반사이익을 누렸다.

여름철 일조량 부족은 시민들의 건강에도 영향을 미쳤다. 전년도에 비
해 여름에 계절성 우울증 환자가 상당히 늘어난 것이 한 예이다. 원래 계절
성 우울증은 일조량이 부족한 늦가을부터 초겨울까지 많이 발생하는데 비
오는 날이 많아진 탓으로 여름에 이러한 증상을 호소하는 사람들이 늘어난
것이다. 잦은 비로 습도가 올라가면서 장염 환자도 늘어났다.

날씨의 변화는 소비자들의 스마트 라
이프에도 영향을 주고 있다. 통신업계에
따르면 스마트폰에서 통화, 메시지, 시계
기능 다음으로 빼놓을 수 없는 기능이 '날
씨 앱'이라고 한다. 출시 5개월 만에 100만
다운로드를 돌파한 KT '올레 날씨'는 라

KT 올레날씨 실행화면. 기상 이변이 일상화되면서 스마트한 날
씨 예보 애플리케이션이 인기를 끌었다.

이프 스타일에 맞춘 출퇴근 시간대 예보 및 지역 맞춤 설정 등 고객들이 원하는 필수 기능만으로 서비스가 구성되어 있어 하루 평균 50만 명 이상의 실사용자가 140만 건을 이용할 만큼 인기를 끌고 있다. 일본의 경우에는 시민들이 SNS로 올린 기상 사진을 실시간으로 편집해 예보에 활용하는 업체 등 스마트폰을 통한 날씨 기반 비즈니스도 생겨나고 있다.[1]

## 향후 전망

중요한 것은 비가 얼마나 왔느냐 하는 사실 자체가 아니라, 날씨를 얼마나 정확히 예측하고 그에 따라 신속하게 대비하느냐에 달려 있다. 강남역 사거리에 물이 허리까지 차오르는데 그 아래의 지하철과 상가는 멀쩡했던 놀라운 현상은 예측과 대비의 중요성을 극적으로 보여주었다.

많은 기업들이 이상기후에 대응하기 위해 발 빠른 움직임을 보이고 있다. 특히 몇몇 패션 기업은 민간 기상정보 회사와 계약을 맺고 주요 품목의 매출과 기온·강수량·날씨 등과의 연관성을 분석한 결과를 상품 기획에 반영하고 있다. 실제로 제일모직은 지난 1월에 장기간에 걸친 한파가 있을 것이라는 기상정보 회사의 예측에 따라 미리 다운점퍼·패딩점퍼·외투 등 제품의 공급을 늘려 매출이 전년 대비 겨울 외투 65%, 패딩코드 94% 증가하는 실적을 거둘 수 있었다.[2] 몇 년 전부터 패션업계는 반응생산(QR, Quick Response) 시스템을 도입하였으나 전체 생산량에서 차지하는 비율은 매우 낮았다. 하지만 최근 들어 이러한 반응생산 비율이 크게 높아지고 있다. 사전에 제작하지 않고 날씨 변화에 따라 제품을 생산하는 업체들이 점점 늘고 있는 것이다.

기상이변은 먹거리 관련 산업에도 영향을 주고 있다. 편의점과 홈쇼핑 등의 유통업체에서는 일기예보를 마케팅에 도입해 재고량을 조절하고 있다. 또한 기상 변화와 무관하게 농작물을 생산할 수 있는 '빌딩형 식물공장'도 등장했다. 농촌진흥청은 올해 최첨단 빌딩형 식물공장을 지어 상추 등 엽채류를 생산했고, 경기도 용인에 위치한 도심형 식물공장인 '시티팜 City Farm'은 LED 조명을 이용해 재배한 상추를 백화점 등에 납품하고 있다.[3] 편의점 등의 유통업체는 기후에 따라 품목과 재고관리를 달리하고 있으며, 레저업체들은 예약 취소율을 낮추기 위해 고객들에게 SNS를 통한 날씨정보 서비스를 제공하여 큰 성과를 거두기도 하였다. 전 산업군으로의 날씨경영 확대는 산업 맞춤 정보를 제공하는 민간 기상 산업에 대한 수요를 확대시키고 있다.[4]

급격한 기상변동은 위기이기도 하지만, 많은 영역에서 기회요소로 작용할 수도 있다. 급격한 기후변화는 소비자 대응 체계의 취약성을 드러냈는데 이러한 소비자의 취약성을 보완해주는 상품과 서비스를 개발하는 기업들이 미래 기상 관련 시장에서 유리한 고지를 선점하게 될 것이다. 세계적인 시멘트 회사 세멕스Cemex와 보험 회사 스위스 레Swiss Re가 좋은 예다. 세멕스는 멕시코에서 소외 계층을 위한 기후 변화 대응 주택을 건설하는 등 저가시장을 공략해 사업 지역을 전 세계로 확장해나가고 있고, 스위스 레

는 개도국 농촌 빈곤층에게 재해위험 보험 등 맞춤형 보험 상품을 제공하며 시장을 넓혀가고 있다.[5]

이제 기업들의 개별적인 노력에서 한걸음 더 나아가, 기상·기후 변화에 대비한 인프라 구축에 더욱 힘써야 한다. 사실 정확한 기상정보 생산을 위해 우리가 투자를 게을리 했기에 천재 아닌 인재로 곤욕을 치른 것인지도 모른다. 공공 부문 뿐만 아니라, 민간 부문의 육성도 시급하다. 공공 부문에서는 인프라를 구축하고 민간 부문에서는 개별화된 니즈를 충족시킬 수 있는 맞춤형 정보를 제공하는 등의 유기적 연계를 구상해 볼 때이다. 또 하나의 과제는 보험과 파생상품 등 날씨를 기초로 한 금융 산업을 발전시키는 일이다. 금융의 발달은 해당 업에 대한 파급력이 크기 때문에, 한국의 기상·기후 관련 대비능력과 산업을 성장시키는 데 큰 자극이 될 수 있을 것이다. 현재 제한적인 날씨 연계 보험의 종류를 다양화하고 진입을 넓히는 동시에, 파생상품의 허용을 검토하는 등 적극적인 논의가 필요한 시점이 됐다.

날씨를 읽는 자가 시장을 지배한다. 날씨를 정확하게 읽고 제대로 대처하는 자만이 변덕스러운 날씨만큼이나 까다로운 소비자의 마음을 얻고 시장을 이길 수 있을 것이다.

# Open and hide
## 개방하되 감춰라

**예측내용**

모든 것을 개방하고 공유하는 시대가 왔다. 사람들은 자신의 신변잡기적인 일상을 소셜 미디어 등을 통해 알리고 다른 이와 공감하기를 원한다. 이러한 개방화 경향은 개인 영역뿐만 아니라 산업 영역에서도 활발하게 이루어지고 있다. 산업 간 경계가 허물어지고 융·복합이 일어나면서 산업 컨버전스 현상이 활발하게 진행되고 있는 것이다. 그 대표적인 예인 콜라보레이션은 그 출발점인 패션 산업을 넘어 IT와 전자 산업 등 다양한 분야로 확산되고 있다. 기업 업무의 콜라보레이션도 활발하게 진행되어 협업 경향이 강해질 것이며, 이를 지원하는 소프트웨어 등 다양한 솔루션들이 더욱 많아지고 활성화될 전망이다. 또한 개방의 그림자로 정보 보안 문제가 대두하면서 '감추기' 이슈가 동시에 떠오를 것이다.

『트렌드 코리아 2011』 pp.219-234

TREND KOREA

## 회고

개방성은 이제 우리 시대의 정신이 됐다. 모든 것을 공개함으로써 고객과의 소통과 공감을 도모하려는 트렌드는 소셜 네트워크 서비스SNS의 확산을 타고 정점을 향해 가고 있다. 이러한 조류는 사람들의 커뮤니케이션 형태와 방식의 변화뿐만 아니라 정치·경제·산업·문화를 포함한 사회 전반의 영역으로 확대되고 있다.

2011년은 개방의 한 해였다고 불러도 과장이 아닐 1년이었다. 『트렌드 코리아 2011』에서는 "나를 알리고 개방하는 미포머meformer족이 크게 늘어날 것"이라 전망했는데, 실제로 스마트폰 보급이 2천만 대를 넘어서면서 만개한 SNS 붐으로 인해 미포머족은 크게 활성화됐다. 2011년 10월 현재 350만 명 정도가 사용하며 사회 변화의 핵심적인 주축으로 등장한 트위터는 가장 대표적인 예이며, 토종 서비스인 NHN의 미투데이는 3월말 500만 가입자를 돌파했고 우리나라에서는 다소 주춤했던 페이스북의 사용자도 200만 명을 넘어서며 SNS 사용자가 크게 늘었다.

특히 주목할 만한 미포머적 성향은 자신이 다녀간 위치까지 알리는 위치기반 SNS의 활성화이다. 전 세계 이용자 500만, 국내 이용자 5만 명으로 추산되는 선두주자 포스퀘어foursquare를 비롯하여(포스퀘어의 자기과시적 성향에 관해서는 〈Attention! Please〉 키워드 참조) '아임IN'・'플레이스'・'시온' 등 토종 위치기반 서비스 애플리케이션이 다수 출시되었다. 이제 사람들은 자신의 일상사뿐만 아니라 위치와 동선까지도 다른 사람들과 공유하고 싶어한다.[1]

이처럼 SNS상에서의 개방화된 소통이 크게 늘어남에 따라 기업들도 대책 마련에 부심한 한 해였다. 시장 트렌드 변화에 발 빠르게 대응하는 사기업뿐만 아니라, 보수적인 기업문화를 고수해 왔던 공기업에서도 이러한 움직임이 하나둘씩 나타나고 있다. 예를 들어, 한국자산관리공사kamco에서는 공식 페이스북을 개설하고 공사 홈페이지와 블로그 등과 연계한 SNS 홍보 네트워크를 구축했다.[2] 이처럼 수많은 기업들이 미투데이, 페이스북, 트위터 같은 SNS를 통해 고객들과 더욱 활발하게 소통을 시도하고 있다.[3] 이제는 이러한 통로를 개설하는 1단계 실행을 넘어, 그 시도가 얼마나 소비자들의 참여와 공감을 얻어낼 수 있느냐 하는 방법론에 관심이 모아지고 있다.

국내외를 막론하고 이러한 개방의 물결이 가장 거세게 일고 있는 곳은 단연 정치 현장이다. 외국의 사례부터 살펴보면, 재스민 혁명으로 촉발된 중동의 시민 혁명은 2011년 초부터 SNS를 통해 불길처럼 번져나가고 있다. 이집트·튀니지·이란·리비아 등의 중동 국가에서 상황이 종료되었거나 아직 진행 중인 혁명 과정을 통해 개방화된 정치적 커뮤니케이션 네트워크를 활용한 시민들의 엄청난 파괴력을 직접 목격할 수 있었다. 프랑스·그리스·스페인·영국 등의 서방국가에서도 시민들이 SNS를 이용해 정부의 경제 및 금융 정책, 높은 실업률 등에 대한 불만을 표출하며 여론을 결집해 대규모 시위를 벌이기도 했다. 금융업계의 부패와 탐욕을 성토하며 세계 자본주의의 심장인 뉴욕 월가를 점령한 소위 '99% 시위'도 SNS를 적극 활용해 시위대의 주장을 전 세계에 확산시키고 있다.

우리나라에서도 예정에 없던 서울시장 선거를 비롯한 10·26 재보선에서 트위터를 비롯한 SNS가 얼마나 중요한 작용을 할 수 있는가를 여실히 보여주었다. 신매체를 통한 대중과의 소통 여부가 선거의 성패를 결정짓는 가장 중요한 요소라는 사실이 확인되면서 각 당은 소셜 네트워크를 통한 젊은 유권자와의 소통에 배전의 노력을 기울이고 있다. 하지만 이 경우에도 역시 관건은 개방 사회의 핵심인 자발성과 진정성을 어떻게 얻어낼 수 있을 것인가에 달려 있다.

이러한 정치적 현상들은 SNS를 통해 시공간의 제약 없이 개개인의 생각과 아이디어를 공유하고 상호 의사소통을 함으로써 강한 유대감을 형성할 수 있기에 가능한 것이다. 결국 SNS를 통해 모인 사람들이 정치적 세력을 형성하고, 이것이 기존의 세력에 강력하게 대항할 수 있는 토대가 되었기 때문에 가능했던 결과다. 특히 SNS와 위치기반 서비스의 결합은 민초들의 정치적 힘을 키우는 IT 천군만마와 같다.[4]

『트렌드 코리아 2011』이 개방성의 요소로서 사회적 소통의 확산과 더불어 강조한 것은 산업 간의 융합 현상이었다. 2011년은 서로 융합의 시너지가 높은 근종近種 산업은 물론이고 이종異種 산업 간에도 개방과 융합의 물결이 밀어닥쳤던 한 해였다. 특히 새로운 기술과 서비스가 눈부시게 발전하고 있는 통신 시장에서 이 같은 현상이 두드러졌다. 산업 영역의 상호 개방을 통해 금융·교육·의료·레저 등의 산업과 통신 산업 간의 융합이 더욱 활발하게 일어나고 있다. 스마트폰으로 신용카드 업무를 처리하는 모바일 카드 시장의 확장 가능성이 커지고 있고, 근거리이동통신NFC 기반의 모바일 서비스 활성화를 통해 이동통신사와 카드사가 제휴를 맺는 등 앞으로 지불 관련 시장에서도 통신을 기반으로 한, 융·복합 서비스의 본격적 성장이 이루어질 것으로 전망된다.

통신과 교육이 결합된 스마트러닝smart learning 시장도 통신업체들의 선점 경쟁이 어느 곳보다 치열하게 전개되고 있다. 스마트러닝은 PC와 인터넷을 통한 e-러닝에서 한 단계 더 나아간 개념으로, 스마트폰이나 태블릿PC

개방화 트렌드는 일상사에 대한 공유와 소통의 차원을 넘어 '공유소비'라는 새로운 형태로 나타나기도 한다. 공유소비를 통해 과거 기업 주도 시장의 구매자로만 머무르던 소비자들이 적극적으로 물건과 서비스를 나눔으로써 새로운 비즈니스의 주체로 떠오르고 있다. 새로운 물물교환 시대의 도래이다.

등 스마트 기기의 보급이 확대됨에 따라 그 성장 가능성이 더욱 커지고 있다. 또한 정보통신기술을 기반으로 한 U-헬스 시장이 크게 성장하면서 개개인을 위한 맞춤형 의료 서비스 산업도 동반 성장하고 있다. 분당서울대병원·서울아산병원·고려대병원·삼성서울병원 등 국내 주요 대형 의료기관들이 잇달아 U-헬스케어를 도입하고 있어, 그 성장 가능성은 무한할 것으로 예측된다.[5]

산업 분야뿐만 아니라 문화 예술에서도 개방을 통한 융·복합이 화두로 떠오르고 있다. 연극과 무용·영상·음악이 하나의 작품 안에서 섞이고, 무용과 미디어 아트·서커스·음악 등이 하나의 테마로 묶이기도 한다. 예술가 간의 경계도 무너져서 배우들이 연기와 함께 연주를 하거나 무용과 서커스를 동시에 하기도 한다. 이런 흐름이 확산되면서 이제 한 장르로 구분 지어 정의하기 힘든 새로운 차원과 형태의 예술이 등장하고 있다. 미국·영국·프랑스·독일·벨기에 등 선진국에서는 이미 익숙해진 이러한 현상은 우리나라에서도 이제 활발하게 나타나기 시작해, 융·복합 형태의 공연들이 날로 늘어나고 있는 추세다. 연극과 전시가 합쳐진 〈히로시마-합천〉, 무용과 미디어아트가 결합된 〈미디어퍼포먼스-이상한 나라의 앨리스〉, 소리예술인 판소리에 미술과 조명·의상 등의 시각예술을 덧입힌 국립창극단의 〈수궁가〉 등이 우리나라의 대표적인 융·복합 예술 공연들이다.[6]

이러한 콜라보레이션collaboration은 전혀 관계가 없을 것 같은 이종 산업 간에도 자주 발생하고 있다. 삼성전자의 세탁기와 제일모직의 패션 브랜드가 공동마케팅을 펼치는 것이 하나의 예다. 서울 신사동의 한 레스토랑의 선반에는 운동화 박스가 가득 진열돼 있는데, 음식을 주문하면 이 운동화 박스에 담아 내온다. 운동화 박스를 음식 그릇으로 활용하는 협업이다. 신제품을 선보이는 론칭 행사를 할 때에도 호텔 기자회견장이 아닌 트렌디한 거리의 음식점을 팝업 스토어로 사용하는 경향이 늘어나고 있다. 전혀 관련이 없어 보이는 분야 간의 협동 작업이 주는 신선한 느낌을 팝업 스토어의 한시성에 담는 것이다.[7] 소비자들이 이제 웬만한 자극에는 주의를 주지 않기 때문에 신선한 감각으로 주목을 받기 위해서는 이처럼 기발한 융합이 계속 선보이지 않으면 안 될 것으로 보인다(고객의 주목을 끌기 위한 노력에 관해서는 〈Attention! Please〉 키워드 참조).

일터에서도 개방화의 트렌드는 더욱 강하게 나타나고 있다. 대기업을 중심으로 스마트워크smart work가 시행되고 출퇴근 시간을 조절할 수 있는 시차출근제가 도입되는가 하면, 사무실의 고정 좌석을 없애는 등 직업 공간에도 크고 작은 개방화 물결이 일고 있다. 이러한 움직임은 정부에서부터 시작되고 있는데, 행정안전부 등 11개 중앙부처를 대상으로 시범 운영 중인 스마트워크가 11월부터 전 중앙부처로 확대된다. 이전에 존재했던 업무 방식의 프레임이 깨지고 근무나 결재 등이 정보통신기술을 통해 원격으로 이루어지는 등, 새롭고 개방적인 방식의 업무 형태가 속속 등장하고 있다. 스마트워크에 대한 성장 가능성이 커지면서 향후 모바일 영상회의 시장도 성장이 기대된다.[8]

이런 개방화의 트렌드는 일상사에 대한 공유와 소통의 차원을 넘어 '공유소비' 라는 새로운 형태로 나타나기도 한다. 공유소비(협력적 소비, collaborative consumption)란 개인들이 자신의 소유물들을 독점하면서 사용하는 전통적인 의미의 소비에서 벗어나 개방화의 '공유정신' 을 바탕으로 서로가 서로의 물건을 자발적으로 교환하고 공유하는 형태의 소비를 의미한다. 경기 불황이 계속되면서 위축된 소비자들의 구매 심리는 협력적 소비를 통해 비용 절약을 꾀하는 쪽으로 이동하고 있다. 자신들이 갖고 있는 물건이나 부동산을 서로 바꿔 쓰거나 공유하는 공유소비에 눈을 돌리는 것이다. 이러한 공유소비는 과거에도 그 개념이 없었던 것은 아니지만, 위치기반 서비스LBS의 보급으로 인해 급성장하고 있다. 어떤 물건의 소비를 공유하기로 한 사람들끼리 해당 물건이나 서로의 위치를 스마트 기기를 통해 확인함으로써 서비스 이용이 가능하기 때문이다.

이러한 공유소비의 대표적인 예는 자동차 공유다. 외국에서는 이미 활성화되어 있는 이 서비스는 차량 소유주가 인터넷 사이트에 차를 등록하고 대여 시간과 대여료를 정하면 차를 빌리고 싶은 사람이 차를 골라 예약하는 방식으로 운영된다. 영국의 휩카와 스트리트카 등이 대표적인 자동차 공유 업체이며 국내에서도 최근 '그린카' 서비스가 출시되어 관심을 끌고 있다. 렌터카와 달리 시간제로 빌려 쓸 수 있으며 스마트폰 앱을 이용하여 현재 위치에서 가까운 곳에 주차되어 있는 자동차를 찾아 역시 스마트폰에 설치된 가상 키를 이용하여 시동을 켜서 이용하는 방식이다.

또한 프리리사이클www.freerecycle.com은 중고 물품을 교환할 수 있도록 시스템을 구축해 현재 전 세계에 900만 명의 회원을 보유하고 있다. 하루 수백만 건의 교환이 이루어지는 이 업체의 경제적 가치는 11억 달러(1조 2천억 원) 정도로 추산된다. 우리나라의 경우에는 2012년부터 보급과 생산이 본격화될 전기자전거를 출발점으로 이러한 공유소비가 점차 활성화될 것으로 전망된다. 이를 위해서는 지방자치단체의 전폭적인 관심과 지원이 절대적이다.

공유소비를 통해 과거 기업 주도 시장의 구매자로만 머무르던 소비자들

스마트폰을 기반으로 차를 공유하는 그린카 서비스는 '공유소비'의 대표적 사례이다.

이 적극적으로 물건과 서비스를 나눔으로써 새로운 비즈니스의 주체로 떠오르고 있다. 새로운 물물교환 시대의 도래이다.[9]

한편으로 이러한 개방화의 경향이 상당한 부작용을 낳고 있는 것도 사실이다. 『트렌드 코리아 2011』에서 우려한 대로 '감춤'의 문제가 제기되는 것이다. 익명성을 악용해 정보를 편향적으로 재가공해 여론을 호도하기도 하고, 알리고 싶지 않은 사생활이나 개인의 신상 정보가 무분별하게 노출되거나 잘못 전달되기도 한다. 이러한 부작용으로 인해 스스로 목숨을 끊는 경우도 발생하는데 이를 두고 단순한 자살이 아니라 'SNS에 의한 타살'이라는 말까지 나온다. 나날이 발전하는 SNS 기술 때문에 이름·위치정보·인맥·의료정보·정치 성향 등 민감한 개인정보까지 무분별하게 유출되고 있지만 이를 막을 뾰족한 방안이 없는 것이 현실이다. 이러한 이유로 SNS 이용자들의 책임 의식이 강조되고 있는 것이다.[10]

올해는 특히 개인정보 유출 사고가 많이 발생했다. 금융회사·인터넷 포털·온라인 쇼핑 업체 등 분야를 막론하고 개인정보 유출 사고가 끊이지 않았다. 한국소비자원의 최근 조사에 따르면, 소비자의 95%가 최근 1년 내에 개인정보를 유출당한 경험이 있는 것으로 나타났다. 이러한 개인정보의 위험 노출 증가로 개인정보보호법이 시행되고 개인정보 유출 배상책임보험 등의 수요가 늘어날 것으로 예상된다. 국내 기업들은 개인정보 유출로 인한 막대한 손해배상에 대비하기 위해 보험 상품 가입에 관심을 기울이고 있는데, 이러한 변화를 빠르게 잡아낸 손해보험사 등은 관련 상품을 출시해서 기업들의 보험 가입을 유도하고 있다.[11] 유출 사고가 한 번이라도 일어나면 수만 명의 회원들에 대한 피해 보상이 천문학적인 액수에 이를 수 있기 때문이다.

개인정보와 프라이버시를 보호하려는 노력은 대표적인 SNS 업체인 페이스북에서도 이루어지고 있다. 페이스북은 본인들이 찾아내지 못한 결함을 발견해 내기 위해 상금까지 내걸었다. 페이스북은 3주 동안 결함bug을 찾아낸 사람에게 건당 최소 500달러(약 55만 원)를 지급해 총 4만 달러(약 4,400만 원)를 포상했다. 이는 네티즌들의 힘을 빌려 자체적으로 찾기 힘든 결함을 수정함으로써 사실상 페이스북의 해킹을 불가능하게 만드는 것이 목적이었다. 실로 눈물겨운 정보 보호 노력이 아닐 수 없다.[12]

개인 사생활의 보호 문제는 스마트폰 이용으로 더 확대되는 분위기다. 사용자의 위치를 서로 약속한 상대방에게 알려주는 '오빠 믿지' 라는 앱이 논란을 일으킨 바 있으며, 다른 사람에게 온 문자메시지를 내 폰에서 마음대로 훔쳐볼 수 있게 하는 앱까지 등장하는 등 사생활 침해가 도를 넘어서고 있다. 암암리에 유통되고 있는 'SMS 비밀복제SMS replicator secret' 앱은 특정인이 받은 문자메시지를 다른 사람의 폰으로 몰래 전달해주는 기능을 가진 악성 애플리케이션이다.[13] 스마트폰에도 사생활 보호를 위한 정보 보호 문제가 시급한 현안이 되고 있다.

## 향후 전망

개방화 트렌드의 궁극적인 지향점은 결국 소통이다. 소통의 꽃이라 할 수 있는 SNS는 개인과 기업, 정부 등 각 주체들에게 활짝 열린 소통의 길을 마련해준 대신에 전에 없던 과제도 안겨주었다. '나와 내가 각자 하는 이야기'가 아니라 '나와 우리가 함께 하는' 이야기의 공간을 어떻게 만들 것인가, '서로 믿지 못하는 불신의 이야기'가 아니라 '믿고 공감할 수 있는 이야기'를 어떻게 나눌 것이냐의 과제이다. 이 과제를 해결하지 못한다면 SNS는 궁극적으로 우리 모두를 옥죄는 하나의 '스몰 브라더'이자 참을 수 없는 매체 공해로 존재하게 될지도 모른다.

이를 위해 기업들은 무엇보다 신뢰와 진정성이 바탕이 된 소통의 광장을 마련하는 데 주안점을 둬야 한다. 파워블로거를 이용한 교묘한 홍보나 SNS 알바를 통한 글 올리기는 이미 기업의 진정성을 크게 훼손시켰다. 이런 불미스런 사건을 접한 소비자들은 이제 어느 것이 진짜 믿을 수 있는 정보인지 더욱 혼돈스러울 뿐이고 결국 가까운 지인들의 추천이나 경험에 의지해서 제품을 선택하게 된다. 수억 원을 들인 기업의 광고보다 진정성이 담긴 한 줄의 트윗 글이 더 큰 나비효과를 내는 시대이다.

정보공개에 대한 요구가 거세지면서 과거에는 그냥 넘어갔던 내용들, 혹은 몰라서 요구하지 못했던 정보들에 대한 접근도 용이해지고 있다. 제품과 서비스를 제공하는 기업에 대한 소비자들의 각종 정보공개 요구는 이제 새로울 것이 없는 일로 여겨지고 있으며 정부 및 지방자치단체에 대한 정보공개 요구에 동참하는 사람들도 늘고 있다. 이러한 추세는 거스를 수 없는 세계적 대세이다. 위키리크스의 등장에서 보듯이 국가 기밀로 취급되던 정보도 만천하에 공개되는 세상이 됐다. 마냥 감춘다고 해결될 수 있는 문제가 아닌 것이다. 법이 보장하는 정보공개청구제도를 적극적으로 활용하며 공공기관에 대한 개방을 요구하는 시민 단체도 계속 늘어날 것으로 보인다.

앞으로 개방을 향한 소비자들의 열망은 닫힌 정보 구조의 자물쇠를 풀어버릴 것이다. 한편 본격적인 클라우드 서비스의 도입은 협업을 통한 공유의 영역을 더욱 넓히는 동시에 정보공개 및 사생활 침해라는 어두운 그림자를 더 짙게 드리울 수밖에 없다. 개인정보 노출이라는 문제에 우리는 사실 무방비 상태로 노출되어 있다. 아무리 단속을 해도 어찌할 수 없는 파놉티콘(거대한 중앙 탑을 중심으로 한 원형 감시구조)의 세상에 이미 살고 있는 것이다. 개인정보 유출과 사생활 침해 이슈들이 꾸준히 부각되면서 "개방하되 어떻게 감출 것인가"의 이중적인 고민은 더욱 깊어질 전망이다.

# Real virtuality
## 실재 같은 가상, 가상 같은 실재

**예측내용**

가상과 실재가 그 어느 때보다도 가까운 지점에 맞닿아 있다. 온라인과 오프라인의 경계가 희미해지고 온라인상의 논리와 정체감이 오프라인에 지배적인 영향력을 갖게 된다. 지금까지 선택적이었던 온라인 접속이 이제 지속적이고도 필수적으로 매순간 오프라인에 연계되는 방식으로 확장된다. 소비자는 환경과 사물을 인식함에 있어 온라인 가상현실의 각종 정보와 스타일을 덧대어 바라보게 된다. 스마트폰의 대중화가 진행되는 가운데 이러한 경향은 점차 전방위적으로 확산될 전망이며 다양한 미디어의 콘텐츠들도 소비자의 달라진 인식을 반영하여 보다 '게임 같은 현실'을 제안할 것이다.

『트렌드 코리아 2011』 pp.235-248

**TREND KOREA**

## 회고

2011년 키워드였던 〈Real virtuality〉는 가상현실이라는 의미의 'Virtual reality'를 뒤집어 만든 조어造語다. 가상현실이란 컴퓨터를 동원해 가상공간에서 만들어내는, 실제와 유사하지만 실제가 아닌 특정한 존재를 말한다. 다시 말해서 현실의 상황을 얼마나 가상공간에 실감나게 재현해 내느냐가 관건이었다. 반면, 현실적 가상Real virtuality이란 가상현실과는 반대로 가상공간의 논리나 현상이 실생활에 영향을 미치는 상황을 묘사하는 것이다. 『트렌드 코리아 2011』이 〈Real virtuality〉를 키워드로 선정했던 것은, 가상공간의 논리·정서·상황이 현실에 지대한 영향을 주는 만큼, 가상과 실재가 어느 때보다도 가까워질 것임을 강조하고자 한 것이었다.

2011년 연초, 매우 특이한 소송이 하나 제기됐다. 한 게이머가 가상공간에서 도둑맞은 2,500만 원짜리 사이버 검을 돌려달라는 손해 배상 청구소송을 낸 것이다. 사건의 발단은 평소 리니지를 즐기던 한 게이머가 다른 이용자에게 '거지 같은 XX' 라고 놀림을 당한 후 화가 나서 이래도 거지냐며 '전설의 검' 을 상대들에게 보여주면서 시작됐다. 그러자 '전설의 검' 을 본 공범들이 그것을 훔쳐 달아났는데, 그 검이 바로 오프라인에서 2,500만 원에 거래되는 고가 아이템이었던 것이다.[1] A씨는 리니지 제작사인 엔씨소프트에 신고해 범인들의 계정을 정지시키고 빼앗긴 검을 돌려줄 것을 요청했으나 엔씨소프트는 회원 개인 간의 문제라며 응하지 않았다. 결국 게이머는 불법 취득한 아이템을 다시 회수해 돌려주지 않은 엔씨소프트를 상대로 손해 배상 청구소송까지 냈다.

사이버 게임공간의 문제가 법원의 심판을 기다리는 세상이 됐다. 사이버 공간에서 벌어진 일에 대해 어디까지 법적 보호를 받을 수 있을지에 대한 기준이 모호한 상황이라, 손해 배상을 받을 수 있을지는 불투명한 상황이라고 한다. 얼마 전까지만 해도 '현질(온라인 아이템의 현금 거래)' 은 낯선 용어였지만, 이제는 사이버상의 현금 거래가 홍수를 이루면서 이에 대한 적법성을 가려줄 법제의 도입을 요구하는 지경에 이르렀다. 이 밖에 가상

증강현실을 소비자의 편익을 실현시켜주는
창조적 매개체로 활용하기 위해서는 현실과 가상의 구분이라는
도덕적 기준에 대한 개인의 분별력과 절제가 필요하다.
가상공간의 진화 속도가 갈수록 빨라지고 있는 시대다.
그 방향성에 대한 성찰이 절실하다.

과 실재 사이의 정확한 구분에 혼란을 느끼는 한 게임중독자가 '묻지마 살인'을 일으켜 사회적인 충격을 주기도 하였다.

이처럼 극단적인 경우는 아니더라도 이제 가상과 실재는 그 어느 때보다도 맞닿아 있다. 2011년 방송가를 점령한 서바이벌 형식의 오디션 예능 프로그램들은 하나같이 『트렌드 코리아 2011』에 묘사된 바와 같은 '육성 게임'의 논리를 충실하게 따랐다. 독특한 개성의 참가자들이 단계별 미션을 해결하며 성장하고 필요에 따라 집중적인 교육을 받는, 육성 시뮬레이션 게임의 상황과 중첩하는 구조를 보여주었던 것이다. 시청자들은 문자투표나 미션 신청 등을 통해 마치 게이머로서 프로그램에 참가하는 듯한 역할을 수행했다(문자투표의 즉각성에 대해서는 〈Ad-hoc economy〉 키워드 참조).

네티즌들은 또 온라인에서 한 약속을 오프라인 현실에서 지키는 것을 즐겼다. '인증샷' 놀이가 대표적인 예다. 예를 들어 "13일에 비가 오면 내가 명동에서 춤을 추겠다"고 온라인 공간에서 약속하고, 실제로 그날 비가 오면 그것을 현장에서 실행한 후 인증샷을 가상공간에 업로드하는 식이다.

이 수행과정을 보기 위해 네티즌들이 현장에 모여 하나의 플래시몹(flash mob, 이메일이나 휴대폰 연락을 통해 약속 장소에 모여 아주 짧은 시간 동안 황당한 행동을 한 뒤, 순식간에 흩어지는 불특정 다수의 군중)[2]을 이루기도 했다.

가상과 실재가 만나는 가장 주목할 만한 기술은 바로 증강현실augmented reality이다. 이제 스마트폰에 탑재된 다양한 종류의 증강현실 앱들은 한층 더 편리한 생활을 만들어주고 있다. 예를 들어, '증강현실 맵'은 스마트폰의 카메라와 보드상의 센서가 사용자의 카메라 주변에 있는 정보를 화면에 표현해 준다.[3] 이 기술이 적용되면 소비자들은 잘 모르는 장소나 낯선 도시에 처음 방문했을 때 그 주변을 파악하는 데 매우 유용한 정보를 제공받을 수 있다. 또 다른 예로, '증강현실 시네마' 애플리케이션은 영화 속에 실제 등장했던 장소를 방문하고 그곳을 카메라로 비추면 해당 장소를 배경으로 한 영화 속의 장면이 재생되는 앱이다.[4] 증강현실 기술은 이제 스페인 광장 13번째 계단에 앉아 아이스크림을 먹고 있는 영화 〈로마의 휴일〉 속 오드리 헵번 바로 옆자리에 나를 등장시킬 정도로 진화하고 있다.

'러브플러스'라는 게임에서는 소위 '모태솔로'인 남성들도 가상의 여자 친구를 만들 수 있다. 이 게임은 유저들 사이에서 '악마의 게임'이라 불리는데, 그 이유는 연인이 된 이후의 '리얼 모드' 때문이다. 내장된 타이머가 실제 시간을 그대로 반영해 계절을 시시각각 변화시키고 이벤트도 달리한다. 여자 친구에게 잘 보이기 위해 다양한 선물 공세를 하는 것은 물론이고, 게임에 심각하게 몰입한 유저들은 가상의 연인과 실제 결혼식을 올리거나 신혼여행을 다녀오기도 하는 등, 가상과 실재를 구분하지 못하는 해프닝이 벌어지기도 한다.

　소비자들의 쇼핑 풍경도 바뀌고 있다. 특히 지하철 광고판에 가상매장을 만든 시도는 많은 사람들의 이목을 집중시켰다. 소비자가 가상점포 속 제품의 QR코드를 촬영한 후 스마트폰으로 제품을 바로 구입할 수 있도록 한 것이 가상매장의 핵심 아이디어이다.[5] 가상매장이 앞으로 얼마나 소비자들의 생활 속에 자리를 잡을 수 있을지는 좀 더 기다려야 할 것으로 보인다. 하지만 온라인과 오프라인을 넘나드는 '4세대 점포'의 시도는 주목할 만하다. 애플리케이션 하나만 다운받으면 백화점과 대형마트를 일일이 찾아다닐 필요 없이 '원스톱 쇼핑'이 가능한 시대가 가까워지고 있다.

　생동감 넘치고 실제적 감흥을 제공하기 위한 노력은 활자를 다루는 전통적 언론 매체에서도 활발하게 전개됐다. 한 신문은 일부 사진과 광고 섹션을 3D용 입체 사진으로 제작하고 입체 안경을 무료로 제공해 화제가 됐다.[6] QR코드와 3D접목 기술 등의 발전 속도를 볼 때 영화 〈마이너리티 리

홈플러스 지하철 가상 매장. 온라인과 오프라인을 넘나드는 4세대 점포가 각광받고 있다.

포트〉에서나 볼 수 있었던 장면처럼 머지않아 잡지나 신문에서 직접 동영상을 재생할 수 있게 될 것이다.

의류업계의 움직임도 예사롭지 않았다. 리바이스와 CJ오쇼핑 등은 '디지털 피팅룸'을 도입해 소비자가 매장에 가지 않고도 옷을 직접 입어보는 경험을 할 수 있도록 했다. 이러한 가상 체험을 제공함으로써 "직접 입어볼 수 없으므로 옷은 온라인으로 구매하지 않는다"는 소비자의 인식을 긍정적으로 바꾸는 데 성공했다. 특히 2011년 지식경제부 산업기술기반조성사업의 일환으로 '아이패션 의류기술 비즈니스 센터i-Fashion Biz Center'가 출범하여 국민의 체형을 데이터베이스화하고 있다. 이 사업이 완성되면, 소비자들은 자신에게 맞는 사이즈를 편리하게 고를 수 있게 될 것으로 보인다.


## 향후 전망

2011년 5월, 9·11테러를 주도했던 오사마 빈 라덴이 사살됐다. 10년이라는 세월 동안 숱한 숨바꼭질 끝에 번번이 실패했던 작전을 마침내 성공할 수 있었던 것은, 증강현실 기술을 통해 오사마 빈 라덴의 위치를 정확하게 파악하고 작전에 임했기 때문이었다고 한다. 이제 증강현실 기술은 군사작전에까지 활용될 만큼 그 적용 범위를 확산시켜가고 있다. 시장조사기관인 주니퍼 리서치는 2015년이 도래하면 증강현실 기술 관련 시장이 15억 달러 수준으로 성장할 것이라는 예측을 내놓고 있다.[7]

하지만 가상의 실재화, 실재의 가상화가 장밋빛 미래만을 약속하는 것은 아니다. 2011년 빈발했던 각종 정보 유출과 해킹 사고에서 보듯이, 그 잠재적 위험도 커지고 있다. 예를 들어 보자. 2011년 바르셀로나에서 개최된 '모바일 월드 콩그레스' 에서는 SF영화 속에나 등장할 법한 소재인 사람을 인식하는 '페이스 인식 기술' 이 도입되어 화제를 모았다. 세계 최초로 선보인 이 기술은 스마트폰이 얼굴 정보를 읽어내고 애플리케이션을 통해 개인의 소셜 네트워크에 등록된 사진을 찾아 매칭하는 방식이다. 구글의 웹사진 앨범 피카사picasa도 사진 속의 얼굴을 인식해 자동으로 분류해준다.

앞으로 기술이 더 진보한다면 얼굴 인식 애플리케이션 하나로 범죄자 인식과 같은 보안 관련 서비스를 제공받을 수도 있을 것이다. 정밀한 신원 확인을 위한 홍채 인식 애플리케이션 출시 또한 머지않아 보인다. 사람의 얼굴을 인식할 정도로 기술력이 진화했다는 것은 희소식이지만, 개인정보 보호가 중요한 사회적 이슈로 떠오른 요즘 얼굴만으로 사이버상의 개인정보까지 접근 가능하다는 것이 마냥 반갑지만은 않은 것이 사실이다.

커피숍에 가보면 젊은 친구들이 삼삼오오 모여앉아 서로 대화하기 보다는 각자 자기 스마트폰을 들여다보고 있는 모습을 심심찮게 볼 수 있다. 이러한 사람들을 '스마트 아일랜드smart island족' 이라고 한다. 스마트 기기를 들고 소통하고자 하지만 사실은 고립된 섬에 있는 것처럼 느끼는 이들을 일컫는 신조어다.[8] 이들은 온라인상에서는 생면부지이자 익명인 상대방과 다정하게 대화를 나누다가도, 막상 오프라인에서는 알고 지내는 사람을 만날 때조차 어색한 풍경을 연출한다. 가상 속의 관계에 익숙한 사람들에게 현실에서 맞닥뜨리는 인간관계는 버겁게만 느껴진다. 스마트폰 1천만 시대가 만들어 낸 씁쓸한 풍경이다.

스마트한 환경 속에서 소비자들은 생활의 편의를 누리고 다양한 체험을 하며 심지어는 경제적 효용까지도 만끽한다. 하지만 지나친 온라인적 사고와 논리 구조에 익숙해지면 결국 실체론적 부재를 느끼게 될 우려가 있다. 결국 인간관계란 얼굴과 얼굴을 마주 보고, 미소와 눈동자가 부딪칠 때 그 진정성을 느낄 수 있고, 비로소 마음으로 전해질 때 완성되는 것이다. 증강현실 기술이 우리의 상상 이상으로 진화한다 하더라도 현실에서 얻게 되는 인간의 행복감을 완전히 대체하지는 못한다는 사실을 잊지 말아야 한다. 증강현실을 소비자의 편익을 실현시켜주는 창조적 매개체로 활용하기 위해서는 현실과 가상의 구분이라는 도덕적 기준에 대한 개인의 분별력과 절제가 필요하다. 가상공간의 진화 속도가 갈수록 빨라지고 있는 시대다. 그 방향성에 대한 성찰이 절실하다.

향후 증강현실 기술은 소비자와 기업 간의 새로운 소통의 끈이 될 것이다. 소비자의 참여를 극대화해 진정으로 소비자에게 편익을 제공할 수 있는 아이디어만이 시장의 승자가 될 수 있다. 현대인은 오감 만족을 갈망하는 감성 시대에 살고 있다. 소비자들의 다양한 욕구를 충족시키면서도, 한편으로는 지나친 정보 제공이나 사생활 침해로 인한 사용자 스트레스 수위를 조절할 줄 아는 감각적인 기술만이 '스마트'한 전쟁터에서 살아남을 수 있을 것이다.

# Ad-hoc economy
## 즉석경제

**예측내용**

바야흐로 '즉석경제'의 시대가 도래했다. 경제와 트렌드 변화의 주기가 빨라지고 미래 예측이 불가능해지면서 현재지향적이고 즉각적인 소비가치가 확산되고 있는 것이다. 애드호크 세대들은 불투명한 미래의 모습보다 현실에 충실하고 당장에 집중한다. 이들의 디지털 본능은 직관적 UX 디자인 및 경험에 기반한 기술개발을 가속화시키고 있으며 순환주기가 빠른 SPA 패션브랜드를 선호한다. 또한 순간적인 경험이 구매에 미치는 영향이 날로 커지면서 팝업 스토어, 한정판 출시 등 다양한 순간적 마케팅 전략들이 쏟아지고 있다. '찰나'와 '영원' 둘 다를 쫓는 소비자들을 공략하는 것이다. 소비자에게 어필할 수 있는 '순간'은 날로 특별해지고 있다. '순간 마케팅'이 갖고 있는 한정성은 마치 쾌락의 모르핀과 같다.

『트렌드 코리아 2011』 pp.249-262

TREND KOREA

## 회고

법정 스님께서 입적하신 직후 우리 서점가의 베스트셀러 순위는 경이적이었다. 1위 『아름다운 마무리』를 필두로 8위까지가 모두 고인의 저서였던 것이다. 대한민국 출판 역사상 한 저자의 책이 이렇게 베스트셀러 순위를 휩쓴 것은 그야말로 전무후무한 사건이라고 할 수 있다.

이러한 열풍은 물론 당시 입적하셨던 법정 스님에 대한 추모 열기 때문이었다. 고인은 사회의 권위가 속절없이 무너지는 시대에 존경할 만한 '어른'의 모습을 온몸으로 보여주셨다. 특히 당신의 저서는 소유에 대한 집착으로 눈이 멀어가는 현대인들에게 따끔한 죽비가 되어주기에 충분한 것이었다. 하지만 뜻밖의 소식이 뒤따랐다. 연말이 되자 반품된 책이 100만 부로 추산된다는 것이었다.[1] 어떻게 이런 일이 생겼을까? 1~8위를 독점하던 저서들이 어떻게 한순간에 파지로 변해버릴 수 있는 것일까? 한국의 트렌드가 롤러코스터를 타듯이 급변한다고는 하지만 이와 같은 급작스러운 변화는 무척이나 당황스럽다.

해답은 고인의 유언에서 찾아야 할 것으로 보인다. 스님은 "그동안 풀어놓은 말빛을 다음 생으로 가져가지 않으려 하니, 부디 내 이름으로 출판한 모든 출판물을 더 이상 출간하지 말아달라"는 유지를 남기셨다. 그러자 더이상 법정 스님의 책을 구할 수 없다고 생각한 독자들이 서점으로 밀려들었던 것이다. 한국 문단의 기둥이었다고 할 수 있는 소설가 박완서 선생이 별세했을 때에도 추모 열기가 뜨겁긴 했지만, 법정 스님 때처럼 베스트셀러를 석권하지는 않았던 사례를 보면 역시 한정限定의 힘으로 '법정 스님 신드롬'을 해석하는 것이 타당할 것 같다.

이것이 소위 '한정판limited edition'의 힘이다. 물론 고인이 된 저자가 의도하신 것은 결코 아니었겠지만 이 유언은 자연스럽게 스님의 책을 "지금이 아니면 구할 수 없는" 한정판으로 만들었던 것이다. 문제는 그 다음에 발생했다. 책이 품귀 현상을 빚자 출판사들은 법정 스님의 유지를 받드는 시민

트위터나 페이스북과 같은 소셜 네트워크 서비스SNS가
널리 보급되면서 트렌드 변화의 휘발성이 매우 커졌다.
문제는 과거의 패러다임으로는 한시적 변화에
즉각 대응하기 쉽지 않다는 점이다. 시시각각 변화하는 소비자의 변덕에
적응하기 위해서는 신속한 공수 전환 능력이 필수가 됐다.
바야흐로, '순간'의 시대가 왔다.

모임인 '맑고 향기롭게'와 합의하에 연말까지 스님의 책을 판매하기로 한 것이다. 의도는 물론 고인의 귀한 뜻을 널리 전하려는 것이었겠지만 결과적으로는 한정판의 약속을 깨뜨린 것이 됐다. 지금이 아니면 안 된다는 절박함이 "언제든 구할 수 있다"는 생각으로 바뀌는 순간 책에 대한 관심은 현저히 떨어져 버렸다.

법정 스님 책의 이상異常 베스트셀러 열풍은 우리 사회가 즉석경제instant economy화하면서 한정의 힘이 더욱 커지고 있음을 보여주는 극단적인 예다. 기술혁신과 트렌드 변화의 주기가 빨라지고 미래 예측이 불가능해지면서 현재 지향적이고 한시적인 소비가치가 확산되고 있다. 미래의 예측가능성이 크게 떨어지면서 '지금'의 중요성이 훨씬 커진 것이다. 즉석경제를 살고 있는 임시 세대ad-hoc generation는 불투명한 미래보다는 당장의 기쁨에 충실하다. 지금이 아니면 살 수 없는 것에 서둘러 지갑을 여는 것이다.

지상파와 케이블 채널을 장악한 오디션 프로그램의 실시간 투표에서도

즉각성은 극대화된다. 생방송 오디션 프로그램들은 현장성 극대화를 위해 경선 직후 즉석에서 탈락자를 가려내는 생방송 투표제를 실시하고 있다. 생방송 중에 도착한 문자 투표로 그 주의 승자와 패자를 '즉각' 가려내는 것이다. 열정을 쏟아낸 무대의 여운을 즐길 새도 없이 탈락의 고배를 마신 출연자들의 안타까운 모습을 보는 일은 일상다반사가 됐다.

생존자는 다음 주 문자 투표에서 살아남기 위해 일주일간의 맹연습에 돌입한다. 서바이벌 오디션 프로그램의 출연자들은 일주일 단위로 새로운 노래와 춤, 스케이팅, 아나운싱까지 시청자들을 만족시킬 아이템들로 무장하고 비장의 출사표를 던진다. 회를 거듭할수록 출연자들은 서바이벌 경쟁에서 살아남기 위해 단기간 연습했다고는 믿기지 않을 정도의 실력과 쇼맨십을 선사하면서 시청자들의 기대치는 점점 더 높아져만 간다. 이러한 시청자의 욕구를 충족시키기 위해 프로그램 또한 진행 속도를 높인다.

생방송의 매력은 순간성이다. 찰나의 감동을 창출하기 위해 참가자와 제작진은 혼신의 힘을 다해 고군분투한다. 그리고 이제 오디션 프로그램은 수동적이었던 시청자에게 적극적인 방송 참여의 기회를 부여함으로써 감동의 순간이 탄생하는 현장에 같이 자리할 수 있도록 해주고 있다. 시청자는 오디션 프로그램 일색이라고 불만을 토로하면서도 부지불식간에 나날이 성장해 가는 출연자의 일희일비하는 모습에 공감하면서 쇼를 즐긴다.

이러한 추세에 맞춰 KT스카이라이프는 '실시간 쌍방향 TV 투표'라는 새로운 서비스를 내놓았다. 매회 프로그램 방영 시 핸드폰 문자 투표가 아닌 리모컨으로 선호하는 출연자에게 직접 투표하고 투표 결과를 실시간으

1년 사이 10배 이상의 성장세를 보인 소셜 커머스 시장. 티켓수의 한정성, 시간의 제한성, 상품의 일회성이라는 즉석경제의 3요소를 모두 지닌 즉석경제의 전형이라고 할 수 있다.

로 확인할 수도 있다는 것이다. 정보이용료가 드는 문자 투표보다 훨씬 저렴하고 간편한 방식이다. 앞으로 시청자들의 즉각적인 방송 현장 참여가 더 간편하고 창의적인 방식으로 진화할 것으로 보인다.

온라인 영역에서 2011년 즉석경제의 면모를 유감없이 발휘한 영역은 단연 소셜 커머스다. 소셜 커머스 시장 매출액은 2010년 500억 원에서 2011년 8월 현재 5천억 원 규모로, 8개월 남짓한 기간 동안 무려 10배나 커져 가파른 성장세를 보였다.[2] 단숨에 새로운 소비문화로 자리 잡은 소셜 커머스는 티켓수의 한정성, 시간의 제한성, 상품의 일회성이라는 즉석경제의 3요소를 모두 지닌 즉석경제의 전형적인 예라고 할 수 있다.

소셜 쇼핑 초창기의 서비스 품목은 새로 개업한 레스토랑이나 헤어숍 등 한정적이었으나, 소셜 쇼핑의 잠재력을 인식한 제휴 업체들 덕분에 해외 유명 스포츠 브랜드는 물론 가전제품이나 해외 여행 상품으로까지 그 영역이 확장되면서 소비자들은 다양한 상품을 소위 '득템' 할 수 있게 됐

■ 2010 · 2011년 온라인 쇼핑몰 순위 비교

| 2010년 연간 Top10 | | 2011년 상반기 Top10 | |
|---|---|---|---|
| 순위 | 사이트명 | 순위 | 사이트명 |
| 1 | G마켓 | 1 | G마켓 |
| 2 | 옥션 | 2 | 옥션 |
| 3 | 11번가 | 3 | 11번가 |
| 4 | 인터파크 | 4 | 인터파크 |
| 5 | GS SHOP | 5 | 티켓몬스터 |
| 6 | 롯데닷컴 | 6 | GS SHOP |
| 7 | 롯데몰 | 7 | 롯데닷컴 |
| 8 | CJmall | 8 | 쿠팡 |
| 9 | 신세계몰 | 9 | 그루폰코리아 |
| 10 | Hmall | 10 | CJmall |

자료 : 랭키닷컴

다. 치솟는 물가로 값싼 상품을 찾는 서민들의 니즈가 팽배한 요즘, 한정성을 무기로 다양한 제휴 업체들과 연계하여 대폭 할인된 가격에 상품을 제공하는 소셜 커머스는 나오자마자 즉석경제의 총아로 떠올랐다.

영화 〈백 투 더 퓨처〉에 등장한 미래형 스니커즈를 경매로 구입한 한 연예인이 그 신발 사진을 트위터에 올린 것이 화제가 되었다. 나이키에서 한정판으로 선보인 이 운동화는 자동으로 끈이 매지는 미래형 슈즈로 경매가가 600만 원에 이른다. 경매로 낙찰 받은 제품을 혼자만 즐기던 과거와는 달리 요즘 소비자들은 득템한 한정품을 실시간으로 SNS을 통해 공개하며 스스럼없이 자랑한다. 요즘 젊은 세대들에게 한정품은 부자들만의 전유물이 아니라 한번쯤 도전해 볼만한 자신을 위한 '스몰 럭셔리'[3]인 것이다.

또한 『트렌드 코리아 2011』에서 언급했던 '찰나족'들의 스마트폰 의존도도 예상했던 것처럼 커지고 있다. 특히 태블릿PC까지 가세하면서 소비자의 일상생활 자체가 크게 변화하고 있는 모습이다. 요즘 회의실이나 강의실에서는 노트만한 태블릿PC를 앞에 두고 즉석에서 회의 내용이나 강의 내용을 기록하고 파일화하는 풍경이 흔하다. 이미 노트북이 강의 필수품이 된 대학 캠퍼스에서는 휴대가 간편한 태블릿PC가 서서히 노트북을 대체하며 빠른 속도로 확산되고 있다. 입학생 전원에게 태블릿PC를 지급하는 대학도 등장했으며, 디지털 교과서가 도입되는 2015년부터는 초·중·고교 교육에까지 광범위하게 확산될 전망이다.

태블릿PC는 수업 교재 애플리케이션 활용에 그치지 않고 무궁무진한 확장성을 기반으로 다양한 서비스에 접목되어 스마트한 캠퍼스 라이프를 열어줄 것으로 기대된다. 우선 여러 단계를 거쳐야 했던 기존의 학사 관리 시스템 정보가 개인 맞춤형으로 진화하여 실시간 처리가 가능해진다. 학생은 학교에 실시간으로 의견을 개진할 수 있고, 필요할 때 언제든지 해당 부서에 메시지를 전달하고 업무 처리 프로세스를 바로바로 확인할 수 있을 것이다.[4]

'찰나'와 '영원' 둘 다 쫓고자 하는 양면적 소비자들의 구미를 당기는 팝업 스토어와 한정품의 행렬도 즉석경제를 부채질하고 있다. 팝업 스토어란 매장의 임시성을 극대화하여 짧게는 일주일에서 길게는 1년까지 정해진 기간 동안만 영업하고 사라지는 한시적 매장이다. 이 밖에 신상품의 판매동향을 탐지하기 위해 시험적으로 운영되는 안테나샵antenna shop이나 새로운 상품을 관계자들에게 선보이는 공개 행사를 의미하는 쇼케이스show case 개념의 신제품 출시도 늘고 있다. 팝업 스토어·안테나샵·쇼케이스 등의 핵심은 시공간적 제약이며, 이 제약이 가져다주는 특별함이 소비자들에게 희소한 가치를 주는 것이다.

롯데, 신세계 등의 대형 유통 기업들까지 팝업 스토어 열풍에 합류했다. 패션 브랜드 구호KUHO는 2011년 6~7월 신세계백화점 강남점, 롯데백화점 본점, 현대백화점 본점에 일주일간 구호플러스 팝업 스토어를 열고 한정판 상품을 판매했는데, 일주일 동안 각 매장별 매출이 무려 1억 원에 달했다. 또 프랑스 패션 브랜드 파코라반과 꼼데가르송은 협업으로 만든 '르 69 파코라반' 가방을 서울 한남동의 꼼데가르송 플래그십 스토어에서 한정판으로 판매하기도 했다. 이 제품은 전 세계 꼼데가르송 매장 가운데 단 6곳에서만 판매한 것으로 한국에는 총 34점만 들여와 희소성을 더했다.

팝업 스토어는 패션의 빠른 흐름과 그보다 더 빠른 젊은층의 소비 패턴과도 잘 맞는 한정 상품 판매라는 특수성 덕에 꾸준한 주목을 받고 있다. 특히 매번 바뀌는 주력 제품들에 마케팅 포인트를 맞출 수 있어 제품 주기가 빠른 IT기기 업체들이 반기는 유통 형태이기도 하다. 압구정동의 소니바이오나 삼성전자의 대학가 팝업 스토어처럼 까페 같은 체험형 팝업 스토어가 대표적이다.[5]

즉석경제의 아이콘인 '패스트 패션'의 인기 역시 뜨거워지고 있다. 외국 SPA브랜드의 매출이 지난 3년간 세 배나 급증한 가운데,[6] 스파오SPAO, 미쏘MIXXO, 스파이시 컬러Spicy Color와 같은 국내 패스트패션 브랜드 역시 빠르게 성장하고 있다.


## 향후 전망

'즉각적'이라는 말은 '빨리 잊혀진다'는 의미도 함께 내포한다. 나아가 소비자 문제 발생의 예방이나 해결이 쉽지 않은 면도 있다. 즉석경제의 도래는 소비자의 편리함을 극대화시키는 것과 비례하여 문제점도 발생시켰다. 시장 규모가 10배 이상 늘어난 소셜 커머스 업계의 경우, 규모 확장에 비례해 소비자 피해 건수도 125배나 증가했다.[7] 소셜 커머스 업체는 이제 제휴 업체 수에 집착하는 몸집 불리기를 지양하고 소비자 피해가 발생하지 않도록 서비스의 질을 높이는 시스템을 구축하는 것이 무엇보다 시급하다.

　지나친 즉석경제화는 이에 대한 반발로 느린 속도에 대한 관심을 불러일으켰다. 이탈리아에서 시작되어 전 세계로 확산된 슬로 푸드slow food 운동이 대표적 사례다. 이 운동은 전통적인 각 지방 고유의 특징적 성격들을 보존하고 기계와 유전자 조작 식재료의 사용을 최소화함으로써 자연환경을 보존하며, 생태계를 유지하자는 의도에서 출발했다. 슬로 푸드 운동은 산업화로 모든 것이 기계화되고 대량생산되면서 전통적인 음식문화를 대체해 온 패스트푸드에 맞서 선조들의 음식문화의 가치를 보존하자는 취지의 운동이다. 슬로 푸드 운동은 천천히 살아가자는 취지의 슬로 라이프slow life, 자연친화적인 도시 생활을 지향하는 슬로 시티slow city 운동으로 확산되는 추세다. 특히 전주・악양・하동・포항 등 여러 지방자치단체는 특정 지역을 슬로 시티로 조성하거나 국제 인증을 받기 위해 많은 노력을 기울이고 있다. 나아가 최근에는 그동안의 지나치게 투기적인 투자에 대한 반성으로 슬로 파이낸스slow finance 개념까지 등장하고 있다. 슬로 파이낸스는 재무 상태가 건전하고 지속가능한 성장 전략을 추구하는 기업에 관심을 갖는 펀드 투자 방식을 말한다. 부채담보부 증권CDO처럼 신용 버블을 일으키는 데 일조한 복잡한 금융 상품보다는 시장에서 저평가된 가치있는 기업을 찾아 투자하려는 것이다.[8]

이러한 분위기에서 2012년에는 과도한 속도성에 대한 반反트렌드counter-trend적 성격인 '여백'을 강조하는 트렌드가 등장할 것으로 예측해 볼 수 있다(〈Blank of my life〉 키워드 참조).

즉석경제화는 사실 '빨리빨리 문화'가 지배적인 한국에 아주 어울리는 현상이다. 더구나 트위터나 페이스북과 같은 SNS가 널리 보급되면서 트렌드 변화의 휘발성이 매우 커졌다. 문제는 과거의 패러다임으로는 한시적 변화에 즉각 대응하기가 쉽지 않다는 점이다. 다양한 채널을 통해 항상 소비자와 닿아 있어야 하고 자연스러운 접점을 유지하며 트렌드 변화에 촉각을 곤두세워야 한다. 시시각각 변화하는 소비자의 변덕에 적응하기 위해서는 신속한 공수 전환 능력이 필수가 됐다. 바야흐로, '순간'의 시대가 왔다.

# Busy break
## 바쁜 여가

**예측내용** |

모든 연결고리를 끊어내는 완전한 휴식이 불가능한 현실이 됐다. 어떻게 든 자기 나름의 재량 휴일을 선포하고 틈나는 대로 충전하지 않으면 방 전될지도 모른다. 휴식을 위한 휴식이 되지 못하고, 이후의 삶을 더 잘 살아내기 위해 더욱 바빠지는 휴가를 보내게 됐다. 이제 소비자들은 일상 의 재충전을 위해 혹은 자신의 스펙을 더 높이기 위해, 바쁜 여가를 준비 한다. 휴가의 위시리스트에는 단순히 목적지나 이동 계획이 아닌, 자격증 취득 · 해외연수 · 성형 · 자원봉사 등 보다 진화된 목표가 등장한다. 소비 자들의 가치관이 '성장과 소유' 위주에서 '여가와 사용' 위주로 재편되고 있기 때문이다. 이러한 변화에 따라 재량 휴가 기간에 무엇을 하고, 어떻 게 시간을 보낼 것인가의 문제가 매우 중요한 이슈로 대두됐다. 여유를 찾으면서도 동시에 시간 사용의 유의미함을 고민하는 현대인들의 일상적 태도가 휴식에도 전이된다.

『트렌드 코리아 2011』 pp.263-276

**TREND KOREA**

## 회고

가만히 있으면 불안한 시대다. 평균수명 100세를 바라보는 시대지만, 요즘 젊은이들은 취업재수 끝에 30세 즈음 어렵게 취업을 하면 38세에 직장에서 퇴출되고(38선), 45세에 정년을 맞고(45정), 56세에도 직장 생활을 하면 도

둑놈(56도) 소리를 듣는 세상에 살고 있다. 다소 과장한다면 20년 겨우 벌어, 남은 50년 인생을 보내야 한다. 무거운 책임감은 어깨를 짓누르고, 삶은 더욱 각박해진다.

하지만 아무리 세상이 서글프고 야속할지라도 한탄만 하고 있을 수는 없다. 치열하게 노력해 남보다 인정받아야 살아남는 경쟁 시대에 주어진 시간을 최대한 효과적으로 활용해야 한다. 동일한 환경 속에서 자신을 좀 더 계발할 수 있는 시간에 대한 고민은 고스란히 여가시간까지 이어진다. 남보다 뛰어나야 살아남는 적자생존의 환경 속에서, 여가시간마저 업무시간처럼 바쁘게 보낼 수밖에 없다.

그렇다 해도 현대인에게 여가가 성장과 소유를 위한 도약의 발판만을 의미하는 것은 아니다. 때로는 삶의 활력을 불어 넣는 재량적 시간이 되기도 하고, 때로는 자신에 대한 투자로 한 단계 발전하는 성숙의 시간이 되기도 하며, 열정을 불태우고 존재의 의미를 되새기는 재발견의 시간이 되기도 한다. 2011년 '사람인' 조사에 따르면, 직장인 5명 중 1명은 점심시간을 식사시간 이외에 개인적 시간으로 활용하는 '런치투어족'인 것으로 나타났다.[1] 또한 이들 중 38.7%가 취미생활을 즐긴다고 응답했고, 관공서 및 은행 업무·쇼핑·운동·인맥관리 등에 점심시간을 활용하는 것으로 조사됐다. 약 41%의 직장인들이 런치투어를 하는 이유로 자투리 시간을 효율적으로 쓸 수 있기 때문이라고 응답했는데, 이러한 조사 결과는 밥 먹는 시간까지 쪼개 여유시간으로 활용하고자 하는 직장인들의 욕구를 반영하고 있다.

여가시간에 대한 치열한 고민은 직장인들에게만 국한된 것이 아니다.

조사에 따르면, 직장인 5명 중 1명은
점심시간을 식사시간 이외에 개인적 시간으로 활용하는
'런치투어족'인 것으로 나타났다.
'런치투어'를 하는 이유로 자투리 시간을
효율적으로 쓸 수 있기 때문이라고 응답했는데,
이러한 조사 결과는 밥 먹는 시간까지 쪼개 여유시간으로
활용하고자 하는 직장인들의 욕구를 반영한 것이다.

2012학년도부터 전국의 초·중·고교에 주5일 수업제가 전면 자율 도입됨에 따라 학생들의 여가 풍속도에도 많은 변화가 예상된다. 과거 주5일 수업 격주제가 시행됐을 때 주말을 이용한 초등학생들의 다양한 체험 학습 열풍이 몰아쳤었다. 대학 입시 전형에 입학사정관제가 도입되면서 체험학습도 고급 스펙으로 활용이 가능하다는 점이 주5일 수업 격주제 시행과 맞물려 발 빠른 엄마들을 움직였기 때문이었다.

주5일 수업제가 전면 시행되면 많은 학부모들이 조직적으로 카페를 구성해 지역 엄마들끼리 수준에 맞는 아이들과 함께 체험 학습조를 구성하고, 자녀들의 고급 스펙 쌓기에 더욱 골몰할 것으로 보인다. 적당히 보고 느끼는 현장 위주의 학습에서 벗어나 전문가나 지도사를 동반한 체계적인 체험 교육에 나서며 여기에 부모가 동참하는 것은 물론이다. 따라서 부모의 경제적·시간적 여유 수준에 따라 자녀들의 여가 활동 수준도 질적으로

큰 격차를 보일 수 밖에 없다.

바쁜 여가 현상에서 중·고등학교 학생들도 예외가 될 수 없다. 우리나라 교육 현실에서 청소년들이 여가를 즐긴다는 것 자체가 좀처럼 가능해보이지 않는다. 유일한 여가시간이라고 여겨지는 주말과 방학, 연휴마저도 보충학습에 반납한 지 오래다. 교육부의 평일 밤 10시 이후 학원 운영 금지령이 내려진 이후에도, 대치동 학원가 일대는 주말 저녁시간까지도 극심한 교통 정체로 몸살을 앓는다. 방학 때는 스타 강사의 수업을 듣기 위해 지방에서 상경한 학생들을 위한 원룸텔 운영이 신사업으로 떠오를 만큼 학원가는 호황을 누리고 있다. 청소년들에게 대표적 휴일인 명절 또한 단기 속성 특강으로 부족한 실력을 보충하는 시간이 될 뿐이다.

스펙의 전당으로 변신한 상아탑의 대학생들에게도 여가시간은 역량 강화를 위한 절호의 찬스다. '1개월 완성 한자 2급 자격증 취득', '12시간 토익 마라톤 특강' 등을 수강하여 스펙을 벼락치기하고, 방학에는 각종 외국어 단기 속성 프로그램을 수강하며 여가시간을 알차게 보낸다. 역삼동의 한 중국어 학원에서 방학동안 진행한 '중국어 초집중' 강좌 수강생은 전월 대비 5배나 증가하는 기록을 세우기도 했다.[2]

여가시간을 이용한 외모 관리는 새로운 풍속도로 떠오른 지 오래다. 방학을 이용한 보름짜리 단기 속성 다이어트 프로그램, 30분의 짧은 수술과 수술 직후 효과를 바로 누릴 수 있는 이른바 초간단 필러 시술인 '퀵성형' 등은 여대생들 사이에 히트상품이 될 정도로 인기를 누렸다. 이제 외모 관리는 스펙성 여가의 활용에 당당히 한 자리를 차지했다.

한편, 직장인의 여가생활은 과연 인간이 어디까지 부지런해질 수 있는지 그 한계를 보여주는 듯하다. 직장인들은 이동하는 출퇴근 시간도 아까워 스마트폰을 활용한 모바일러닝 학습에 열을 올리고, 바리스타나 스쿠버다이빙처럼 업무 영역과 무관한 자격증을 따기 위해 기꺼이 여가시간을 투자한다. 직장인들의 휴가 풍속도 역시 변했다. 혼자서 떠나는 템플스테이, 1박 2일 농촌 체험 등을 통해 자아를 발견하는 '나홀로족'들의 등장은 인생의 참의미를 되짚어보고자 하는 직장인들의 욕구를 반영한 것이다.[3]

경쟁적이고 각박한 현실 속에서 잠시 벗어나, 나 자신을 돌아보고 진정한 자아를 찾는 휴가는 이제 새로운 트렌드로 확산되고 있다. 자투리 시간에 자신의 재능을 활용한 '재능 알바'로 인생 이모작 시대를 준비하는가 하면, 공익을 위해 자신의 전문성을 기부하는 일반인들의 '프로보노(재능 기부)' 또한 주목을 받았다. 축구·농구·탁구 등 전통적인 운동 종목 이외에도 암벽등반이나 산악자전거 등 새로운 체험형 스포츠 열풍은 이제 일상에 지친 현대인들에게 젊음의 상징이자 활력을 불어넣는 대표적인 여가 활동으로 자리 잡았다. 롯데마트를 비롯한 대형마트들도 이러한 열기를 반영해 매장 내에 스포츠 전문 매장을 개설해서 뜨거운 반응을 얻은 바 있다.[4]

사회 지도층들 사이에서도 휴가 기간 동안 그들의 인격에 '스타일'을 불어넣는 다양한 시도가 이루어지고 있다. 어느 정유회사의 외국인 CEO는 30일에 걸친 장기 여름휴가를 떠나면서 하반기 경영계획 구상에 전념하고, 역사서를 탐독하겠다는 '열공' 휴가를 선언했다. 여름휴가 때 인문서적 독서 삼매경에 빠져 재충전의 시간을 가지거나, 휴가를 대신해 경영 스터디

템플스테이의 인기는 나홀로족들의 새로운 여가 트렌드를 증명한다. 경쟁적이고 각박한 현실에서 잠시 벗어나 자신을 되돌아볼 수 있는 휴가를 원하는 것이다.

에 '올인' 하겠다는 각오를 밝히는 대기업 CEO도 늘고 있다.[5] 24시간이 부족한 CEO들은 휴가 기간마저도 쉴 틈 없이 분주하게 보낸다.

일반인들의 프로보노 트렌드는 사회 지도층 인사들의 프로보노 열풍에 기인한 바 크다. 예를 들어 '한국여성의료인연합회(여의주)' 회원 40명은 설 연휴 기간 동안 필리핀의 한 빈민촌으로 의료 봉사 활동을 다녀왔다. 바쁜 진료 일정으로 평소에도 휴가를 내기 힘든 이들은 닷새나 되는 설 연휴 기간 동안 항공권부터 장비와 의약품까지 본인들이 직접 부담하며 의미 있는 휴가를 보내고 돌아왔다.[6] 자신의 능력과 재능을 사회에 기부하고, 자신의 휴가까지 타인을 위해 보내는 모습은 참다운 방식의 '재충전의 시간'으로 인식되어 또 하나의 메가트렌드로 자리 잡게 될 것이다.

# 향후 전망

2012년부터 주5일 수업제가 전면 자율 도입되고 더불어 주40시간 근무제까지 일반화되면 여가에 대한 관심과 투자는 앞으로 더욱 확대될 것으로 예상된다. 여가의 중요성이 부각될수록 늘어난 여가시간을 어떻게 보낼 것인가의 문제는 삶의 질에 대한 고민으로 연결될 것이다. 기존의 여가가 '성취'의 연장선에서 가시적 결과물을 향한 투자의 시간이었다면 앞으로의 여가는 이보다 한 단계 진보된 개념인 내재적 행복을 추구하는 '비움의 시간'으로 변화할 것이다(〈Blank of my life〉 키워드 참조). 여가를 '산출'의 개념이 아닌 내재적 '충전' 또는 '재발견'을 위한 시간으로 활용하고자 하는 성숙한 여가문화가 더욱 확산될 전망이다.

얼마 전 자기계발 강박증에 시달리는 현대인들을 위한 『자기계발의 덫』이라는 책이 출간되면서 화제를 모았다. 이 책은 사람들이 여가시간까지 반납하면서 자기계발에 몰입하지만, 결국 자기계발이란 인간의 욕심이 만들어 낸 허상일 뿐이라고 신랄하게 비판한다. 나를 변화시키고자 하는 자기계발 강박증이 결국 여가시간까지 바쁘게 만든다는 것이다. 저자는 독자들에게 무모한 질주의 끝은 파멸이라고 경고한다. 여가의 진정한 의미가 무엇인지에 대한 개인적 차원의 고민은 반드시 필요하다. 맹목적 자기계발에 연연하기보다는 여가를 삶의 질을 풍성하게 만드는 촉매제로 활용해야 한다. 자신을 되돌아보는 시간, 의미 있게 쉬어가는 코너, 그것이 바로 현대 사회에 여가의 진정한 의미로 자리 잡을 것이다.

최근 여러 가지 여가시간 활용 방법이 생겨나고 있지만 늘어난 시간의 양에 비해 아직까지 여가 활동의 다양성이 부족한 것이 사실이다. 사회가 선진화될수록 여가는 개인의 삶의 질에 중대한 영향을 미친다. 하지만 우리 사회의 여가 활동에 대한 사회적 지원은 아직 미미한 수준이다. 따라서 여가 소외 계층에 대한 국가와 지방자치단체 차원에서의 다양한 지원 방안 마련이 요구된다. 기업에서도 여가 상품의 구성을 다양하게 재정비할 필요가 있다. 여가 산업의 잠재력은 무한하고 일자리 창출 효과도 크기에, 소비자가 다채로운 여가 활동을 체험할 수 있도록 하는 각종 교육 프로그램, 참여형 상품 등을 서둘러 개발해야 한다. 여가 상품에 대한 소비자의 수요는 꾸준히 증가할 것이므로, 이를 충족시킬 수 있는 투자 또한 지속적으로 확대될 것으로 전망된다.

# By inspert, by expert
## 직접 하거나, 전문가에게 맡기거나

**예측내용**

소비자는 직접 전문가가 되거나inspert, 외부 전문가에게 맡기는expert 양면성을 보인다. 대충하는 건 견딜 수 없다. 직접 DIYDo-It-Yourself를 하더라도 전문가 못지않은 실력을 발휘해야만 한다. 소비자가 전문가로 변신하는 것을 지원하는 제품들이 인기를 얻고, 소비자에게 프로페셔널의 의미를 전치하는 브랜드가 부상할 것이다. 한편, 소비자가 전문가가 될 수 없을 때에는 철저히 모든 것을 외부 전문가에게 맡긴다. 아마추어처럼 할 바에는 비싼 비용을 지불하고서라도 DIPDo-It-Professional를 이용하는 편을 택한다. 한 번에 문제를 해결해주는 토털솔루션 서비스가 확산되고, 전문가의 진단과 처방이 적용되는 산업의 범위가 확대될 것이다. 집 안의 전문가와 집 밖의 전문가가 공존하는 사회에서 기업의 역할은 소비자의 능동성과 창조성을 지원하고, 복잡한 문제에 대해서는 솔루션을 제시하는 방향으로 양분화될 것이다.

『트렌드 코리아 2011』 pp.277-291

**TREND KOREA**

# 회고

'전문성'에 대한 소비자의 요구가 날이 갈수록 높아지고 있다. 집에서 서툴게 발라야 했던 매니큐어와 페디큐어를 이제는 네일샵nail shop에서 전문가의 서비스로 해결한다. 헬스 클럽에서 혼자서 열심히 운동하던 사람들이 언제부터인가 '피트니스 센터'에서 퍼스널 트레이닝(PT, personal training) 받는 것을 필수로 여기고 있다. 거리를 가득 메운 유명 커피 전문점의 커피로도 모자라 "○○○ 커피 볶는 집"과 같이 전문 바리스타가 내려준 커피를 찾는다. 목 좋은 곳에는 발마사지만을 전문적으로 해준다는 간판이 눈길을 끈다.

전문가expert에게 완벽한 서비스를 받을 수 있다면 높은 비용이라도 기꺼이 지불하겠다는 소비자가 늘고 있다. 의료나 법률 서비스처럼 전문 서비스가 반드시 필요한 분야를 제외하고도, 전문가의 진단과 처방을 함께 제공하는 영역이 확대되고 있는 것이다. 예를 들어 전술한 일대일 맞춤 운동을 지도해주는 퍼스널 트레이닝 서비스는 비싼 가격에도 불구하고 인기가 높아지고 있다. 이는 트레이닝의 나라 미국에서는 매우 일반화된 현상인데, 미국 스포츠의학회에서 실시한 2011년 세계 피트니스 트렌드 조사World wide survey of fitness trends for 2011에서 '경험이 풍부하고 전문 교육을 받은 피트니스 전문가'를 가장 필요한 서비스 인력 1위로 선정한 바 있다.[1]

모든 것을 한 번에 해결해주는 토털솔루션 서비스가 확산되는 것도 외부 전문가를 활용하는 DIPDo-It-Professional 시장 확대에 영향을 미쳤다. 토털솔루션 서비스는 단순히 개별 서비스를 대신해주는 것이 아니라 소비자가 직면한 문제 상황을 처음부터 끝까지 한 번에 해결해 주는 서비스를 의미한다. 예를 들어, 결혼의 A부터 Z까지 모든 과정을 전담하는 '웨딩 플래너' 서비스는 이미 예비부부들의 필수 아이템이 됐다(〈Tell me, celeb〉 키워드 참조).

이제는 결혼식뿐만 아니라 자녀의 돌잔치나 생일파티에 이르기까지 다

기업들은 소비자를 제품 구매자로만 볼 것이 아니라, 콘텐츠를 개발하는 기술자 혹은 아이디어를 제공하는 외부 전문가로 보아 함께 발전해나갈 방법을 모색해야 한다. 또한 미래 유비쿼터스 컴퓨팅 기술 진화에 맞춰 소비자 자신이 되고자 하는 전문가로서의 모습을 미리 그려보고, 이를 지원할 수 있는 상품과 서비스 개발을 고민해야 할 것이다.

양한 분야에서 생활의 각종 문제를 대행해주는 전문적인 플래너 서비스를 자연스럽게 찾는다. 잔치 준비부터 진행, 답례품 준비 등 전 과정을 도와주는 '돌잔치 플래너' 라는 직종은 꽤 인기 있는 직업이기도 하다. 또한 바쁜 소비자를 대신해 집을 알아봐주고 이사 업무를 대행하며, 이사 후 정보 변경 서비스까지 제공하는 '홈 플래너' 가 등장하기도 했다.[2] 이 외에도 개인 자산 관리를 도와주는 재무 설계 플래너, 질병의 진단부터 간호까지 책임지는 토털 의료 서비스 등 전문적인 종합 서비스를 제공하는 서비스가 각광받고 있다.

전문화 경향은 서비스 분야의 전유물만은 아니다. 제조업 분야에서도 기성품으로 대변되는 대량생산 시스템 사이에서 전문적인 개인 맞춤의 조짐이 나타나고 있다. 대량생산과 맞춤 생산의 중간에 위치하는 대량맞춤화 mass-customization가 인기를 끌고 있는 가운데, 진정한 의미의 개인 맞춤화가 '전문성' 을 앞세워 새롭게 등장하고 있는 것이다.

전문적인 개인 맞춤 생산이 가장 활발하게 진행되고 있는 분야는 단연 패션 업계다. 나이키나 컨버스에서는 소비자가 색상과 프린팅을 선택해 자신만의 운동화를 제작할 수 있도록 지원하는 서비스가 '대량 맞춤화'의 한 형태로 이미 자리 잡았고, 직접 소비자의 신체 치수를 측정해 셔츠를 제작해주는 '해밀턴셔츠'의 생산 시스템이 대량 맞춤화에서 한 단계 더 나아간 '전문적인 개별 맞춤'의 형태로 소비자의 시선을 끌었다.[3] 이처럼 외부 전문가에게 의지하는 〈By inspert, by expert〉 트렌드는 곧 개인화와 맞춤화 트렌드와도 연결돼 있다.

전문화된 서비스와 개인화된 제품에 대한 요구가 크게 늘어나는 것은 소비자들의 기대수준이 크게 높아졌기 때문이다. 이러한 경향은 집 밖에서 해결할 수 없다면 자기가 직접 해결하겠다는 자생 · 자발 · 자족의 욕구(〈All by myself society〉 키워드 참조)를 낳고, 집 안에서 스스로 전문 서비스를 수행하겠다는 행동으로 나타나고 있다. 소비자가 '집 안의 전문가(Inspert, Inhouse + expert)'로 변신하고 있는 것이다. 집 안에서 해결한다고 해서 결코 아마추어 수준에 머물지 않는다. 커피 한 잔을 내놓더라도 바리스타처럼 하트 하나쯤은 그려낼 수 있어야 한다.

집 안에서의 전문가 활동이 가장 두드러졌던 영역은 커피 시장이었다. 단돈 몇 백 원이면 마실 수 있는 일회용 믹스커피 시장과 쾌적하고 고급스러운 매장 분위기를 강조하는 커피 전문점 사이에서 '홈카페'가 새로운 소비 영역으로 부상했다. 이제 집에서 만들어 마시는 커피는 일반적인 드립커피 수준을 넘어섰다. 기계 한 대 가격이 수백만 원을 훌쩍 넘는, 커피 전

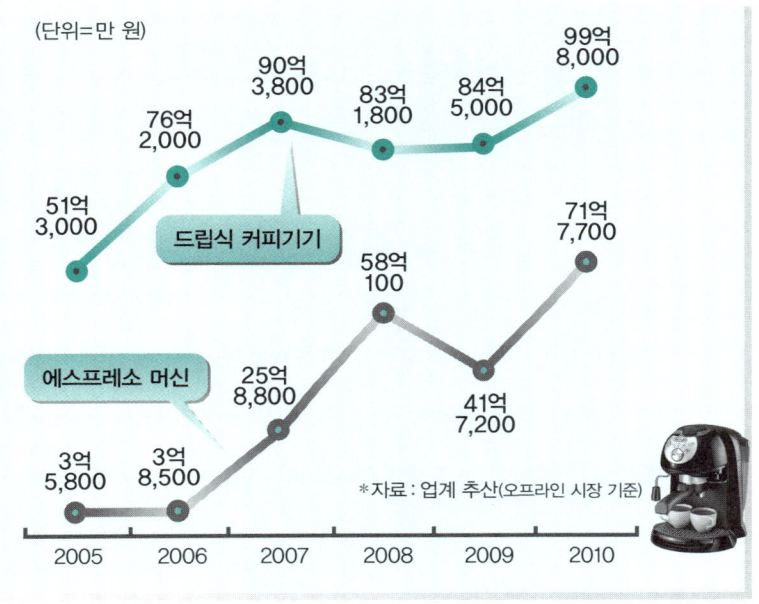

(단위=만 원)

99억
8,000

90억
3,800

76억
2,000

83억
1,800

84억
5,000

51억
3,000

드립식 커피기기

71억
7,700

에스프레소 머신

25억
8,800

58억
100

3억
5,800

3억
8,500

41억
7,200

*자료 : 업계 추산(오프라인 시장 기준)

2005    2006    2007    2008    2009    2010

출처 : 매일경제 신문(2011. 6. 8)

문점에서나 보는 전자동 에스프레소 머신이 혼수로 받고 싶은 선물 1위를 차지했다. 드립 커피와 자동 에스프레소 머신에서 추출하는 커피의 중간 정도라 할 수 있는 캡슐 커피 시장 역시 매년 30%씩 성장해 1천억 원대 시장 규모를 기록하고 있다.[4] 시장조사 전문기관 트렌드모니터trendmonitor. co.kr 의 조사에 의하면, 상당수의 소비자가 커피 전문점과 같은 커피를 집에서도 마시고 싶어 하며(59.2%), 향후 커피 머신을 구입하겠다는 의향도 45.4%

로 나타나 집에서 전문점 커피를 즐기는 홈카페족은 앞으로도 계속해서 늘어날 것으로 전망된다.[5]

'샵'에서 해결해야 했던 전문 미용 서비스도 속속 집 안으로 들어오고 있다. '전문 아티스트용 화장품 키트kit'는 2011년 홈쇼핑 매출 순위의 상위를 차지했다. 기능 중심이었던 화장품 시장이 소비자들의 고급화와 차별화 욕구에 힘입어 브랜드 중심으로 재편되다가, 이제는 전문 아티스트 중심으로 옮겨가고 있는 것이다. 고가의 브랜드 화장품이 소비자들에게 럭셔리한 환상을 제공한다면, 전문 아티스트용 화장품은 소비자 자신이 마치 전문가가 된 듯한 자부심을 제공한다. 이 같은 프로 코스메틱pro's cosmetics의 성공은 프로페셔널을 지향하는 소비자의 욕망을 정확하게 포착한 것이 주효했다.[6]

소비자의 호모 파베르(Homo faber, 도구적 인간)적 특성이 친환경 트렌드와 결합하면서 GIYGrow-It-Yourself의 인기도 급증했다. 베란다나 건물 옥상에 각종 채소를 기르는 텃밭을 가꿔 안전한 먹거리를 직접 재배하는 시티 파머city farmer의 수가 눈에 띄게 증가했다. 특히 도청과 구청 등 지방자치단체에서 거주민들의 도시 텃밭 가꾸기를 적극적으로 지원하면서 이제 도시에서 텃밭을 가꾸는 사람은 전국적으로 약 70만 명에 달하고 있다. 2011년 6월 정부가 발표한 '도시농업 활성화 방안'에 따르면, 2020년까지 전국의 도시 텃밭과 주말농장을 8천 개로 확대하고 인구의 10%인 500만 명을 도시 농업에 참여시키겠다고 한다. 이 같은 공공 부문의 다양한 지원이 뒷받침되면서 집 안의 전문가, GIY족의 활동은 앞으로 더욱 활발해질 전망이다.[7]

집 안의 전문가 활동은 전문가적 취미 생활로도 표출됐다. 현대 소비자는 취미 활동이라고 해서 적당히 시간을 보내거나 아마추어처럼 대충 하는 것을 결코 용납하지 않는다. 골프나 낚시와 같은 수동적 여가 활동을 즐기던 중·장년층이 목공예나 요리처럼 전문성을 요구하는 취미 활동으로 옮겨가고 있다. 연회비 350만 원의 '럭셔리 목수클럽' 이 큰 인기를 끄는가 하면[8] 온라인 쇼핑몰에서는 DIY 가구의 매출이 급성장세를 보였다.[9] 이처럼 전문가 수준의 생산적 여가를 즐기기 위해서는 기술을 새로 배우는 등 여러 가지 어려운 과제에 도전해야 하지만, 그 대가로 얻는 결과물을 눈으로 직접 확인할 수 있어 소비자에게 확실한 동기부여가 되고 있다.

## 향후 전망

직접 하거나, 전문가에게 맡기는 〈By inspert, by expert〉 트렌드는 단순히 가격의 문제로 치환되지 않는다. 다시 말해, 소비자가 직접 문제를 해결하는 이유가 단순히 비용을 절감하고자 하는 의도 때문만은 아니며, 전문가에게 맡긴다고 해서 반드시 가격이 비싼 것도 아니라는 것이다. 2011년을 되돌아 봤을 때, 소비자가 직접 전문가가 되는 'By inspert' 트렌드는 이를 지원해주는 전문 기기를 소유하고자 하는 소비자의 욕망과 연결돼 오히려 많은 비용이 수반되는 형태로 나타났다. 반면, 외부 전문가에게 토털솔루션을 제공받는 'By expert' 는 규모의 경제로 인해 총비용이 감소하는 효과를 낳기도 했다. 따라서 2011년 〈By inspert, by expert〉 트렌드가 주목 받은 이유를 '가격 측면' 이외의 다양한 관점에서 해석해본다면 향후 해당 트렌드가 어떻게 변화해나갈 것인가에 대한 청사진을 미리 그려볼 수 있을 것이다.

첫째, 〈By inspert, by expert〉 트렌드는 소비자들의 가치가 창조성과 능동성을 발휘하고자 하는 호모 파베르적 방향으로 변화하는 과정에서 나타난 것으로 분석된다. 앞으로 소비자의 호모 파베르 도구인 창조인적 특성은 엄청난 속도로 발전하는 IT 기술과 만나 새로운 형태로 진화할 것이다. 이제 DIY는 이윤 창출 여부를 불문하고, 유형의 도구를 통해 물리적 생산물을 창조해내는 것뿐만 아니라 소프트웨어와 같은 무형의 도구를 통해 비물리적 상품을 창조하는 과정을 포괄하고 있다(〈All by myself society〉 키워드 참조).

그에 따라 기업들은 소비자를 제품 구매자로만 볼 것이 아니라, 콘텐츠를 개발하는 기술자 혹은 아이디어를 제공하는 외부 전문가로 보아 함께 발전해 나갈 방법을 모색해야 한다. 또한 미래 유비쿼터스 컴퓨팅 기술 진화에 맞춰 소비자 자신이 되고자 하는 전문가로서의 모습을 미리 그려보고, 이를 지원할 수 있는 상품과 서비스 개발을 고민해야 할 것이다.

둘째, 산업과 시장 구조가 전문화되고 세분화될수록, 소비자가 원하는 것은 그들이 직면한 문제를 처음부터 끝까지 함께 해결해줄 전문가라는 점에 주목할 필요가 있다. 기업은 소비자가 외부 전문가에게 바라는 것이 비용 절감인지, 시간과 노력의 절감인지, 비용과 시간에 상관없이 소비자가 느끼는 만족감의 최대화인지를 정확하게 파악하고 그에 적합한 토털솔루션을 제공해야 한다. 이 때 해당 기업만이 가진 '전문성'과 '노하우'를 강조하는 방향으로 커뮤니케이션해야 한다는 것도 명심해야 한다.

마지막으로 소비자의 전문성이 빛날수록, 그리고 외부 전문가에 대한 소비자의 의존도가 높아질수록 가장 중요한 가치는 바로 '상호 간의 역량에 대한 신뢰 관계'의 형성이다. 신뢰 관계란 기업이 소비자의 행동과 반응을, 그리고 소비자가 기업의 행동과 반응을 예측할 수 있을 때 형성된다. 어떤 상황에 직면하더라도 해당 기업이 소비자의 기대를 저버리지 않고 수준 높은 역량을 갖춘 총체적인 문제 해결 방안, 즉 '솔루션'을 제시할 것이라는 믿음이야말로 극도의 전문성을 원하거나, 매우 자발적으로 스스로 문제를 해결하는 소비자가 기업을 선택하는 가장 중요한 기준으로 자리 잡고 있다. 어정쩡한 대응은 금물이다. 이제 소비자의 역량과 선호가 극에서 극을 달리게 됐다는 사실을 잊지 말아야 한다.

# Ironic identity
## 내 안엔 내가 너무도 많아

**예측내용**

현대인의 정체성이 갈수록 모호해지면서 다중인격적 소비가 늘어나고 있다. 이제 소비자들은 자신의 성별·나이·개성에 갇힌 고정된 소비는 하지 않는다. 상황별, 시간대별로 마치 지킬 앤 하이드 같은 다중인격자로 변하는 것이다. 여성들 사이에 남성적인 밀리터리룩이 유행하고 남성들이 전문 잡지 속 스타일링 소재들에 열광하면서, 성별 역시 크로스오버 되고 있다. 각각의 소비 상황에 맞게 추구하는 바를 마치 연극하듯이 표출하는 소비자는 무대 위 배우로, 타인을 관객삼아 놀이하듯 역할을 바꿔간다. 언뜻 보기에는 너무나 극단적인 각각의 선택이 태연하게 한 소비자 안에서 공존하며 또 다른 정체성을 만들어 간다. 결국 소비자는 하나의 정체성에 묶여 있지 않으며, 가치관과 추구하는 이상향을 매 순간 갈아치우는 다중인격의 주체가 된 것이다.

『트렌드 코리아 2011』 pp.293-310

**TREND KOREA**

## 회고

얼마 전 호주 정부는 여권에 표기하는 성별에 제3의 성을 추가한다고 공식 발표했다. 성 정체성에 혼란을 겪는 사람들에 대한 차별을 없애기 위해 남성M과 여성F이 아닌 제3의 성x을 추가하기로 한 것이다. 기존의 생물학적 성 정체성의 통념을 과감히 깨뜨린 호주 정부의 이 같은 발표는 기존 성 개념에 익숙한 우리에겐 상당히 파격적인 결정으로 다가온다. 아마도 우리나라에서 법적으로 제3의 성을 인정하기는 당분간 어렵겠지만, 우리 소비자들의 생활을 살펴보면 전통적인 성 역할의 구분이 많이 무너지고 있다.

최근 '드라저씨'라고 하여 드라마에 빠진 아저씨들이 화제다.[1] 본방사수를 놓친 '드라저씨'들은 IPTV를 통해 몰아보기를 시도하고, 웹서핑으로 줄거리를 파악한다. 이들은 아줌마들보다 한층 더 신랄한 감상평을 쏟아내기도 한다.[2] 과거 드라마는 할 일 없는 아줌마들의 전유물이라며 드라마에 빠진 아줌마들을 폄훼하던 남성들이 드라마 시청의 주역이 된 것이다. 이제 남성들은 가부장적인 남성상에서 벗어나, 드라마를 보며 지친 일상을 달래고 다양한 감성을 공유하고 싶어 한다. 그런가 하면 프로야구에 빠진 아줌마들도 많아졌다. 주부 관람객들은 가족 전체를 이끌고 야구장을 찾는다. 그야말로 주부들이 야구장의 큰손으로 떠오른 것이다. 야구 구단들은 여성용 화장실을 늘리고 아기 엄마들을 위한 수유실을 만드는 등 아줌마들의 환심을 사기 위해 매우 분주했다.[3]

현대인은 끊임없이 새로운 자극을 원하고, 소유할수록 더 많은 것을 갈망하며, 고정된 정체감에서 벗어나고자 노력한다. 또한 불변하다고 생각했던 성별이나 나이같은 생물학적 요소에서 뿐만 아니라 시시각각 변화하는 소비와 같은 사회 심리적인 요소에서까지 자유분방한 자기정체감을 표출하고자 한다. 『트렌드 코리아 2011』에서 트렌드 키워드로 〈Ironic identity〉를 제안한 것은, 이처럼 양가적兩價的 가치관이 자리를 잡게 될 것이라는 이유

람보르기니를 몰고 대형할인마트에 출입하는 것이
더 이상 이슈거리가 되지 않는 세상이다.
평소에는 할인마트에서 단위당 가격을 따져 쇼핑하고
포인트 적립까지 잊지 않는 검약한 소비자가 자신이 중요하다고
생각하는 가치의 제품에는 과감히 투자하는 모습을 쉽게 볼 수 있다.

에서였다. 소비 시장의 변화를 둘러보면 이러한 양가성이 성별이나 세대를
넘어 소비의 가치관도 바꾸는 사례가 매우 다양하게 관찰된 2011년이었다.

이제 소비생활에서 남녀구별을 따진다면 고리타분한 사람으로 취급당
할지도 모른다. 이러한 움직임은 대중의 눈과 귀를 사로잡는 소비문화의
최전선인 광고계에서 두드러졌다. 광고계에서 성 역할의 변화는 하나의 주
류 트렌드로 자리 잡고 있다. 2011년 남성 광고모델들은 여성 고유 영역이
라 여겨지는 냉장고와 밥솥, 심지어 김치냉장고까지 접수했다. 김치냉장고
빅3 브랜드는 최근 여성들의 '로망'이라는 남성 톱스타 이승기·소지섭·
조인성을 전면에 내세워 주부 소비자를 유혹했다. 그런가 하면 배우 소지
섭은 여성 란제리의 첫 남성 모델로 발탁되었다. 광고 속에서 소지섭은 '내
여자는 비비O'이라는 멘트를 귓가에 속삭이며 부드러운 카리스마로 여심
을 녹이며, 여성 소비자의 소비 욕구를 자극하고 있다.

고유의 성 역할 파괴 붐은 반대로 남성 모델의 전유물로 인식되어온 제
품 광고에서도 거세게 일었다. 여성 톱스타가 등장하는 주류酒類 광고는 이

제 일상이 됐고, 심지어 박지성·베컴·앙리 등 초특급 남성 스포츠 스타의 전유물이던 남성 전용 면도기 시장에 여배우 유인나가 모델로 기용되며 신선한 충격을 안겼다. 기존 광고와의 차별화를 꾀하기 위해 여성 모델을 기용해 면도의 중요성을 감성적으로 전달하고자 한 업체의 판단은 적중했다. 이 광고는 소비자의 눈길을 단박에 사로잡으며 타 브랜드와의 차별화에 성공했다. '차승원 냉장고', '원빈 밥솥', '조인성 김치냉장고', '소지섭 란제리', '유인나 면도기' 등 성 역할 파괴 광고가 시장에서 인기를 얻으면서, 앞으로도 광고계의 성 역할 파괴는 더 거세질 전망이다.

2011년 패션계에서는 하늘거리는 남성 패션, 시크한 여성 패션이 주목받았다. 여성들에게 '매니쉬' 한 스타일은 도시적이고 당당한 커리어우먼을 상징하는 패션 공식이 됐다. 각 잡힌 남성 정장 느낌의 재킷, 한 치수 크게 입은 듯한 오버사이즈 재킷, 헐렁한 배기팬츠는 시크한 도시 여성들의 워너비 아이템으로 자리 잡았다. 남성의 패션도 성 정체성의 개념을 탈피했다. 이제 거리에서 스카프를 두르고, 가슴에 코르사주를 단 남성을 만나는 것은 어렵지 않은 일이 됐다. 이제 페이즐리 무늬 남방에 핑크색 면바지를 '입어주는' 남성이 멋쟁이로 대접받는다. 이처럼 여성의 부드러운 바디라인을 강조하는 '글램룩' 이 남성들 사이에서도 인기를 끌면서[4] '마초적 남성상' 은 이제 점점 설 자리를 잃어가고 있다.

여성 고유의 영역이라 인식되던 화장품 시장에서도 남성 소비자들의 구매파워는 커져만 갔다. 피부와 미용에 대한 관심이 높아진 남성들은 화장품 시장의 주요 고객으로 거듭나고 있다. 1만 원 미만의 저렴한 가격대로 화장품 전문점과 같은 다양한 상품 구색을 갖춘 한 편의점의 경우, 남성화장품 매출액이 전년대비 50.3%나 상승하면서 남성 고객들의 화장품에 대한 관심이 얼마나 큰지를 잘 보여주었다.[5] 편의점은 남성들이 손쉽게 드나들 수 있고, 편의점에서 판매하는 스킨 로션이나 헤어 왁스 제품은 회사에서 야근이 잦은 남성 직장인들 사이에서 저렴하면서도 간편하게 살 수 있다는 점에서 인기를 끌었다.

성별뿐 아니라 세대와 연령 간의 경계도 흐릿해졌다. 부모와 자식 간의 개방적 교류를 중요시하는 시대적 분위기는 부모의 폐쇄적 권위를 해체시키고 있다. 이제 소통과 공감을 중시하는 개방형 구도의 가정 형태가 새로운 트렌드로 자리매김하고 있다. 이런 시대적 흐름에 따라 최근 형제가 없는 딸과 엄마가 친구처럼 혹은 자매처럼 지내는 현상을 지칭하는 '모녀지교'[6] 라는 신조어까지 등장했다. 또한 이와 비슷한 의미로 사용되는 '신레옹족'[7]은 가정에서는 편안한 아버지로, 사회에서는 멋진 패션신사로 변신

더 이상 고정된 성 역할이나 정체성에 얽매이지 않는 남성 소비자들이 화장품 업계의 큰손으로 떠올랐다.

하는 이들을 일컫는다. '모녀지교'와 '신레옹족' 같은 신개념 부모상의 출현은 세대의 전형을 초월해 자녀들과 동질적 소비 패턴을 공유하고, 이를 통한 소통의 장을 마련하고자 하는 사회적 현상을 단적으로 보여주는 예이다(여러 세대의 문화적 공감대가 넓어지는 현상에 대해서는 〈Over the generation〉 키워드 참조).

2011년 대중매체는 최근 두드러지고 있는 세대 공감을 견인하는 역할을 충실히 수행했다. MBC 〈나는 가수다〉는 부모와 자녀가 같은 음악을 들으며 공감대를 형성할 수 있는 계기를 만든 대표적인 세대 공감 프로그램이었다. 〈나가수〉는 실력은 있으나 그동안 설 수 있는 무대가 없어 대중의 기억 저편으로 사라졌던 가수들을 재발굴해냄으로써 비주얼과 후크송으로 대변되는 아이돌 위주의 가요계에 염증을 느끼기 시작한 대중에게 신선함을 주었다. KBS의 〈불후의 명곡2: 전설을 노래하다〉는 여기서 한 발 더 나갔다. 어린 아이돌 스타들이 '목포의 눈물'이나 '동백 아가씨' 같은 흘러간 옛 노래를 열창하는 시대가 된 것이다. 이러한 크로스오버cross-over 현상은 지나간 명곡을 재발견해 전 세대가 함께 즐길 수 있도록 함으로써 세대 간의 간극을 좁히는 데 일조했다.

2011년 현재를 살고 있는 소비자들은 성별, 세대, 연령 같이 절대 변하지 않을 것 같던 정체성의 변화를 경험하고 있다. 이제 양립할 수 없다고 여겨졌던 가치들이 공존하는 양가적 아이콘에 매력을 느낀다. 2011년 소비자들의 아이러니한 소비 행태 속에서 다중 정체성의 면모는 유감없이 발휘됐다. 람보르기니를 몰고 대형할인마트에 출입하는 것이 더 이상 이슈거리가

**광고계에서 성 역할의 변화는 하나의 주류 트렌드로 자리 잡고 있다. '차승원 냉장고', '원빈 밥솥', '조인성 김치냉장고', '소지섭 란제리', '유인나 면도기' 등 성 역할 파괴 광고가 시장에서 인기를 얻으면서 앞으로도 광고계의 성 역할 파괴는 더 거세질 전망이다.**

되지 않는 세상이다. 평소에는 할인마트에서 단위당 가격을 따져 쇼핑하고 포인트 적립까지 잊지 않는 검약한 소비자가 자신이 중요하다고 생각하는 가치의 제품에는 과감히 투자하는 모습을 쉽게 볼 수 있다.

이러한 경향은 사실 세계적인 추세이다. 명품샵이 즐비한 미국 뉴욕 5번가에도 변화의 바람이 불고 있다고 한다. 최근 이 거리에 세계적인 패스트 패션 브랜드인 자라, 유니클로, H&M이 입점하면서 90년 동안 굳건히 지켜 온 명품거리로서의 자존심이 무너지는 굴욕을 겪었다.[8] 뉴욕 5번가 명품거리의 상징인 까르띠에 앞에 유니클로가 들어섰다는 그 자체만으로도 충격일 수 있으나, 한 손에는 까르띠에 시계를 차고 한 손에는 유니클로 쇼핑백을 들고 있는 소비자들의 모습은 이제 더 이상 낯설지 않다. 명품과 저가 브랜드를 동시에 추구하는 소비자의 이중적 소비 패턴은 불안한 경제 상황 속에 합리적 사치를 위한 현명한 대안이 되고 있다.

이제 소비자는 기업에 제품의 기능은 물론 규범적인 것까지도 요구할 만큼 이중적이다. 제품이 주는 효용과 혜택은 기본이고, 기업의 사회적 책임까지 당당히 요구한다. 개인적 가치를 추구하면서 동시에 공공적 가치도 추구하겠다는 것이다. 그런가 하면 가격은 합리적이어야 하지만 브랜드가 주는 혜택도 포기하지 않는다.

이러한 소비자의 이중성 때문에 가장 골머리를 앓고 있는 곳이 바로 식품업계다. 소비자들은 맛도 중요하지만 건강 역시 포기하지 않는다. 2011년 식품업체들은 이러한 소비자의 욕구를 만족시키기 위해 다양한 노력을 기울였다. 모든 재료가 유기농인 수제 햄버거 열풍은 햄버거로 대변되는 패스트푸드는 '정크 푸드'라는 기존의 인식을 타파하며 외식업계의 트렌드가 됐다. 또한 몸에 안 좋다는 인식이 유독 강한 햄에서 합성첨가물을 제거한 CJ제일제당의 '더The건강한 햄'은 지난 해 100억 원 매출이라는 경이로운 기록을 달성했다.

## 향후 전망

소비자들은 자신이 원하는 양면적 가치를 충족시키기 위해 끊임없이 진화하고 있다. 여성 고유의 영역으로 인식되던 분야에 남성이 버젓이 진출하는가 하면, 속옷 빼곤 다 바꿔 입을 정도로 남녀 패션의 고정관념이 사라지기도 하고, 때로는 세대별 정체감의 크로스오버 현상이 나타나기도 한다. 그뿐만이 아니다. 극단적인 양가감정을 동시에 충족시켜야만 소비자에게 사랑받는 제품이 될 수 있고, 심지어는 사회적 책임을 신경 쓰는 이들에게 '이기적 이타주의'란 용어가 이상적 가치가 되고 있다. 현대 소비자들은 양극단의 가치 중 어느 하나도 양보하지 않는 다중인격적 욕심쟁이가 되어가고 있는 것이다.

이제 더 이상 소비자들은 정체성과 그에 따른 관습에 얽매이지 않는다. 자신의 감정에 솔직하고, 상황에 따라 자신이 추구하는 가치관을 다양한 모습으로 변주한다. 그야말로 다중정체감을 유감없이 발휘하고 있는 것이다. 한국의 전통적인 성 역할에 대한 인식에도 변화의 물결이 일고 있다. 최근 한 설문조사에 따르면, 젊은 남편의 69%가 아내가 경제력이 있다면 전업주부를 할 용의가 있다고 응답했다.[9] 또한 통계청의 조사결과, 지난 20년 사이에 처가살이는 세 배 늘고 시집살이는 절반으로 줄었다고 한다.[10] 이러한 변화의 핵심은 고정된 역할과 인식의 해방에서 찾을 수 있다. 아내가 남편보다 경제적 능력이 뛰어나다면 경제적 효용 측면에서 비교우위에 있는 아내가 일하는 것이 바람직하다는 것이다. 처가살이가 증가하는 현상도 철저히 경제 논리가 반영된 결과다. 요즘 우스갯소리로 신붓감을 고를 때 가장 먼저 물어야 할 조건 1순위가 친정엄마가 아이를 봐줄 수 있냐는 질문이라고 한다. 장모님이 아이를 봐주고 아내가 경제활동을 할 수만 있다면 처가살이는 더 이상 굴욕이 아니다. 앞으로 이러한 고정된 성 역할에 대한 인식의 변화는 우리가 감당할 수 없을 만큼 빠르게 진행될 것이다.

이러한 소비자의 변화는 마케팅 영역에 대한 새로운 도전이다. 마케팅의 출발은 소비자를 분류segmentation하는 데에서 출발하며, 그 기준은 일반적으로 성별·연령·소득·지역 등이다. 해당 분류 기준에 속하는 소비자는 어느 정도 동질적이라는 전제에 입각한 것이다. 그런데 전술한 바와 같이 소비자들이 스스로를 규정하는 정체감이 양가적으로 변화한다면, 동일한 세그먼테이션 내의 소비자가 동질적이라는 전제는 소용이 없게 된다. 소비자에 대한 세밀한 이해가 필요한 시대가 왔다.

점점 소비자의 변화를 읽어낼 수 있는 능력이 중요해지고 있다. 한 소비자가 다양한 정체성을 동시에 지니고 있기 때문에 그들이 진정으로 원하는 가치를 발견하는 것이야말로 기업의 사활이 달린 일이다. 기능이 제일 중요하다면서도 디자인에 따라 제품을 선택하는 소비자, 유행을 따르고 싶긴 하지만 그 속에 나만의 개성도 표출해야 하는 소비자, 평소에는 자린고비보다 더 아끼면서 좋아하는 제품에는 세 달 월급을 다 쏟아도 아까워하지 않는 소비자, 어느 누구도 만만한 상대가 아니다. 모순된 감정이 공존하는 소비자들의 가치를 발굴하기 위해서는 기존의 마케팅 전략과는 차별화된 전략이 필요하다.

과거처럼 소비자를 어느 한 집단으로 분류하는 구태의연한 세그먼트는 더 이상 의미가 없다. 요즘 소비자들은 한정된 조건 속에서 다중정체감을 발휘하며 최대의 효용을 창출하고자 한다. 이들의 진정한 욕망을 발견하고 가치탐구를 위한 새로운 도약이 절실히 필요하다.

# Tell me, celeb
## 스타에게 길을 묻다

**예측내용** |

셀렙(대중문화계의 스타)을 닮고 싶어 하는 사람들이 많아지고 있다. 셀렙은 이제 먼발치에서 바라만 봐야 하는 하늘의 별이 아니라, 라이프스타일의 새로운 기준을 보여주는 친구이자 삶의 모델이 됐다. 물론 연예인이 선망과 모방의 대상이었던 것이 어제오늘의 일은 아니다. 하지만 요즘 소비자들은 패션은 물론이고, 일상생활의 크고 작은 이벤트까지 셀렙의 선택을 적극적으로 따라 한다. 이러한 흐름 속에서 '싱크로율 100%'라는 유행어까지 생겨났다. 소비자들은 이제 유명인들과 자신을 동일시하며 스타에게 길을 묻고 있다. SNS와 같은 개인미디어의 발달로 셀렙의 일거수일투족이 공개되고 사람들은 자신의 삶 위에 그들의 삶을 자연스럽게 중첩시킨다. 90년대부터 시작된 1세대 아이돌 문화를 접하고 살아온 젊은 세대는 이제 트렌드 형성의 주체로 자라났다. 그들에게는 스타와 자신을 동일시하는 것이 낯설지 않다. 갈수록 영향력을 키우고 있는 엔터테인먼트 산업의 성장은 연예인 전성시대를 이끄는 경제적 동력이다.

「트렌드 코리아 2011」 pp.311-326

**TREND KOREA**

## 회고

쉽게 바뀌지 않는 입맛의 판도를 바꾸어놓은 새로운 라면이 등장했다. 바로 꼬꼬면. 개그맨 이경규가 〈남자의 자격〉에서 선보인 레시피를 상품으로 개발한 것인데, 발매 직후부터 한 달에 1천만 개 이상씩 판매되며 생산이 수요를 따라가지 못할 정도의 대단한 인기를 누렸다. 스타의 영향력이 제품 개발과 매출에 얼마나 큰 영향을 줄 수 있는지를 보여주는 극적인 사례다.

비교적 보수적인 식품 산업에서도 그러하니, 전통적으로 스타의 영향력이 지대했던 패션·뷰티 영역에서의 셀렙 파워는 말할 나위가 없었다. 고소영 신발, 현빈 운동화 등 셀 수 없이 많은 연예인표 제품들이 소비자들이 꼭 가져야 하는 '잇 아이템it item'이 됐다. 특히 김연아 바람이 거셌다. 피겨의 여왕을 넘어 평창 동계올림픽 유치전의 일등 공신으로 등극한 그가 사용한 아이템은 당일 인터넷 쇼핑몰에서 완판되는 기록을 세웠던 것이다. 프레젠테이션에서 입고 나온 앙증맞은 케이프(망토)는 '김연아 PT의상'이란 이름으로 인터넷 검색어 1위에 오르며 엄청난 관심을 불러일으켰고, 케이프 관련 제품의 매출 증가로 이어졌다.

셀레브리티의 스타성을 활용한 콜라보레이션collaboration은 패션 업계에서 주요한 마케팅 요소로 자리 잡고 있다. 단순히 연예인에게 협찬을 하거나 광고를 찍던 소극적인 관계에서 탈피해 브랜드와 연예인의 적극적인 파트너십으로 진화하고 있는 것

스타의 영향력이 라면 시장의 판도를 바꿔 놓았다.

이다. 이제 소비자들은 스타의 이름이 붙은 제품에 적극적으로 반응한다. 닮고 싶은 스타의 이미지와 브랜드를 연결시킴으로써 강력한 소비동인으로 작용하기 때문이다. 제일모직의 니나리치가 유명 가수 서인영과 콜라보레이션으로 만든 가방의 한정수량은 한 달 만에 동이 났다. 니나리치는 서인영 백이 성공을 거두자 뒤이어 유명 디자이너 정욱준과 손잡고 새로운 라인을 만드는 등 콜라보레이션의 여세몰이에 적극 나서고 있다.[1]

CJ오쇼핑은 2009년부터 아예 '셀렙샵'이란 이름의 PB(Private Brand, 유통업체에서 직접 만든 자체 브랜드 상품)를 운영 중이다. 셀렙샵은 온라인 편집매장을 표방하며 다양한 아이템과 희소성 있는 스타일을 추구한다. 여기에 셀렙들의 세련된 이미지와 스타일리스트의 신뢰도에 힘입어 호평을 받고 있다. 또한 방송에 스타일리스트가 직접 출연해 제품의 스타일링 노하우를 전수함으로써 매출 극대화를 꾀하고 있다. 2010년 F/W시즌 매출은 2009년 동기간에 비해 70%나 늘었고 반품률은 40%가 줄었을 만큼 인기를 얻고 있다.[2]

연예인 사장님도 부쩍 많아졌다. 특히 수많은 꽃배달 서비스 업체가 치열한 경쟁을 벌이는 가운데 톱클래스 연예인들의 이름을 내건 업체들이 두

각을 나타내고 있다. 온라인 시장조사 업체인 랭키닷컴에 따르면 전체 꽃
배달 업체 인기 순위에서 연예인 이름을 내건 업체가 1, 2위를 차지하고 있
고, 가수 · 영화배우 · 개그맨 등 유명 연예인을 내세운 업체들이 상위권을
형성하고 있다. 사실 해당 연예인이 경영에 전혀 관여하고 있지 않은 업체
도 많은데, 단지 광고 모델에 불과한 연예인을 업체 경영인으로 둔갑시켜
소비자를 현혹시켜 매출을 올리는 경우도 빈번한 실정이다.[3] 해당 연예인
의 이미지를 신뢰하는 소비자들은 연예인 이름을 내건 업체를 연예인이 직
접 운영하는 쇼핑몰로 인식하는 것이다. 이는 제품의 퀄리티보다 셀렙의
이미지가 구매에 더 큰 영향을 미치고 있음을 단적으로 보여준다.

연예인 당사자들뿐만 아니라, 뒤에서 그들의 스타일을 만드는 스태프들
도 덩달아 주가를 올리고 있다. 세기의 결혼식이라 불렸던 톱스타 장동건
과 고소영의 결혼식 스타일링을 담당했던 스타일리스트는 웨딩업계에서
큰 주목을 받았다. 셀렙들의 결혼식이 심심찮게 이슈로 떠오르는 요즘, 개
성 있는 배경 동영상 · 스냅사진 · 행사 진행 등을 통해 자신의 결혼식을 마
치 셀렙의 그것처럼 하나의 이벤트나 퍼포먼스로 만들어주는 웨딩 스타일
링과 웨딩 프로듀싱까지 상품으로 등장하고 있다.

셀렙의 영향력은 소비의 영역에만 머물지 않고 정치 · 사회 영역으로까
지 확산됐다. 특히 2011년 한 해 급속하게 확산된 SNS는 셀레브리티들의
정치 참여를 자연스럽게 이끌었고, 민감한 사회 이슈에 대한 셀렙들의 목
소리를 대변하는 창구 역할을 톡톡히 했다. 김여진 · 윤도현 · 김제동 · 김
미화 등 이른바 폴리테이너(정치참여 대중문화예술인)들은 자신들의 정치색

을 분명히 드러내며 과감하게 활동하고 있다. 나아가 일반인들과 소통하며 그들과 함께 사회 이슈에 참여하고 나아가 사회운동을 하는 소셜테이너(사회참여 대중문화 예술인)들도 있는데, 가수 김장훈이 대표적인 인물이다. 김장훈은 서경덕 교수가 주관하는 '독도 우리땅 알리기' 캠페인에 거금을 지원하여 뉴욕의 타임스퀘어 광장에 전광판 광고를 게시하는가 하면, 독도에서 '독도 수호 콘서트'를 열기도 했다.

이제는 연예인뿐만 아니라, 대기업의 총수와 그 가족들도 대중의 관심 대상이다. 예를 들어 정용진 신세계 부회장은 자신의 트위터에 "써보니 좋더라"는 품평을 종종 올리는데, 그가 좋다고 한 영국 다이슨사의 날개 없는 선풍기는 '정용진 선풍기'로 불리면서 인기를 끌었다. 그의 짧은 한마디에 대중들은 선풍기는 서민 상품이라는 고정관념을 단박에 버리고 고가의 가격에도 과감히 지갑을 열었다. 삼성가의 장녀인 이부진 사장이 아들과 함께 국립박물관문화재단에서 주최하는 뮤지컬을 관람한 사실이 보도되자

CJ오쇼핑의 셀렙샵은 톱스타의 스타일을 담당하는 유명 스타일리스트가 직접 출연해 제품을 홍보함으로써 '스타 마케팅' 효과를 톡톡히 누렸다.

마자, 그 뮤지컬은 '이부진이 본 뮤지컬' 로 순식간에 유명세를 타기도 했다.[4] 이처럼 대기업 경영인들의 영향력이 커지자 "○○○회장님이 최근 구매한 차" 라는 식으로 판매자가 소문을 확산시키는 경우도 있는데, 이를 두고 '재벌 마케팅' 이라는 신조어까지 생겨났다.

"사회지도층의 윤리란 이런 거야. 일종의 선행이지. 나 가정교육 이렇게 받았어!"

"이태리 장인이 한 땀 한 땀 정성들여 만든" 푸른색 트레이닝복을 입고 사회지도층을 운운하던 극중 인물은 드라마가 끝난 후, 진짜 영향력 있는 사회지도층이 됐다. 수많은 유행어를 남기고 2011년 1월에 종영한 드라마 〈시크릿 가든〉의 주인공 현빈 얘기다. 드라마가 끝나고도 상반기 내내 '시가(시크릿 가든) 폐인' 들의 관심은 좀처럼 식을 줄 몰랐다. 드라마 종영을 앞두고 현빈은 돌연 해병대 입대 소식을 전했다. 극중 김주원이라는 캐릭터가 각인시킨 사회지도층의 윤리가 배우 현빈의 실제 캐릭터로 절묘하게 전이되는 상황이 벌어진 것이다. 셀레브리티의 역할과 책임을 다한 배우 현빈에게 환호와 갈채가 뒤따랐다. 현빈의 해병대 입대는 실제로 대한민국 젊은이들에게 국민으로서의 의무감과 애국심을 고취시키는 계기가 됐다. 늦어지는 병역 문제로 외신에서까지 관심을 받던 월드스타 비 또한 팬들에게 무료 거리공연을 서비스한 후 육군 현역으로 입대했다. 이른바 셀레브리티 오블리제(celebrity oblege, 유명인의 사회적 책임과 의무)가 자리를 잡아가고 있다.

하나가 된 지구촌에서 소비자의 관심은 국내의 셀렙에만 머무르지 않는다. 외국의 유명인, 특히 세계 정상들의 퍼스트레이디 패션은 대중들의 또다른 로망으로 떠올랐다. 퍼스트레이디들은 우아하고 품위가 있으면서도 과거 왕가의 보수적인 룰을 넘나드는 모던한 세련미를 과시한다. 특히 지적인 외모에 당당한 여성미까지 두루 갖춘 프랑스의 영부인 카를라 브루니는 세계 패션계의 아이콘이 됐다. 단아한 실루엣과 고급스러운 소재로 정제된 아름다움의 진수를 보여주는 브루니 여사의 숨길 수 없는 섹시함은 로열룩의 진화를 보여준다. 미국 최초의 흑인 퍼스트레이디인 미셸 오바마는 피부색을 돋보이게 하는 대담한 색채뿐만 아니라 제이크루j.crew나 H&M과 같은 중저가 의류와 디자이너 옷을 매치해 입으면서 이전에는 없던 신선한 퍼스트레이디 패션을 개척했다는 평가를 받고 있다.[5] 그리고 최근 영국 왕위 서열 2위인 윌리엄 왕자와의 결혼으로 로열패밀리에 새롭게 입성하며 전 세계 젊은이들의 뉴 퍼스트레이디로 떠오른 케이트 미들턴은 인형 같은 외모만큼이나 개성 있는 패션으로 주목받고 있다.

셀렙에 대한 일반인들의 선망은 스스로 셀렙이 되고 싶다는 열망으로 진화하고, 이는 평범한 사람도 하루아침에 스타로 재탄생할 수 있는 오디션 프로그램의 폭발적인 인기를 낳았다. 2011년 3회째를 맞이한 〈슈퍼스타 K3〉의 지원자 수는 지난해 134만 명을 넘어서, 역대 사상 최고인 180만 명이라는 경이로운 수치를 기록했다. 그 외에도 공중파 TV에서는 〈스타오디션 - 위대한 탄생2〉, 〈밴드 서바이벌 TOP 밴드〉, 〈기적의 오디션〉, 〈다이어트 서바이벌 빅토리〉 등 수많은 오디션 프로그램이 스타를 꿈꾸는 일반인의 열망을 대리만족시키고 있다.

# 향후 전망

"소셜 스탠다드에서 셀렙 스탠다드로."

지금까지 설명한 바와 같이 유명인의 영향력이 그 어느 때보다도 커지고 있다. 그렇다면 왜 이렇게 셀렙의 영향력이 커지는 것일까? 타인을 추종하기보다는 자기만의 개성을 찾고자 하는 사람이 늘어나고 있는 현대사회에서 셀렙의 준거력(reference power, 다른 사람의 행동에 영향을 미치는 능력)이 커지는 역설을 어떻게 설명할 수 있을까?

먼저 고려해야 할 것은 인구 구성의 변화다. 1990년대 서태지에 이어 H.O.T와 같은 '1세대 아이돌' 문화를 경험한 당시 10~20대들이 이제 구매력을 갖춘 적극적인 문화 소비의 계층으로 성장했다. 이들은 '삼촌팬', '이모팬'을 자처하며 자신보다 어린 아이돌 가수들의 팬으로 당당히 남아 경제력을 동반한 지원 세력을 형성한다.

이러한 인구학적 토대는 최근 급성장하고 있는 연예 비즈니스의 비옥한 토양을 이루고 있다. 콘텐츠가 디지털화하면서 과거 비즈니스 모델이 무너지자, 엔터테인먼트 산업은 새로운 이윤 창출을 위해 한 팀의 셀렙을 '원 소스 멀티 유즈One source, Multi use'로 다양하게 상품화시키는 전략을 모색하고 있다. 이 과정에서 셀렙의 스타 파워를 최대한 끌어올리는 마케팅이 그들의 추종력을 극대화시키고 있는 것이다.

변화하는 매체 환경도 셀렙 열풍의 중요한 원인이다. CATV · IPTV · DMB 등 매체가 폭발적으로 증가하고 무선인터넷과 SNS가 성장하면서 셀

**"소셜 스탠다드에서 셀렙 스탠다드로."**
**셀렙의 영향력은 소비의 영역에만 머물지 않고**
**정치 · 사회 영역으로까지 확산됐다.**
**특히 2011년 한 해 급속하게 확산된 SNS는 셀레브리티들의**
**정치 참여를 자연스럽게 이끌었고 민감한 사회 이슈에 대한**
**셀렙들의 목소리를 대변하는 창구 역할을 톡톡히 했다.**

렙들이 대중 소비자에게 노출되는 빈도수도 비례해서 늘어나고 있다. 스타와 팬 간의 상호 접촉의 빈도가 늘어나면서, 셀렙은 트렌드 세터이자 워너비의 기능을 동시에 수행하게 된다. 다시 말해서 셀렙 스타일을 추구하는 사람들은 셀렙들의 선택이라면 고가품이든 저가품이든 최고일 것이라는 믿음을 갖게 되는 것이다. 특히 스타일과 퀄리티 면에서 그들의 선택은 절대적이다. 최신 트렌드에 가장 민감한 셀렙의 선택이 의사결정에 드는 소비자들의 시간과 노력의 비용을 줄여주는 역할을 하는 것이다.

celebrity의 어원은 동사 celebrate에서 찾을 수 있다. 라틴어 celeber/celebr~은 어원상 '널리 알리다, 경외하며 축하하다, 기념하다' 등의 의미를 갖고 있다. 다시 말해 셀레브리티는 '항상 축하를 받고 있는 사람'이라는 뜻이다. 그러나 대중의 관심이 높아지고 셀렙의 책무가 부각되면서, 셀렙에 대한 축하와 환호가 한 순간에 맹렬하고 혹독한 비난으로 연결되는 경우도 많아지고 있다. 유명인의 일거수일투족이 실시간으로 대중에게 전파되는 시대다. 때로 일반인들의 과도한 기대에 어긋나지 않게 살아야 하는 셀렙들의 무거운 부담감이 그 어느 때보다도 막중해지는 버거운 시대가 되었다. 긍정적이든 부정적이든 셀레브리티의 사회적 · 경제적 영향력은 매우 커졌다. 셀렙은 이제 대중의 욕망을 대변하는 아바타이자 행동과 소비의 표준이 됐다. 그들은 이제 대중과 함께 트렌드를 만들어가는 소비사회의 리더다.

2012년은 총선과 대선이라는 큰 행사를 치러야 하는 해다. 대중의 셀렙 의존도가 높아지고 셀렙은 트위터 · 페이스북 · 블로그 · 인터넷 방송 등 다양하고 강력한 매체를 통해 좀 더 자유롭고 광범위하게 자신의 정치적 견해를 밝힐 수 있게 됐다. 2012년 양대 선거를 치르면서 많은 셀렙들이 선거법의 규제를 넘나들며 사실상의 선거운동을 활발하게 펼칠 것으로 전망된다. 이전에 보지 못하던 이러한 변화가 어떠한 방향으로 정치 변화의 새로운 동인으로 작용할지 초미의 관심사가 되고 있다.

# Searching for trust
## 신뢰를 찾아서

**예측내용** |

신뢰에 대한 갈증이 커지고 있다. 소셜 미디어가 폭발적인 성장을 누리는 한편으로 책임 의식이 결여된 누리꾼들이 검증되지 않은 정보들의 무분별한 확산을 조장하면서, 대중은 각종 음모론과 과장에 무방비 상태로 노출되어 있다. 실제로 이미 만연한 병폐 현상인 인포데믹스, 즉 정보전염병은 개인의 프라이버시와 안전함마저 무참히 파괴하고 있다. 실생활에서 이런 위기감은 개인 경비 사업에 대한 수요로 나타나 최근 신설된 대학의 경호 전문학과가 인기를 끌고 있다는 소식이다. 개인 위생에 관한 소비자들의 의식이 높아지면서 살균 관련 전자 제품·항균 제품뿐만 아니라 위생 의약품들도 불티나게 팔리고 있다. 각종 위협들은 소비자들의 스트레스 지수를 현격히 상승시키고 이에 따라 위험한 세상으로부터 나와 가족을 지켜줄 안전한 망으로서의 서비스 산업이 큰 폭으로 성장할 전망이다.

『트렌드 코리아 2011』 pp.327-341

TREND KOREA

## 회고

우리 사회 불신의 골이 갈수록 깊어지고 있다. 사람들은 이제 정부나 언론도 믿지 않는다. 언젠가부터 중대한 사건이 발생하기만 하면 사건의 진위 여부를 떠나 트위터나 인터넷을 타고 음모론부터 제기된다. 지난 3월 일본 대지진 이후 불어 닥친 방사능 공포는 실제 지진이 발생한 일본보다 한국에서 더 컸다. 정부와 언론이 나서서 우리나라는 방사능에 비교적 안전지대임을 과학적 근거를 들어 연일 강조해도 국민들의 불안감은 쉽게 가라앉지 않았다.

정부에 대한 신뢰가 바닥인 상황에서, 국민들은 오히려 방사능비를 피하기 위해 각자 대작전에 돌입하는 모습을 보였다. 단 한 방울의 비도 맞을 수 없다는 국민들의 결연한 의지는 우산과 우비 등 각종 관련 상품의 사재기 열풍으로, 학부모들의 재량 휴교 요청으로, 등굣길의 차량 지원 모습으로 곳곳에서 다양하게 나타났다. 이를 보다 못한 정부는 국민들의 불안감을 해소시키기 위해 "방사능비를 2리터씩 1년간 마셔도 인체에 무해하다"는 과학적 결과를 발표하기도 했다. 그러나 불신에 가득 찬 사람들은 오히려 "대통령과 정부 관계자들이 우산 없이 밖에서 비를 맞아보고 다시 발표하라"는 등의 글을 포털사이트 등에 올리며 거세게 응수했다.[1]

우리 사회의 불신은 비단 어제 오늘의 일이 아니다. 2011년 9월 대규모 정전 사태 때에도 정부는 전력량 폭주라는 공식적 입장을 발표했지만 인터넷에서는 "북한의 소행이다", "전기료 인상을 위한 고의적 정전이다"라는 등의 추측성 음모론이 양산됐다. 이러한 근거 없는 주장에 일견 눈살이 찌푸려지기도 하지만, 이는 한편으로 오늘날 한국 사회에서 대중의 불신이 얼마나 큰지를 방증해주는 예의 일부일 뿐이다. 불신의 늪에 빠진 한국인들은 이제 신뢰를 원한다. 2011년에도 한국 사회의 불신은 그 끝을 모르고 확산되는 가운데, 이에 대한 반사 행동으로 신뢰를 확보하고자 하는 노력

소비자들의 불신이 임계치를 넘어서면서
스스로 문제를 해결하고자 하는 움직임이 나타났다.
예를 들어, 라식 수술 소비자들이 단체를 조직하여 라식 수술 '인증 병원'을
선정해 보증서를 부여하고 그 리스트를 홈페이지에 게시하고 있다.

도 그에 못지않게 치열했다.

신뢰할 수 없는 사회 분위기가 조성되는 한 원인은 인터넷상의 '괴소문' 확산이다. 2011년에도 인터넷 괴담은 더욱 자극적인 형태로 진화했다. 길거리에서 장사꾼의 추천으로 마른 해산물 냄새를 맡으면 마취제 성분으로 인해 정신을 잃고 장기 매매를 당할 수도 있다는 일명 '마른 해산물 괴담', 휴대폰 문자메시지와 각종 소셜 네트워크를 통해 급속도로 전파되면서 화제가 됐던 전술한 '방사능 괴담' 등은 마치 진실처럼 느껴질 정도였다. 인터넷과 소셜 네트워크의 발전으로 무차별적인 정보 공격에 노출된 국민들은 사건의 진위 여부를 확인할 수 없기 때문에 근원적 공포심을 느낄 수밖에 없다. 상황이 이렇다보니 검증되지 않은 정보의 홍수 속에서 그 누구의 말도 믿을 수 없는 '저低신뢰 사회'로의 이행은 불가피한 현실이 되고 있다.

사람들은 근거 없는 정보에 쉽게 동화되기도 하지만, 동시에 추측했던 것을 맹목적으로 검증해내고자 하는 욕망 역시 가지고 있다. 이러한 추측과 검증의 중심에는 소셜 네트워크의 발전이 만들어낸 부작용이 자리 잡고

있다. 인터넷과 소셜 네트워크를 통한 인포데믹스(infodemics, 정보전염병)의 창궐은 우리 사회에서 '진실 검증'이라는 미명하에 정보 파헤치기가 얼마나 만연해 있는지를 여실히 보여준다.

사이버상에서의 마녀사냥은 도를 넘어설 정도로 심각했다. 불미스러운 사건이 있었던 연예인을 상대로 한 '신상 털기'는 아예 연예인 이름을 딴 이지아닷컴, 임태훈닷컴, 강대성닷컴 등의 홈페이지를 양산했다. 이러한 홈페이지를 통해 네티즌들은 '카더라' 식의 미확인 정보를 확산시키며, 그릇된 방식으로 그들 나름대로의 '진실 찾기'에 나섰다. 마녀사냥에 합류한 네티즌들의 집단 이지메 현상은 익명성을 무기로 허위 소문을 양산하며, 당사자들을 무차별적으로 공격했다. 그러나 이를 사이버상의 영웅이 되려는 한 개인의 치기稚氣로 치부하기에는 다수에 의해 이루어지는 한 개인에 대한 사이버 폭력은 매우 심각한 수준이었다.

오프라인 실생활에서 신뢰의 결여는 여러 가지 문제를 보여주었다. 일부 저축은행의 지급불능 사태로 인해 금융기관에 대한 예금자의 불신이 극에 달했던 경우가 대표적인 사례다. 어떤 저축은행에서는 지급능력과 관련 없는 임직원의 비리 소식에도 뱅크런(대규모 집단 예금 인출 사태)이 벌어지는 등 과거 철석같이 믿었던 금융기관에 대한 신뢰가 여지없이 무너져 내렸다. 또한 일부 언론사의 맛집 소개 프로그램에 비리가 숨겨져 있음을 고발한 〈트루맛쇼〉라는 영화가 개봉되어 맛집의 보증기관과도 같았던 언론사의 신뢰도가 땅에 떨어지는 모습을 보였다.

신사도에 입각한 스포츠맨십이 발휘되어야 할 스포츠계에서도 2011년

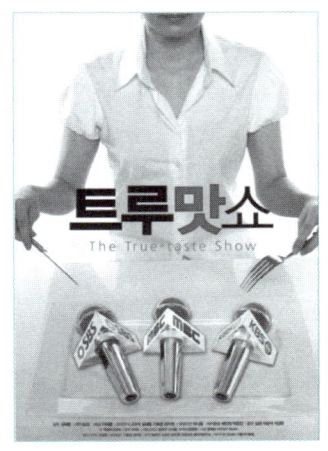

큰 논란을 불러일으킨 영화 〈트루맛쇼〉, TV에 소개되는 맛집의 맛은 도대체 어디까지가 진실일까?

은 신뢰 문제가 도마 위에 오른 한 해였다. 국내 프로축구 K리그의 일부 선수들이 스포츠 불법 도박 사이트 운영진과 짜고 승부조작에 가담한 사건은 사회적으로 큰 충격을 주었다. 한순간에 K리그에 대한 신뢰는 무너졌고, 축구팬들은 프로축구연맹 홈페이지에 "각본 있는 드라마였다"며 당장 K리그를 중단시키라는 항의성 글을 올리며 크게 분노했다.[2] 축구선수들은 즉각 머리 숙여 사죄하고 '신뢰로 거듭나겠습니다'라고 적힌 피켓 세레머니를 펼치며 눈물로 팬들의 신뢰 회복을 호소했다. 그러나 단기간에 선수와 팬들 사이의 무너진 신뢰를 회복하기엔 그 불신의 골이 너무도 컸다.

이처럼 우리 사회가 무엇 하나 믿을 수 없는 '저신뢰 사회'로 추락하자, 소비자들은 불안에 대처하기 위해 다양한 행태를 보였다. 불안이 커질수록 늘어가는 스트레스를 해소하기 위한 관련 상품과 서비스는 경제 침체와는 상관없이 나 홀로 호황을 누렸다. 정신과 치료 및 상담은 물론이고 피부 관리와 스파 등 스트레스를 경감시켜주는 에스테틱 산업의 매출액이 급상승했다.[3] 이 밖에도 미술과 음악 등을 접목시켜 스트레스를 관리하는 예술 치료, 심리 치료 등도 새로운 대안으로 주목받았다.

신뢰 확보를 위해 기업도 발 벗고 나섰다. 기업들의 '신뢰 마케팅'은 다소 번거롭고 때로는 손해를 보더라도 장기적으로 소비자의 신뢰를 얻어 충성도 높은 고객으로 만들고자 하는 전략이었다.[4] 식품업계의 신선도 마케팅은 소비자들에게 가장 큰 호응을 얻은 신뢰 마케팅의 한 예다. 커피 전문점에서는 원두를 로스팅한 날짜를 표기함으로써 소비자가 커피의 신선도를 눈으로 확인할 수 있도록 했고, 백화점 식품코너에서는 신선식품 등급 표시제를 도입해 품질이 실제와 다를 경우 판매가의 세 배를 보상해 주는 제도를 실시했다. 또한 어떤 고기 전문점에서는 주문한 고기와 저울을 함께 테이블로 가져와 고객의 눈앞에서 직접 썰어 무게를 측정해 주는 서비스로 화제에 올랐다.[5] 이러한 신뢰를 향한 다양한 기업들의 노력은 제품의 실체를 눈으로 확인할 수 없는 소비자들의 불안감을 해소시키는 데 큰 역할을 했다.

프로축구 K리그의 승부조작 파문은 '저신뢰 사회'로 추락한 2011년 대한민국의 모습을 단적으로 드러낸 사건이었다.

이제 기업은 고객의 신뢰를 얻기 위해 구차한 변명보다는 반성과 해명, 그리고 실천의 길을 선택한다. 얼마 전 포름알데히드 성분이 포함됐다는 보도로 진통을 겪었던 한 우유업체는 신문의 지면광고에 다음과 같은 멘트를 남겼다. "어떠한 변명을 하지도, 억울함을 호소하지도 않겠습니다. 품질에 대한 진실은 꼭 한번 읽어주십시오." 그들은 구차한 변명보다 사건이 왜 이런 식으로 진행됐는지를 상세히 밝히고, 마지막으로 '쿨' 하게 반성했다. "어머님들의 마음을 다 헤아리지 못했음을 진심으로 사과드리며 앞으로도 더 좋은 우유, 그 하나로 보답하겠습니다." 어떠한 잘못을 했는지에 대한 시비是非를 떠나 이 기업의 진정성과 신뢰를 전달하려는 의도만큼은 분명 소비자에게 전달되었을 것이다.

## 향후 전망

신뢰가 부족한 사회에서는 불안감을 증폭시키는 움직임이 더욱 활개를 치고, 이러한 행동은 다시 사회의 불신을 조장하는 악순환이 일어난다. 더구나 SNS 등의 보급으로 정보의 유통 속도가 매우 빨라지면서 각종 괴소문과 네티즌들의 무분별한 정보 공격은 시간이 갈수록 진화하고 있다. 따라서 불안 확산을 막기 위한 개인의 자정 노력과 근원적 불안감을 해소시켜주는 스트레스 관리는 정신 건강을 위한 필수 조건이 될 것이다. 사회적 문제가 되고 있는 정보오염을 근절하기 위한 국가적 차원에서의 법적 제도 역시 더욱 견고해져야 할 것이다. 또한 기업은 댓글 관리, 괴소문 확산 방지, 오염 정보 차단 기능처럼 그릇된 사이버 문화의 근본적인 대책을 위한 각종 시스템 관련 아이디어를 발 빠르게 내놓을 것으로 전망된다.

이러한 여러 대응 중에서 한 가지 눈길을 끄는 것은 소비자들의 자체적인 불신 대응 활동이다. 아무도 믿기 힘들어진 소비자들의 불신이 임계치를 넘어서면서, 스스로 문제를 해결하고자 하는 움직임이 나타난 것이다. 예를 들어, 라식 수술 소비자들이 단체를 조직하여 라식 수술 '인증 병원'을 선정해 보증서를 부여하고 그 리스트를 홈페이지에 게시하고 있다. 이제 한국의사협회처럼 안과 의사들이 만든 단체보다도 소비자가 직접 만든 단체에 대한 신뢰가 더 높아지는 세상이 온 것이다. 이 단체의 홈페이지 www.eyefree.co.kr에 들어가면 초기화면의 팝업창에 "유사 인증서에 주의하라"는 경고가 떠, 이 사회의 불신 수준이 얼마나 큰지 체감할 수 있다.

또 미국에서 개최된 제2회 뉴욕앱경진대회NYC Big Apps Competition에서는 'DontEat.at' 이라는 애플리케이션이 상을 받았다고 한다. 이 애플리케이션은 영업정지를 받은 식당에 들어서는 순간, 위치정보를 이용하여 "여기에서 식사하지 말라"는 경고 문자를 발송한다. 향후 신뢰 향상을 위한 소비자들의 자구 노력은 이처럼 새로운 기술의 도움을 얻어 계속 진화할 것으로 예상된다.

한때 논란을 낳았던 〈슈퍼스타K 3〉의 악마 편집 논란 때도 네티즌은 문제 해결을 위해 직접 팔을 걷어붙였다. 방송사와 출연자 측의 주장이 서로 엇갈리자 그들은 아예 방송사에 원본 영상 공개를 요구했는데, 이는 언론사·방송사·출연자 어느 누구도 믿을 수 없는 상황에서 네티즌들이 직접 영상을 확인해서 판단하겠다는 결연한 의지의 표출이었다. 현대 소비자들은 이제 더 이상 수동적인 존재로 남기를 거부한다. 긴가민가 믿지 못할 상황에 처하면 이를 정면 돌파하는 것을 주저하지 않는다. 이처럼 적극적으로 신뢰 찾기에 나서는 소비자들의 모습은 앞으로 더욱 늘어날 전망이다.

신뢰 확보를 위한 적극적인 대응은 정치 현장에서도 예외가 아니다. 지난 4월 대학생 단체 대표들은 국회 상임위원회를 통과하고도 본회의에 상정조차 되지 못한 북한인권법 문제를 해결하기 위해 직접 국회를 방문하여 국회의원들을 만났다. 이처럼 자신들의 요구가 받아들여지지 않을 때 직접 행동에 나서는 것은 그만큼 불신이 깊다는 표시이기도 하다.

2012년은 두 번의 큰 선거가 예정된 해다. 선거 전에 SNS를 타고 각종 유언비어와 흑색선전이 무차별적으로 전파되는 것은 언젠가부터 아주 익숙한 풍경이 되어버렸다. 하지만 이는 보다 성숙한 민주주의로 가는 길에 걸림돌이 될 뿐이다. 오프라인 공간에서뿐만 아니라 사이버 공간에서도 어떻게 신뢰성 있는 정보를 유통시킬 것인가에 대한 고민은 이제 성숙한 정치와 민주주의를 위해 해결해야 할 피할 수 없는 도전이 될 것으로 보인다.

# 신조어로 돌아본 2011년

가히 '신조어 홍수 시대' 다. 인터넷과 SNS를 통한 쌍방향 커뮤니케이션이 활발해지면서 하루가 멀다 하고 신조어들이 생겨나고 있다. 이제 신조어는 비공식적인 현상을 넘어 사회와 문화를 읽어내는 공식적인 코드로 자리매김하고 있다.

　최근 영국 옥스퍼드 출판사는『옥스퍼드 영어사전』12차 개정판에 SNS에서 다른 사람의 글을 다시 올리는 '리트윗' 을 비롯한 400개의 신조어를 추가로 수록했다. 우리나라 국립국어원도 2012년에 간행되는 편찬 사전에 지금까지는 공식 사전에 등재되지 않았던 다양한 신조어들을 싣는다고 발표했다. 신조어를 단순히 은어나 비속어 정도로 여기던 기존의 태도에서 벗어나 사회와 문화의 일부로 공식화하고 있는 것이다. 심지어는 이용자의 신조어 활용 능력을 측정하는 신조어능력시험 애플리케이션이 등장하기도 했다.

올해 신조어들은 지난해와 마찬가지로 경제적 불안과 어려움을 반영하는 용어들이 많았다. 경제 불황과 실업난이 전 세계적인 현상으로 확산된 탓인지, 이를 반영하는 신조어가 전 세계적으로 쏟아져나왔다. 반면 지난해 폭발적으로 생겨났던 스마트폰·SNS 관련 신조어들은 관련 시장이 성숙기에 접어들면서 그 숫자가 크게 감소했다. 대신 기술과 제품이 급변함에 따라 다양한 IT 비즈니스 기회의 영역을 보여주는 신조어들과 함께 첨단기능의 부작용이나 피로감을 풍자한 신조어들이 눈길을 끌었다. 이외에도 남성과 여성의 변화된 역할을 반영하는 신조어와 패션과 소비의 새로운 트렌드를 기발하게 표현한 신조어들이 등장했다. 이 밖에 어지러운 정치·사회상을 씁쓸하게 풍자한 신조어들도 유독 많았다.

## 경제

- **타조세대** ostrich generation : 노후 생활에 대한 불안에 시달리면서도 마땅한 대비책이 없어 자포자기 상태에 빠진 이들을 가리키는 말이다. 한정된 소득으로 사교육비 등 각종 지출을 감당하느라 노후 대비 자금을 마련하지 못하고, 국민연금은 줄어드는 등 기댈 곳이 없는 세대가, 맹수가 다가오면 머리만 모래 속에 파묻는 타조처럼 애써 문제를 무시하거나 인정하지 않고 현실에서 도피하려고 하는 행태를 보이는 것을 빗대어 표현한 것이다.

- **삼포세대** : 경제적 이유로 연애 · 결혼 · 출산 세 가지를 포기한 청년층을 일컫는 말이다. 요즘 청년층은 과도한 학자금으로 인해 졸업 전부터 빚에 시달리고, 졸업 후 요행히 취업이 되어도 빚을 갚다 보면 연애 · 결혼 · 출산은 엄두도 못 낸다. 과중한 등록금 부담과 취업난에 미래가 암담한 청년들이 자신들을 자조적으로 표현할 때 주로 쓴다.

- **등골탑** : 예전에는 대학 등록금 마련을 위해 주로 소나 논을 팔았다고 해 대학이 곧 '우골탑牛骨塔'이라는 말이 있었다. 하지만 이제는 우골탑을 넘어 부모 등골을 빼는 '등골탑' 혹은 '인골탑人骨塔'이라는 신조어까지 생겨났다. 이처럼 높은 대학 등록금은 대학생들의 등록금 투쟁으로 이어지면서 2011년 한 해를 뜨겁게 달군 핫이슈였다.

- **거마대학생 :** 등록금을 벌기 위해 다단계 업체에서까지 일하는 대학생들을 일컫는 말이다. 주로 서울의 거여동과 마천동에 있는 다단계 업체의 숙소에서 숙식을 해결한다고 해 '거마대학생'이라고 부른다. 얼마 전에는 이 다단계 업체들이 대학생들에게 대출을 받아 비싼 값에 제품을 사도록 하는 등의 수법으로 부당 이득을 챙긴 것으로 드러나 대대적인 단속이 이뤄지기도 했다.[1]

- **청년실신 :** 대학생들의 취업이 갈수록 늦어지면서 '청년 대부분이 졸업 후 실업자나 신용불량자가 된다'는 뜻의 '청년실신'이라는 신조어가 생겨났다. 청년실업률이 상승하고 학자금 대출로 신용불량자가 된 대학생들이 늘어나는 씁쓸한 현실을 반영한 말이다.

- **실업 예정자 :** 졸업을 앞둔 '졸업 예정자'들을 일컫는 말이다. 4학년 때 바로 졸업을 해도, 취업 준비를 위해 5학년이 돼도, 백수 생활을 면치 못하는 이 시대 대학생의 팍팍한 현실이 반영된 말이다.

- **생활스터디 :** 같은 목표를 가진 취업준비생들이 같이 살거나 하루의 거의 모든 일과를 함께하며 지식과 정보를 공유해 학습효과를 극대화시키는 것을 말한다. 공무원이나 임용고시 준비생에서 일반 기업체 입사와 토익 점수 올리기까지 그 영역이 다양하다. 인터넷 취업카페에 들어가면 '생스(생활스터디의 줄임말) 구해요'라는 제목의 글들을 쉽게 찾아볼 수 있다.

- **분노의 세대 :** 2010년 말 프랑스에서 발간돼 유럽 전역에서 큰 인기를 끈 스테판 에셀의 저서 『분노하라Indignez vous!』에서 따온 말이다.[2] 스페인 언론들은

수개월째 경제 개혁을 요구하며 수도 마드리드의 푸에르타 델 솔 광장에서 시위를 벌이고 있는 청년 시위자들에게 '분노한 사람들Los Indignados'이란 이름을 붙여줬다. 이후 이 용어는 스페인뿐만 아니라 유럽 각국에서 시위를 벌이는 청년들을 가리키는 표현이 됐다.

● **592유로 세대 :** 그리스에서는 미래가 암울한 청년 세대를 '592유로(91만 2,367원) 세대'라고 부르는데, 이는 우리나라의 '88만원세대'와 비슷한 말이다. 이 용어는 2010년 말부터 최근까지 그리스의 한 TV방송사를 통해 방영됐던 시트콤의 제목이기도 한데, 이 시트콤은 임시직을 전전하면서 살아가는 젊은이들의 힘든 생활을 코믹하게 다뤄 14~24세 시청자들 사이에서 무려 60%가 넘는 시청률을 기록할 만큼 폭발적인 인기를 끌었다.[3] 592유로는 그리스의 25세 이하 근로자의 법정 최저임금에 해당하는 금액이다.

● **아이팟IPOD 세대 :** 영국에서는 불안정하고insecure, 압력을 받으며pressed, 과중한 세금부담overtaxed에 시달리고 빚에 쪼들리는debt-ridden 청년 세대를 가리켜 '아이팟 세대'라고 부른다. 이와 비슷한 용어로 미국의 '부메랑 키즈', 일본의 '잃어버린 세대', '프리터 세대' 등이 있다. '부메랑 키즈'는 학교를 졸업하고도 경제난 때문에 독립하지 못하고 부모와 함께 사는 청년들을 가리키며, '잃어버린 세대'는 장기불황으로 인해 경제성장을 경험해 보지 못한 세대를 일컫는다. 또 시간제 아르바이트로 생계를 이어나가는 청년들을 '프리터 세대'라고 부른다.[4]

- **샤미주(소라족)** : 금융위기 이후 생겨난 중국의 신조어로, 고물가와 저소득 등 어려운 경제여건 속에서 합리적이고 절약적인 소비 생활을 하는 세대를 가리킨다. 이들은 주로 작은 집에 살며 최소 비용으로 최대 효율을 추구하는 서민들이다.[5]

- **세라 페일리니제이션** Sarah Palinisation **현상** : IMF 수석 이코노미스트 출신인 라잔 교수는 좌 · 우를 막론하고 미국 국민들이 정부와 월Wall가를 신뢰하지 않는 현상을 가리켜 미국의 '세라 페일리니제이션'이라고 지칭했다. 미국인들이 더 이상 엘리트 지도층을 신뢰하지 않는 대신, 평범하고 자신들과 비슷한 정치인, 페일린에게 끌리는 현상을 일컫는 말이다.[6]

- **피시플레이션** fishflation : 수산업fisheries과 인플레이션inflation을 합친 말로, 중국인들의 수산물 소비량의 급증, 일본 대지진의 여파 등으로 각국의 수산물 가격이 상승하면서 생겨난 신조어다. 그동안 1차 식품과 가공식품 원료로만 사용되던 수산 자원이 최근에 에너지 자원으로 활용가능해지면서 수산물 인플레이션이 야기될 수 있다는 우려가 확산되고 있다.[7]

- **시베츠** CIVETS : 콜롬비아 · 인도네시아 · 베트남 · 이집트 · 터키 · 남아프리카공화국 등 6개국의 영문명 머리글자를 딴 신조어다. 〈월스트리트저널〉에 따르면, 시베츠는 세계경제의 신흥 5대국 그룹인 브릭스BRICs의 뒤를 이을 새로운 다크호스로 부상하고 있다. 시베츠의 최대 강점은 젊은층 인구가 매우 많다는 것이다.

- **차·화·정** : 2011년 상반기 한국 증시에서 가장 주목 받았던 단어로, 주가 상승률이 두드러졌던 자동차·화학·정유 업종을 일컫는 신조어다. 이들 업종은 한국 증시의 큰 동력을 일컫는 산업군으로 증시 전체의 시황을 상징하기도 한다.

- **금겹살** : 2011년 구제역 파동 등으로 돼지고기 값이 급등하면서 금값같이 비싸다는 의미의 '금겹살' 이라는 신조어가 생겨났다.

- **MICE** : 기업회의meetings, 인센티브 투어incentives, 컨벤션conventions, 전시 exhibitions 등의 4개 분야의 머리글자를 합성한 신조어다. MICE 방문객이 규모나 1인당 소비 측면에서 일반 관광객보다 부가가치가 훨씬 높다는 점에서 최근 주목을 받고 있는 서비스 산업 영역이다.

- **월급 로그인, 월급 로그아웃** : 인터넷 사이트에서 로그인, 로그아웃을 하는 것처럼 월급이 통장에 들어오자마자 순식간에 카드 값 등으로 빠져나간다는 것을 빗댄 말이다.

## 정치·사회

- **폴리스패머** polispamer : 정치politics와 스패머spamer의 합성어로, 정치적 홍보나 선동을 위해 인터넷 포털 뉴스와 SNS 등을 활용해 무차별적으로 정보를 배포

하는 사람을 말한다. 이들은 단순 욕설·메시지·사진·동영상·패러디 등 다양한 콘텐츠와 정보를 배포한다. 또한 이들을 통해 여론이 왜곡되거나 유언비어가 퍼지기도 한다.

- **주폭**酒暴 : 최근 충북경찰청은 술에 취해 관공서와 지구대까지 찾아와 행패를 부리는 사람들을 '주폭'으로 규정했는데, 만취 상태에서 상습적으로 상가, 주택가 등에서 인근 주민 등 선량한 시민들에게 폭력과 협박을 가하는 사회적 위해범을 뜻한다. 이 신조어는 경찰이 사회적 폐해에 대해 지나치게 관대했던 음주 문화에 경종을 울리는 '선제적 심리 억제 효과'를 얻고자 만든 것이다.

- **무연**無緣**사회, 고족**孤族**사회** : 지난 6월 일본 총무성이 발표한 '국세조사 – 1% 추출 속보'에 따르면 2010년 10월 현재 1인 세대는 1,588만 5천 세대로, 일본 가구 전체의 31.2%를 차지해 사상 처음으로 30%를 넘어섰다. 이로써 1960년 일본에서 세대 형태 조사가 시작된 이후 처음으로 1인 세대가 최다 세대로 등장했다. 이러한 수치는 최근 혈연 등 모든 관계가 끊어진 무연사회, 혼자 살다 혼자 죽어가는 고독사 등과 같은 신조어를 양산한 일본 사회의 현재를 방증한다.[8]

- **인강 증후군** : '인강(인터넷 강의)'을 수강하는 학생이 급증하면서 10대들 사이에서 생겨난 신조어다. 인강 증후군에 걸린 학생들은 학교에서 수업을 들을 때 선생님의 느린 말을 2배속으로 빠르게 돌리고 싶다거나 수업 내용이

이해가 되지 않을 때 '스페이스바'를 눌러 일시 정지하고 싶은 충동을 느끼는 등의 증상을 호소한다.[9]

- **플래시 롭**flash robs : 미국 전역에서 10대 청소년들이 인터넷을 통해 집단으로 모여 편의점 등 특정 장소를 약탈하거나 행인을 공격하는 행위를 '플래시 롭'이라고 한다. 이는 불특정 다수가 인터넷 등을 통해 정해진 시간과 장소에 모여 주어진 행동을 하고 곧바로 흩어지는 것을 의미하는 플래시몹을 범죄에 이용하는 것이다.

- **황사능** : 중국으로부터 불어오는 황사와 일본 대지진의 여파인 방사능 공포로 인해 만들어진 신조어다. 패션 업계에서는 이를 발 빠르게 제품에 접목시켜 일명 '황사능(황사+방사능) 패션'이라는 신조어를 마케팅에 활용하고 있다. 황사능과 관련된 대표 상품으로는 오염물질이 피부에 닿는 것을 막아주는 바람막이와 방수 기능이 있는 우비 등이 있다.

- **G20세대** : 글로벌 경쟁력을 갖추고 세계무대를 지향하는 현재의 청년 세대를 이르는 말로, 이들은 다양한 정보와 네트워크를 기반으로 하는 소셜 네트워크 서비스를 통해 디지털 문화를 선도할 것으로 분석된다.[10]

- **P세대** : 2010년 3월 발생한 천안함 피격 사건을 계기로 국가 안보에 관심이 있는 젊은 세대를 지칭하는 P세대라는 신조어도 생겨났다. P세대의 P는 애국심Patriotism, 유쾌Pleasant, 평화Power&peace, 실용Pragmatism, 개성Personality 등을 의미한다.

• **역逆리터니** : 조기 유학을 떠났다가 한국으로 돌아온 '리터니(returnee, 유학 후 다시 귀국한 학생)' 들이 매년 증가하고 있는 가운데, 한국 학교에 적응하지 못하고 다시 외국으로 떠나는 학생들을 가리켜 '역逆리터니' 라고 부른다.[11]

## IT 신조어

• **파워블로거지** : '파워블로거' 와 '거지' 의 합성어다. 일부 파워블로거들이 자신의 유명세를 이용해 기업의 마케팅 수단으로 블로그를 이용하거나 이권을 요구하면서 생긴 말이다. 제품 홍보비나 공동구매 수수료 등 거액의 수입을 올리는 파워블로거들에 대해 최근 국세청이 세무조사를 단행하면서, 파워블로거의 상업적 변질과 '온라인 권력' 문제가 도마 위에 올랐다.

• **카칭족** : 최근 미국에서는 '카칭족' 이란 신조어가 부상하고 있다. 카칭kaching은 은행 현금지급기가 열릴 때 나는 소리를 표현한 의성어로, 카칭족은 현금지급기에서 돈을 꺼내듯 일확천금을 버는 사람을 뜻한다. 최근 SNS를 이용해서 부를 창출하는 사람들이 대표적인 카칭족이다. 이들은 페이스북과 트위터 등의 소셜미디어 분야를 활용해 막대한 이윤을 창출하고 있다.[12]

• **소셜 네트워크 데이트**SND : SNS에 자신의 나이와 학교 · 신장 · 체중 · 취향 등을 올려, 자신에게 맞는 상대를 소개받는 것을 뜻한다. SND가 관심을 끌면

서 SNS 데이트 업체도 계속 늘어나고 있고, 기존의 오프라인 결혼 정보업체도 온라인 데이트 분야로 사업 영역을 확장하고 있다. SND 이용자들 대부분은 대학생으로 주로 컴퓨터와 스마트폰으로 데이트를 즐긴다. 온라인으로 채팅하고, 네트워크 게임을 같이 하며, 쇼핑도 온라인을 통해 함께 한다. 또한 온라인으로 이성에 대한 평점을 매기기도 한다.[13]

• **스마팅** smarting : 스마트폰smartphone과 미팅meeting을 합성한 신조어로, SND와 유사한 개념이나, 스마트폰 애플리케이션을 활용한 미팅이라는 점에서 차이가 있다. 위치기반서비스LBS를 통해 자신이 원하는 조건의 상대를 언제라도 만날 수 있다.[14]

• **페이스북 피로감** facebook fatigue : 최근 미국에서 페이스북 인기가 시들해지고 있다는 CNN의 보도가 나오면서 '페이스북 피로감'이라는 신조어가 등장했다. 페이스북을 통해 지인들의 똑같은 일상사를 매일 확인하거나 타인의 사생활을 시시콜콜 알게 되는 것에 대해 피로감을 호소하는 사람들이 늘어나면서 생긴 말이다.

• **디지털 치매 증후군** : 스마트폰이나 태블릿PC 등이 보편화되면서 디지털 기기를 이용하지 않고는 가족의 전화번호, 어제 먹은 식사 메뉴 등 생활 속의 세세한 부분을 기억하지 못하는 증상을 이르는 말이다.

- **어콰이어드** acqhired : 인수acquisition와 고용hire의 합성어로, 미국 정보기술 업체들 사이에서 인재 영입 경쟁이 심화되면서 나타난 버블 징후를 일컫는 말이다.[15]

- **트라이버전스** trivergence : 삼중융합이라는 뜻으로, 하드웨어 · 소프트웨어 · 네트워크 서비스가 융합되는 현상을 가리킨다. PC 기반의 인터넷, TV 기반의 미디어, 휴대폰 기반의 커뮤니케이션이 하나로 합쳐지는 것이 대표적이다. 최근 운영체제os와 스마트폰 제조(하드웨어)의 결합이 핫이슈로 떠올랐다.

- **모빌라우드** mobiloud : 모바일mobile과 클라우드cloud의 합성어로, 스마트폰, 태블릿PC 등 모바일 기기가 클라우드 컴퓨팅을 통해 연결되는 것을 일컫는다. 모빌라우드는 언제 어디서나 데이터 · 영상 등을 실시간으로 내려 받아 즐길 수 있어 PC 시대의 종언을 이끌고 있다.

- **MSC** : 모바일mobile, 소셜social, 클라우드cloud 등 IT산업의 핵심적인 화두로 떠오르고 있는 세 가지 테마의 앞 글자를 결합한 신조어다.

- **테크파탈** : 기술을 뜻하는 테크놀로지와 차가운 도시 여성을 빗댄 악녀라는 뜻의 팜므파탈이 결합한 용어로, 여성들의 니즈와 욕구를 충족하고 어필하는 IT 기기와 디자인을 말한다. 삼성전자 · LG전자 · 신도리코 · 새로텍 등 IT 업체들이 테크파탈 전략에 따라 세계 유명 디자인 기업이나 예술가들과 속속 제휴하고 있다.[16]

- **게이미피케이션**gamification : 게이미피케이션은 게임의 재미와 몰입성을 더하는 게임 기법game mechanics을 쇼핑·교육·의료·미디어 등 게임 이외의 분야에 적용하는 것을 말한다. 게임의 핵심적인 메커니즘을 다른 분야에 적절하게 활용하면 고객의 충성도를 높이거나 학생의 학습 능력을 키우는 등 효과를 거둘 수 있다.

- **프리미엄**freemium : 게임을 무료로 제공하고 게임 아이템 판매로 수익을 올리는 모바일 게임 수익 모델을 가리킨다. 애플 앱스토어 상에서 쓰이는 신조어로, 유료 게임을 뜻하는 프리미엄premium의 반대 의미로 사용된다. 국내에서는 '프리투플레이Free to play' 혹은 '부분유료화'라는 용어로도 불린다.

- **스마툰**smartoon : 스마트smar와 카툰cartoon을 합성한 신조어로, 스마트폰 등에서 구현되는 웹툰·디지털 만화·애니메이션 등을 일컫는다.[17]

## 새로운 종족의 출현

- **나토**NATO**족** : 'No Action Talking Only'의 약자로, 행동은 하지 않고 말만 앞서는 직장인을 지칭한다. 이들은 자신을 대단한 듯 포장하지만 결국 시키는 일만 수동적으로 하는 행태를 보인다.

● **월급루팡 :** 회사에서 하는 일 없이 월급만 축내는 직원을 일컫는 말이다. 인크루트의 조사에 따르면 직장인의 83.3%는 직장 내에 일한 것보다 월급을 더 받는 월급루팡이 있다고 답했다. 월급루팡의 대표적인 행태는 '하는 일도 없으면서 바쁜 척 하기', '업무 중에 딴짓 하기', '자신의 업무를 동료나 부하 직원에게 미루기' 등이다.

● **오피스 브런치족 :** 브런치는 브랙퍼스트breakfast와 런치lunch의 합성어로, '이른 점심식사' 정도에 해당하는 말이다. 출근 준비로 아침을 거른 직장인들은 출근길에 간단한 아침식사거리를 사오지만, 출근 직후에는 업무를 처리하느라 손도 못 대다가 한숨 돌리고 난 후에 사무실에서 늦은 아침을 먹게 된다. 이러한 직장인들을 가리켜 오피스 브런치족이라고 부른다.

● **런치투어족** lunch tour **:** 점심시간에 식사를 하지 않거나 간단히 해결하고 공부·운동·쇼핑 등 개인적인 일을 처리하거나 자기계발을 하는 직장인을 일컫는 신조어다. 이와 관련된 단어로는 '점심형 인간' 이 있다. '점심형 인간'은 소홀히 하기 쉬운 점심시간을 자기계발 및 인맥관리 시간으로 활용하는 사람을 말한다.

● **오피스 스파우즈**office spouse **:** 실제 부부나 애인 사이는 아니지만 직장에서 배우자보다 더 돈독한 관계를 유지하는 이성 동료를 일컫는 말로, 1987년 칼럼니스트, 데이비드 오웬이 처음 사용한 용어다. 이들은 일을 통해 친밀감을 유지하는 사이지만 어떤 면에서는 부부 간의 대화보다 더 깊이 있고 폭넓은

대화를 하기도 한다.

- **마미 옴므**mommy homme : 엄마mommy와 남자homme를 조합한 단어로, 맞벌이가 대세인 시대에 회사에서 퇴근하고 집으로 출근해서 육아와 집안일을 하는 남자를 지칭한다.[18]

- **능청남** : '능력 있으면서 청소도 잘하는 남편'의 줄임말로, 능청남은 새로운 남성의 전형으로 떠오르고 있다. 네티즌들은 대표적인 능청남으로 축구선수 차두리를 꼽는다.

- **와이프보이** wife boy : 사회적으로 능력 있고 대인관계도 원만하지만, 유독 아내에게만은 무력한 남자들을 지칭하는 말이다. 결혼한 후에도 여자의 뜻대로 해주는 순종적인 남자를 원하는 여성들이 나타나면서 생겨난 신조어다.

- **모피스족** : 미시missy와 오피스office의 합성어로, 워킹맘을 상징하는 신조어다. 프로패셔널하고 매력이 넘치는 세련된 직장여성을 뜻한다.

- **미시렐라** : 줌마렐라와 미시는 비슷한 개념이지만, 미시렐라는 줌마렐라보다 젊은 20~30대 주부 중에서 신데렐라와 같은 존재가 되기를 원하는 여성을 뜻하는 신조어다.

- **3S 여성** : 70년대seventies, 독신singles, 막힌stuck의 3개 단어가 합쳐져 '1970년대에 태어났고, 직장에서 성공하고 능력을 인정받지만 결혼하기에 적당한 배우자가 많지 않은' 여성을 지칭하는 말이다.

- **얼빠 :** 축구 · 야구 · 게임리그 같은 스포츠의 룰이나 팀의 경력, 전체적인 선수 분포, 플레이 능력 등과 상관없이 오로지 스포츠스타의 얼굴만 좋아하는 팬들을 지칭하는 말이다.

- **버터페이스녀 :** 학벌 · 집안 · 능력 등 다방면에 뛰어나나 외모가 아쉬운 여자를 일컬어 'but her face' 라고 하는데, 이를 소리 나는 대로 적으면 '버터페이스' 가 된다.

- **우유녀 :** 원래 우월한 유전자를 가진 여성을 지칭하는 용어였으나, 세련되고 호감형 페이스라인을 갖춘 여성이라는 의미로 확대됐다. 우유녀를 한마디로 정의하면, 선명한 이목구비 · 균형 잡힌 페이스라인 · 작은 얼굴 · 부드러운 인상을 포함한 얼굴형을 가진 여성을 뜻한다.

- **종결자 :** 절대적인 우위를 점할 만큼 월등한 능력을 가진 사람을 일컫는 말로, 한 분야에서 최고를 의미한다. 이와 비슷한 의미의 신조어로는 '갑' 이 있다. 갑甲은 야구팬들 사이에서 신의 경지에 이르렀을 때 쓰는 말로, KIA 이종범 선수의 팬이 만든 플래카드에서 '神(귀신 신)이 아닌 申(펼 신)' 으로 적은 것에서부터 유래되어 글자가 비슷한 甲(갑옷갑)이 신을 대체했다. 이는 첫 번째인 갑과도 일맥상통하며, 인터넷에서 최고를 뜻할 때 쓰는 용어로 자리 잡았다.

- **모두까기 인형** : '호두까기 인형'을 패러디한 신조어로, '무언가를 평가할 때 항상 비판적 태도를 견지하는 사람'을 일컫는다. 야구 해설가 이순철 씨가 선수나 감독뿐 아니라 동료 캐스터, 심지어는 치킨 먹는 관중까지 비판하는 것에 대해 네티즌들이 붙인 별명에서 유래됐다. 이 용어는 상대에게 비판의 여지가 있다면 거리낌 없이 비판을 행하는 사람들을 주로 지칭한다. 최근에는 그 의미가 확장돼 '논쟁에 있어 양비론을 행하는 사람'을 칭하기도 한다.

- **VIB** Very Important Baby **족** : 저출산 추세에 따라 외둥이 가정이 늘면서 아이에 대한 정성과 애정은 더 각별해졌으며, 'VIB족'이란 신조어까지 생겨났다. 이러한 VIB족에 등장으로 유아용품 시장은 더욱 고급화·명품화되고 있다.[19]

- **얼리키즈** early kids : 부모의 맞벌이로 인해 탁아 또는 조기교육 등의 목적으로 일찍부터 보육시설에서 단체생활을 하는 아이들을 일컬어 '얼리키즈'라고 부른다.[20]

- **애묘족** : 1인 가구가 늘면서 독립적 성향이 강하고 혼자서도 잘 노는 고양이를 키우는 사람들이 늘고 있다. 이런 사람들을 가리켜 애묘족(愛猫族, 고양이를 사랑하는 사람들)이라고 부른다.[21]

• **슈퍼 쿨비즈** : 계속되는 폭염 등의 기상이변과 원전 사고로 인해 에너지 절약이 중요한 이슈로 떠오르면서 올 여름 일본에서는 격식보다는 효율성에 초점을 둔 비즈니스 패션이 유행했는데, 일반적인 쿨비즈를 뛰어 넘는 '슈퍼 쿨비즈' 라는 신조어까지 등장했다. 쿨비즈가 단순히 넥타이만을 매지 않는 것이라면 슈퍼 쿨비즈란 티셔츠와 면바지, 청바지 등의 착용까지 허용하는 것이다. 규슈의 한 지자체는 여기서 한 걸음 더 나아가 반바지까지 허용하는 울트라 쿨비즈를 시행한다고 발표했다. 일본의 한 남성복 브랜드는 청량감을 지수화해 4단계로 나눠 태그에 표시해 판매하고 있다.[22]

• **쇼퍼테인먼트** shoppertainment : 쇼핑shopping과 엔터테인먼트entertainment를 합친 용어로, 단순히 상품에 대한 설명만 하던 기존 홈쇼핑 구성에서 탈피해 각 분야의 전문가들이 생활의 팁을 전수하거나 각종 생활정보와 함께 어울리는 상품을 소개하는 것을 지칭한다.

• **펀핑** funpping : 쇼핑shopping과 재미fun를 합성한 신조어로, 여자들과 달리 쇼핑에 금세 싫증을 느끼는 남자들을 유인하기 위해 매장 곳곳에 놀이 요소를 배치하는 것을 지칭해서 업계에선 '펀핑 전략' 이라고 부른다.[23]

• **샤테크** : 럭셔리 브랜드 샤넬과 재테크의 합성어다. 국내에 입점한 럭셔리 브랜드들의 가격 인상이 잦고, 인상 폭이 높아 조금이라도 저렴한 시기에 구입

을 해두면 가격 인상 후에 중고로 팔거나 소장만 하더라도 그 가치가 구입할 때보다 높아지는 현상을 빗댄 것이다. 현재는 샤넬 백으로 대표되는 명품에 대한 투자를 통칭하는 말로 사용된다.

● **팸셀족** : 패밀리 세일을 적극적으로 찾아다니며 구매하는 소비자를 지칭하는 신조어다. 패밀리 세일이란 브랜드 관계자와 그 가족들 또는 일부 VIP 고객을 위한 행사로, 50%에서 많게는 90%까지 할인된 가격에 제품을 구매할 수 있다. 패밀리 세일에는 연예인이나 모델 촬영 협찬 등에 사용됐던 PPL 제품이 다수 포함된다.

● **셀렙 경제** celeb-economy : 유명인이 활용된 상품과 서비스가 산업 전방위로 확산되면서 '셀렙 경제(celebrity와 economy의 합성어)' 라는 신조어까지 등장했다. 이전의 스타 마케팅이 셀렙 마케팅으로 한 단계 업그레이드된 것이다. 셀렙 마케팅은 '박태환 헤드폰', '김연아 귀걸이', '하유미 팩', '이경규 꼬꼬면', '허영만 와인', '강호동 육칠팔', '이수근 대리운전' 등 유명인의 이름과 별명, 이미지를 적극적으로 활용한다는 점에서 스타 마케팅과 차별된다.[24]

● **블레임 룩** blame Look : 사회적으로 문제를 일으켰거나 논란이 됐던 사람들의 패션을 따라하는 현상을 이르는 말이다. 과거 신창원 · 신정아 · 신정환 등이 경찰에 출두할 당시 입었던 패션이 유행한 적이 있고, 최근에는 출연 거부 논란을 일으킨 모 연예인의 패션이 소비자들 사이에서 인기를 끌었었다. 말썽쟁이 스타 패리스 힐튼이나 린제이 로한 등이 대표적인 블레임 룩의 아이콘이다.

• **만개녀** : 여자 스타가 광고하거나 사용한 제품이 불티나게 팔리거나 크게 화제가 되면서 판매 수치가 수백, 수천을 넘어 단번에 만 개를 기록한다는 데서 생겨난 신조어다.

• **고갱님** : '고객'을 비하해서 쓰는 말이다. 고객이라는 발음을 왜곡해서 발음이 비슷한 말을 만들어 낸 것으로, 주로 불성실한 고객만족센터 직원들이나 상담원들이 무성의하게 고객을 응대하는 것을 빗대어 표현한 말이다. 비슷한 용어로 일명 호구 고객을 뜻하는 '호갱님'이 있다. 용산 전자상가 등에서 어수룩하고 순진한 손님들을 상대로 바가지를 씌울 때 이런 손님을 일컬어 호갱님이라고 부른다.

• **퍼스트 옴므**first homme : 단순히 꾸미고 치장하는 차원을 넘어 자신의 라이프와 일에 열정적이고, 자신만의 가치를 높이기 위해 일은 물론 패션 등에도 아낌없이 투자하는 남성을 지칭한다.

• **남성 패션 아이템들** : 남성들의 패션이 여성화되는 경향이 두드러지면서, 이런 트렌드를 반영한 남성용 패션 제품들이 속속 등장했다. 대표적인 제품으로는 남성용 샌들인 맨들mandals, 남성용 비키니인 맨키니mankini, 남성용 손가방 머스murse, 남성용 액세서리인 머얼리(mewelry, man과 jewalry의 합성어), 남성용 팬티스타킹 맨티호스mantyhose 등이 있다.

● **백투족**go back to past : 백투족은 의학의 도움으로 30대의 젊음과 건강, 외모를 되찾게 된 50대 중년층을 일컫는 말이다. 탈모 · 주름 · 돋보기안경 · 뱃살 · 틀니 등으로 상징되던 50대는 이제 눈부시게 발전한 의학의 도움으로 20년 전 모습을 되찾을 수 있게 됐다.[25]

● **패스트 코스메틱스**fast cosmetics : 소비자 기호를 즉시 파악해 스타일을 재빨리 바꿔 내놓는 의류업계의 '패스트 패션'에서 파생된 말로, 최신 유행에 따라 빠르게 제작 · 판매되는 트렌디한 화장품을 일컫는 신조어다.[26]

● **효린 90초 효과** : 인간의 관계를 결정짓는 시간을 의미하는 용어로, 씨스타의 효린이 〈불후의 명곡〉에서 부른 '희야'를 통해 보여준 비언어적인 ABC(태도-Attitude, 보디랭귀지-Body language, 통일-Congruence)가 시청자를 비롯한 네티즌들을 사로잡았다는 데서 유래한 신조어다.

제 2 부

# 2012년 소비트렌드 전망

# 2012년의
# 전반적 전망

2012년은 온통 우려로 가득한 것 같다. 막연한 걱정이 아니다. 객관적인 사실만 보아도 2011년보다 별로 사정이 나아 보이지 않는다. 정치는 불안하고 경제는 요동치고 사회는 흔들린다. 선거를 치러야 하고, 정부와 민간의 부채는 늘고 있으며, 사회 변화의 휘발성도 높아졌다. 선·후진국을 막론하고 세계적으로 그렇고, 우리나라도 그렇다. 위기다.

하지만 위기가 심각하다는 것은 혁신에 대한 요구가 크다는 말도 된다. 작금의 문제 해결에 대한 사회적 공감대가 두터워지면서 진정성 있는 변화가 이루어지지 않으면 안 된다는 절박함이 그 어느 때보다 높아지고 있다.

2012년 한국인의 정치적 · 경제적 · 사회적 선택에 관심이 집중되는 이유다. 2012년은 아마도 한국의 모든 사회 주체가 새로운 패러다임을 모색하는 한 해로 자리매김할 것으로 예상한다.

그럼에도 낙관의 끈을 놓지 않는다. 대한민국은 언제나 위기 상황에서 더 잘해 왔다. 이번에도 그럴 것이다. 격렬한 변화가 예상되는 2012년, 우리 사회의 모습을 경제 · 예산 · 정치 · 사회 · IT와 미디어 분야를 중심으로 전망해 본다.


## 2012 경제 전망

문제는 역시 경제다. 전 세계적 현상이기는 하지만, 한국의 2011년 경제성적은 당초 예측치를 밑돌았다. 2011년 내내 세계경제는 유럽 재정위기와 미국의 신용강등, 이어진 중국과 신흥국들의 연쇄적인 부진으로 난항을 겪었다. 대외의존도가 높은 한국 경제에는 불리한 상황이 연이어 발생한 것이다. 글로벌 민간금융기관 연합체인 국제금융협회IIF는 2012년 글로벌 경제성장률 전망치를 4.0%에서 3.6%로 낮췄고, 특히 선진국 성장률 전망치를 당초 2.6%에서 1.8%로 하향조정했다. 상황이 신속히 개선될 가능성이 거의 없어 2012년 세계경제 침체가 더 심각해질 것이라는 우려 섞인 전망이 지배적이다. 우리 입장에서는 수출증가세의 상당한 둔화가 예고된 것이나 마찬가지다.

우리 내부의 건전성도 문제다. 가계뿐만 아니라 정부 및 지자체, 민간 기업의 부채가 수년째 계속 증가하고 있다. 2007년 말에 비해 2011년 6월말 기준으로 경제 3주체의 금융 부채는 36.0%(881조 6천억 원)나 급증했다.[1] 모든 경제 주체가 위태위태한 상태로 2012년을 버텨야 하는 상황인 것이다. 특히 가계가 처한 위험은 더 심각하다. 2011년 들어 가계 등 개인 부문의 가처분소득 대비 금융 부채 비율은 155.4%로 관련 통계가 나온 이래 최악의 수치를 기록했다.[2] 설상가상으로 연일 치솟는 물가는 안정될 기미를 보이지 않는다. 2011년 내내 소비자물가 상승률은 계속 상승곡선을 그렸다. 2012년에도 공공요금을 비롯한 각종 생활물가 상승이 예상되는 가운데 가계는 2011년보다 더 힘든 한 해를 보낼 가능성이 크다. 기업도 수출 부진과 내수 부진을 동시에 극복할 묘수가 시급한 상황이다. 더 큰 문제는 대외 리스크 취약성에 대한 해법을 내수 진작에서 찾는 방안도 고물가와 가계 부채로 인해 그 실효성이 크지 않다는 것이다.

대내외적 조건 악화로 한국 경제의 성장 동력도 최소한 정체되거나 약화될 것이라는 전망이 지배적이다. 한국은행에 따르면, 2010년 1분기부터 2011년 2분기 현재까지 분기별 GDP성장률은 계속 전년 동기 대비 감소추세다. 이런 추세는 2012년에도 크게 변하지 않을 것으로 보인다. 한국의 2012년 경제성장률은 2011년과 비슷하거나 낮을 것으로 예상된다. 지난 9월 국제기구 및 투자은행은 당초의 경제 전망치를 일제히 낮췄다. 국내 민간연구소의 전망치도 삼성경제연구소 3.6%, LG경제연구원 3.6%, 현대경제연구원 4.0%, 포스코경영연구소 3.8%로 2011년에 비해 낮았다. 한 가지

위안으로 삼을 수 있는 사실은 전 세계적으로 성장세가 둔화되는 상황에서, 우리나라가 다른 선진국과 비교해 그나마 양호한 편이라는 점이다.

거시경제의 불확실성은 이제 더 이상 일시적인 현상이 아닌 상시화된 현실이다. 대외 리스크는 우리 경제 주체가 손을 쓸 수 없는 외생변수이기 때문에, 모든 경제 주체가 고위험 환경에서도 쉽게 흔들리지 않아야 하지만 말처럼 쉽지 않다. 블랙스완Black Swan이라고 불리는 예기치 못했던 경제 위기 상황이 발생하면 그 파장이 국내 경제에 미치는 영향이 엄청나지만 그에 대한 예측이 쉽지 않다는 어려움이 있는 것이다.

뱅크오브아메리카 메릴린치는 2012년 글로벌 자산시장에서 7대 '꼬리위험tail risk'에 유의해야 한다는 보고서를 발표해 전 세계 투자자들의 주의를 환기시켰다. 꼬리위험이란 발생 가능성은 작지만 한번 발생하면 헤어나기 어려운 충격을 말한다. 어떤 사건의 확률분포가 정규분포를 이룬다고 할 때, 그 가능성이 양극단 지점(꼬리)에 있어서 발생 확률이 낮다는 의미에서 나온 말이다. 메릴린치가 경고한 7대 꼬리위험은 다음과 같다.[3]

1. 경기가 어느 정도 살아나 미국 정부가 금리를 인상하게 될 경우, 채권·금金과 같은 자산가치가 약세로 돌아설 가능성.
2. 시위와 폭동 등 사회적 불안이 발생해, 세계경제 성장을 방해할 가능성.
3. 세계경제 성장의 엔진인 중국이 부동산 시장이 붕괴해, 경기 침체에 빠질 가능성.
4. 그리스 디폴트(채무 불이행)가 전 세계로 전염될 가능성.

■ 국제기구 및 투자은행별 2012년 한국 경제성장률 전망

(단위:%)

| OECD | IMF | 아시아개발은행(ADB) | 골드만삭스 |
|------|-----|-------------------|-----------|
| 4.8 | 4.4 | 4.3 | 4.2 |
| 메릴린치 | 스위스연방은행(UBS) | 도이치방크 | 모건스탠리 |
| 4.6 | 2.8 | 3.9 | 3.6 |

자료 : 각 기관 보도자료 취합

■ 국내 주요 경제연구소의 2012년 경제 전망

| 기관 | 삼성경제<br>연구소 | LG경제<br>연구원 | 현대경제<br>연구원 | 한국개발<br>연구원 |
|------|------------------|----------------|----------------|----------------|
| 경제성장률(%) | 3.6 | 3.6 | 4.0 | 3.5 |
| 원/달러 환율(원) | 1,060 | 1,070 | 1,050 | 1,083 |
| 민간소비지출(%) | 2.7 | 3.2 | 3.4 | 2.6 |
| 소비자물가(%) | 3.4 | 3.2 | 3.5 | 3.4 |
| 실업률(%) | 3.5 | 3.7 | 3.6 | 3.7 |
| 경상수지(억 달러) | 96 | 114 | 130 | 144 |
| 무역수지<br>수출증가율(%)<br>수입증가율(%) | 11.9<br>13.7 | 9.4<br>12.6 | 14.0<br>16.0 | 10.2<br>12.2 |
| 금리(%,회사채수익률) | 4.4 | 4.7 | 4.0<br>(국고채수익률) | 4.7 |

자료 : 각 기관 보도자료 취합

5. 국가 간 무역 불균형이 심해지면서 글로벌 무역 전쟁이 벌어질 가능성.

6. 최근 뉴욕증시에서 대안투자처로 급부상한 상장지수펀드ETF가 부진에 빠질 가능성.

7. 각국 중앙은행이 막대한 유동성을 공급하면서 새로운 블루칩 버블(우량주 거품)이 발생할 가능성.


이들 모두 그 발생 가능성이 높지 않다고 해도 파급효과는 만만치 않은 리스크들이다. 물론 이러한 꼬리위험이 발생하지 않기를 바라는 마음이 크지만, 철저한 대비는 필요하다. 정부·기업·가계 등 경제 주체가 이러한 상황의 변화를 주시하고 효과적인 대책을 세울 수 있는 준비를 얼마나 잘 갖추어 놓느냐가 리스크로 가득한 2012년을 살아 남는 지혜가 될 것으로 보인다.


## 2012 나라 살림

2012년에도 정부는 예산 기조를 2013년의 균형재정 달성에 두고 (1) 일자리 확충, (2) 서민과 중산층을 위한 맞춤형 복지, (3) 경제활력 및 미래대비 성장동력 확충을 중점 지원할 예정이다. 2011년 12월 초 국회 승인이 남아 있지만, 지속되는 경제 불안으로 실업 문제와 복지수요가 중대한 사회적 과제인 만큼 정부 계획의 국회 통과는 무난할 것으로 보인다. 일자리 창출에

할당된 예산은 10조 1천억 원으로, 2011년 대비 38.9% 증액됐는데, 증액된 지원 항목은 청년 창업 활성화(110.8%), 고졸자 취업지원(14.2%), 문화·관광·글로벌 일자리(66.3%), 사회서비스 일자리(26.1%), 직접일자리 창출(5.5%), 고용서비스 인프라(5.4%) 등이다. 이에 일자리 확충 사업의 수혜자가 늘어날 것으로 기대되나, 더욱 중요한 것은 지속가능한 '괜찮은 일자리decent job'를 늘리는 것이다.

맞춤형 복지 예산은 25.2조 원으로 2011년 대비 21.0% 증액됐으며, 생애주기별 복지서비스 확충과 수혜 대상별 맞춤형 복지 프로그램이 더 강화될 예정이다. 전체적으로 복지 프로그램은 기존의 수혜액을 증액하거나, 수혜자 규모를 늘리는 방향으로 강화됐다.

경제활력 및 미래대비 예산은 61조 원으로 전년대비 8.1% 확대됐다. 경제활력 제고는 사회간접자본SOC 적정 투자 유지, 환경 투자 확대 및 지방재정 지원 중심의 지역경제 활성화와 중소기업·소상공인 지원 및 서비스산업 선진화, 돈 버는 농어업 육성 중심의 내수기반 확대 사업에 방점을 두고 있다. 이명박 정부 초기부터 강조되어 온 미래대비 투자 분야는 기존의 기조대로 녹색성장과 신성장동력 분야 연구개발 투자 및 인적자원 개발에 중점 지원된다.

# 2012 정치와 국제 정세

2012년이 다른 해와 달리 특별한 것이 있다면, 4월 11일의 총선과 12월 19일의 대선이 예정되어 있다는 것이다. 4년마다, 그리고 5년마다 치러지는 총선과 대선을 한 해에 모두 치르는 일은 매우 드문 경우다. 2012년은 대한민국의 근미래 향방이 결정될 중요한 해다.

섣부른 정치적 예상은 삼가고 싶지만, 우리 사회에서 정치적 변화가 소비자와 시장의 트렌드에 미치는 영향이 워낙 크기 때문에 선거에 영향을 줄 요인들을 중심으로 논점만 살펴보고자 한다.

먼저 많은 사람들이 손에 꼽는 이슈는 복지다. 예정에 없던 서울시장 선거를 다시 치르게 된 것도 복지 논쟁에서 출발한 것이었다. 복지는 사실 단순한 정책적인 문제를 넘어 정파의 이념과 국민생활이 가장 실질적으로 맞닿는 이슈이기 때문에 매우 정치적인 사안이다. 복지국가로 이행하는 길목에서 어떤 수준의 복지를 감당해야 하는가, 나아가 사회적 균형 분배를 얼마나, 어떻게 실현해갈 것인가 하는 점은 앞으로도 지속적인 논란거리가 될 것이다. 선거에서 복지 이슈는 바로 표심으로 연결된다. 국민의 복지 체감도는 아직도 낮고, 각 정당은 득표를 위해 복지를 늘릴 유인이 크다. 결국 재정 부담자와 분배 수혜자의 범위, 재원 확보 방안, 재정건전성과 지속가능성 문제를 둘러싼 입장차이가 핵심적인 정당 간 차별화 요인으로 작용할 것으로 보인다.

하지만 2012년의 양대 선거에서 가장 중요한 변수는 국민들이 보여준

우리나라의 트위터 사용률이 9% 정도인 시점의
2011년 10 · 26 재보선에 나타난 SNS의 영향이 그 정도였다면,
향후 10%, 20%대로 보급률이 높아졌을 때의 영향력은 짐작조차 하기 어렵다.
SNS 시대의 가장 중요한 키워드를 꼽으라면 역시
'자생 · 자발 · 자족'의 경향과 '진정성'의 힘이 커진다는 점을 들 수 있다.
많은 기업과 정당이 'SNS 특별대책반'을 가동하고 있지만,
호의적 의견의 확산은커녕 팔로어나 친구 확보조차 쉽지 않다.
SNS의 핵심인 자발성과 진정성을 얻는 것이 쉽지 않기 때문이다.

새로운 정치문화에 대한 희구다. 그동안 정치와 전혀 무관했던 안철수 교수에 대한 지지가 단기간에 폭발적으로 증가하고, 그가 지원했다는 이유로 지지율 3%대로 출발한 시민운동가가 서울시장에 당선된 사실은 시사하는 바가 적지 않다. 그동안 국민 생활과 나라 발전은 염두에 두지 않고 극단적인 정쟁政爭만을 지긋지긋하게 벌여온 기성정치에 대한 염증이 극에 달하고 있다. 유권자들은 새로운 매체를 통해 놀라운 정보력과 단결력으로 무장하고 있는데, 정치인들은 자기 정파와 이익집단의 이해관계에 포획되어 구태의연한 모습을 보여주었다.

시장은 지금 살벌하게 변하고 있다. 소비자의 요구에 맞추지 못하는 상품은 바로 퇴출된다. 정치 영역이라고 해서 결코 예외가 아니다. 소비자의 선택이 몇 년에 한 번씩 일어난다는 점이 다를 뿐이다. 선택의 주기가 길기

때문에 오히려 그 변화는 폭발적이다. 지난 4, 5년간 급변한 소비자(유권자)의 요구와는 거꾸로 갔던 시대착오적 상품(후보자와 정책)은 여야를 막론하고 이번의 양대 선거에서 철저하게 외면당할 것으로 보인다.

핵심은 진정성이다. 각 정당이 얼마나 참신하면서도 역량을 갖춘 인물을 발굴할 수 있느냐에 승패가 달려있다. 계파적 고려, 지역적 연고, 개인적 이득 등 사심私心이 들어간 공천은 철저하게 유권자의 외면을 받는다. 장기화 조짐을 보이고 있는 글로벌 경제위기에 대한 확실한 타개책과 더불어 나라 발전의 비전을 제시할 수 있는 새로운 인재들이 대거 정치권으로 입성하기를 기대한다. 희망컨대, 2012년은 대한민국이 향후 새로운 도약을 모색할 수 있는 새로운 피를 수혈하는 획기적인 전기轉機가 될 것이다.

국제 정치와 경제적 환경에 대한 국내 여건 못지않게 불확실하다. 서문에서 밝힌 바와 같이 현재 세계 각국의 경제 문제는 어느 한 나라만의 문제가 아니라 금융시스템에 의해 구조적으로 얽혀있기 때문에 유연한 국제공조가 이루어지지 않으면 해결하기 어려운 문제다. 하지만 내년은 러시아를 시작으로 스페인(3월)·멕시코(7월)·인도(7월)·미국(11월)·한국(12월)·터키(12월) 등에서 대선이 치러지고, 이와 함께 미국·프랑스·멕시코·슬로베니아 등은 우리나라처럼 총선 일정도 함께 잡혀 있어 글로벌 정치상황이 매우 복잡한 해이다. 이러한 상황에서 세계 각국의 지도자들이 세계경제 문제의 해결을 위한 대승적 공조보다는 자국 이기주의를 부르짖는 유권자들의 표심을 따라갈 확률이 높다.[4] 특히 각국에서 문제의 근본적인 해결보다는 당장의 증상 완화를 추구하는 포퓰리스트 정권이 집권하게 되면,

각국의 이해관계가 첨예하게 대립하면서 그 해결이 실타래처럼 엉켜버릴 우려도 상존한다.

북한의 동향 역시 우려스럽다. 2012년 김일성 출생 100주년을 맞아 소위 강성대국 진입을 준비해 온 북한에서 김정은으로의 권력 이양이 가속화되고, 한국의 양대 선거에 개입하고자 하는 의도 역시 커질 것으로 예상된다. 특히 리비아 등 독재 체제가 무너진 중동에서는 당분간은 혼란을 주시하면서, 더욱 '내부 단속'을 강화하게 될 것으로 보인다. 이러한 여건이 그 어느 때보다도 북한의 행동을 예측 불가능하게 만들고 있다. 외교와 대북관계에서 특히 철저한 대비가 필요한 한 해가 될 것으로 보인다.


## IT환경과 매체의 진화

우리나라의 스마트폰 가입자는 2011년 10월 현재 2천만 명을 돌파했고, 2012년에는 3천만 명을 넘어설 것으로 전망된다. 아이패드나 갤럭시탭 등의 태블릿PC를 보유한 소비자도 급증할 것이다. 무선인터넷 기반의 새로운 미디어 플랫폼이 완전히 대중화되는 것이다. 콘텐츠 서비스 중심의 모바일 비즈니스뿐만 아니라 기존의 오프라인 업체가 모바일로 소비자 접점을 확대하거나 서로 다른 사업 영역이 융합하는 새로운 형태의 비즈니스가 대거 성장할 것으로 기대된다. 기존의 취업시장이 아닌 새로운 기회로 눈을 돌리는 많은 청년들로 인해 1인 인터넷 기업의 성장과 함께 다양한 형태

2012년부터는 본격적인 '종편 시대'가 열린다. 소비자의 채널 선택권이 증가됨에 따라 경쟁이 격화되면 시청 형태나 관련 산업에 있어 전방위적인 변화가 예상된다.

의 크라우드 소싱crowd-sourcing과 오픈이노베이션open-innovation 확산이 기대된다. 특히 지금까지 시장을 주도했던 젊은 층만이 아니라 중장년 이상의 세대도 대거 이 시장에 합류하면서 뉴미디어 플랫폼의 대중화 시대가 열릴 것이다. 따라서 모바일 비즈니스 업계에서는 이들의 니즈와 기대에 부합할 수 있는 콘텐츠와 서비스를 준비해야 할 것이다.

사실 스마트폰의 보급이 늘어난다는 것은 트렌드의 형성과 전파라는 측면에서는 단순한 양적 변화에 머물지 않는다. 스마트폰과 함께 소셜 네트워크 서비스SNS 역시 보급률이 높아지게 되는데, 이 빠르고 광범위한 자발적 매체의 확산은 커다란 파급효과를 갖기 때문이다. 우리나라의 트위터 사용률이 9% 정도인 시점의 2011년 10·26 재보선에서 나타난 SNS의 영향이 그 정도였다면, 향후 10%, 20%대로 보급률이 높아졌을 때의 영향력은 짐작조차 하기 어렵다. 체감이 쉽도록 선거의 예를 들었지만, SNS의 확산은 다른 영역에서도 트렌드의 형성과 전파에 큰 작용을 한다.

본서가 2012년의 10대 키워드로 선정한 'DRAGON BALL' 도 사실은 SNS 시대의 여파 아래 놓여 있는 것이 많다. SNS가 발달하면 소비자들이 과잉으로 연결되고 많은 정보에 노출되기 때문에 더욱 스마트하게 선택할 수 있는 가능성과 더욱 감정적 판단에 매몰될 가능성이 동시에 높아진다. 그 결과, 과잉정보 속에서 '주목' 을 받아야 한다는 위기감이 고조되고, '마이너' 들이 빛을 볼 가능성을 더 많이 갖게 되고, 위기상황의 확산이 더욱 빠르고 광범위해지면서 '위기관리' 의 필요성이 커지고, '차선책' 을 선택하는 데 제약이 없어지고, 오히려 과잉 연결 속에서 '스위치를 끄고 싶은' 열망이 강해지는 트렌드가 힘을 얻을 수 있다는 것이다.

하지만 역시 SNS 시대의 가장 중요한 키워드를 꼽으라면 역시 '자생 · 자발 · 자족' 의 경향과 '진정성' 의 힘이 커진다는 점을 들 수 있다. 많은 기업과 정당이 'SNS 특별대책반' 을 가동하고 있지만, 호의적 의견의 확산은 커녕 팔로어나 친구 확보조차 쉽지 않다. SNS의 핵심인 자발성과 진정성을 얻는 것이 쉽지 않기 때문이다. 본서가 올해의 키워드 중 첫 번째로 '진정성' 을 꼽은 것은 이러한 추세와 관계가 깊다. SNS를 통해 거의 모든 정보를 공유할 수 있게 된 상황에서, 진정성 없는 어떤 PR이나 마케팅도 힘을 가질 수 없게 됐다는 것이다.

PC와 휴대전화로 대표됐던 정보화시대의 풍경이 IT를 비롯해 BT(바이오기술), DT(디자인기술) 간의 컨버전스로 탄생한 다양한 스마트제품으로 풍성해지고 있다. 스마트 개념이 가장 먼저 적용되기 시작한 가전 분야부터 의류 · 자동차 · 가구(가구와 가전을 결합한 퍼니트로닉스furnitronics)[5] · 주택 등 스마트기술의 적용범위가 급속히 확장중이다. 구글이 모토로라를 인수함으로써 하드웨어와 소프트웨어의 결합으로 발생할 막대한 시너지 효과에 세상이 주목한 것처럼, 하드웨어만 가진 기업은 소프트웨어 시장에서, 소프트웨어를 가진 기업은 하드웨어 시장에서 2012년에는 새로운 고객가치와 시장지배력을 창출할 수 있는 기회를 향해 동분서주하는 모습을 쉽게 만날 수 있을 것이다.

2012년 12월 31일, 지상파 아날로그 방송이 종료되고 전면적인 디지털 방송 시대가 시작된다. 이미 울진 · 강진 · 단양 · 제주도에서는 디지털방송 시범 사업이 이루어지고 있다. 아직 1년여 남은 시점이지만 2012년에는 디지털방송 시대 개막을 앞두고 디지털 스마트TV도 보급이 급격히 확산될 것으로 보인다. 업체들이 시장을 선점하기 위해 마케팅에 더욱 전력할 것이고 더 많은 소비자들이 달라질 시스템에 대비하는 마음으로 디지털TV에 관심을 둘 것이기 때문이다.

결국 핵심은 언제나 그렇듯이 소비자를 사로잡을 콘텐츠다. 하드웨어는 쉬지 않고 진보를 거듭하지만, 소비자가 목마른 것은 항상 좋은 콘텐츠인 것이다. 2012년에는 TV 콘텐츠 시장의 격변이 예정돼 있다. 2011년 말부터 서비스를 시작하는 종합편성채널(종편) 때문이다. 조선일보 · 중앙일보 · 동아일보 · 매일경제가 운영하는 4개의 종합편성채널과 연합뉴스가 단독 운영하는 보도전문채널이 출범한다. 종편채널은 기존 지상파 방송이 제공했던 보도 · 교양 · 예능 · 드라마 등의 콘텐츠를 케이블 채널을 통해 방송하게 된다.

종편의 출범은 시청 행태나 관련 산업에도 변화를 불러일으킬 것으로 보인다. 종편채널 출범은 소비자 입장에서는 채널 선택권의 증가를 의미한다. 단기적으로라도 TV 시청 시간이 늘어나면서 TV의 소비자 시간점유율이 높아질 것으로 보인다. 이에 시청자의 관심과 광고주의 선택을 잡기 위한 채널 간의 경쟁은 더욱 뜨거워질 것이다. 이미 기존 지상파 채널을 중심으로 활동해오던 PD·작가·연예인 등에 대한 물밑 스카우트 경쟁이 진행 중이다. 방송 콘텐츠 시장이 커진다는 것은 방송 관련 프리랜서나 외주 제작사나 매니지먼트사 입장에서는 수요가 많아지는 것을 의미하므로 보다 나은 조건의 비즈니스가 가능해질 것이라는 기대도 해볼 수 있다. 하지만 경쟁이 격화되면서 선정성·폭력성·자극성 논쟁이 거세질 것이 우려된다. 채널 수의 증가가 "정작 볼 것이 없다"는 소비자의 푸념으로 바뀌지 않으려면 양질의 콘텐츠 확보 노력에 사력을 다해야 할 것이다.


## 2012 사회·문화 풍경

2012년을 채색할 또 다른 풍경은, 2011년부터 본격적으로 은퇴하기 시작한 베이비붐세대가 몰고 올 시장 변화다. 1955~63년에 태어난 베이비부머는 전체 인구의 14.6%를 차지하는데, 이들의 퇴직이 본격화되면 매년 44만 명 수준이던 정년 연령(55세) 인구는 연간 80만 명으로 두 배 정도로 늘어난다.[6] 베이비부머의 수적 규모와 100세를 바라보는 기대여명을 고려할 때 이들이 형성할 시장은 실로 대단한 것이다. 여러 분야의 기업이 베이비부머의 욕구를 분석해 시장을 선점하기 위해 한층 분주해질 것이다. 이미 보험사를 중심으로 금융 분야에서는 은퇴자에 특화된 상품 출시가 활발하다. 은퇴한 베이비부머들이 대거 창업에 뛰어들 것으로 예상되면서 창업컨설팅이나 프랜차이즈 사업, 부동산임대업의 움직임도 가빠지고 있다. 베이비부머의 늘어난 여가시간을 채워줄 교육 · 문화 · 레크리에이션 · 여행 산업도 약진이 기대되는 부문이다.

2012년에는 런던 올림픽이 예정돼 있다. 스포츠가 국민의 삶에 윤활유 역할을 할 것으로 보인다. 김연아와 박태환을 잇는 새로운 스포츠 스타의 탄생이 기대된다. 기업들의 스포츠 마케팅이 더욱 활성화되겠지만, 전통적으로 올림픽은 월드컵에 비해 파급력과 집중도가 약한 편이고, 영국과 한국의 시차가 커서 그 영향은 베이징 올림픽 때보다는 그 열기가 상대적으로 강하지 않을 것으로 전망된다. 그러나 참여스포츠에 대한 열기가 갈수록 고조되는 상황에서 런던 올림픽을 계기로 새로운 생활스포츠 종목이 바짝 인기를 누릴 가능성도 적지 않다.

또 다른 한편에서는 한국인의 정신건강 문제가 2012년의 주요 이슈로 부상할 것으로 보인다. 경제적 스트레스와 불공정한 사회구조에 기인한 불만의 누적은 더 이상 일부 계층의 문제로만 머물지 않고, 전 계층의 문제로 확대되고 있다. 이는 무엇보다도 절대적 빈곤과 상대적 빈곤 문제가 동시에 심각해진 탓이 크다. 불합리하고 불공정한 시스템과 기득권, 편법이 여

베이비부머의 수적 규모와 100세를 바라보는
기대여명을 고려할 때 이들이 형성할 시장은 실로 대단한 것이다.
여러 분야의 기업이 베이비부머의 욕구를 분석해 시장을 선점하기 위해
한층 분주해질 것이다. 이미 보험사를 중심으로 금융 분야에서는
은퇴자에 특화된 상품 출시가 활발하다. 은퇴한 베이비부머들이
대거 창업에 뛰어들 것으로 예상되면서 창업컨설팅이나 프랜차이즈 사업,
부동산임대업의 움직임도 가빠지고 있다.

전히 통하는 사회에 대한 좌절과 분노도 문제다. 증가일로에 있는 자살률
은 한국인의 정신건강에 제대로 적신호가 켜졌음을 방증한다. 한국인의 정
신건강 증진을 위한 공공과 민간 부문 모두에서의 전문적이고 섬세한 프로
그램에 대한 수요가 높아질 것으로 보인다.


## 무엇이 소비자를 감동시킬 것인가

무엇이 2012년의 소비자를 감동시킬 것인가? 예상되는 전반적인 경제·사
회적 분위기로 볼 때, 대체로 소비심리가 냉각된 상태로 한 해를 지낼 가능
성이 높다. 어지간해서는 지갑을 쉽게 열지 않을 것이다. 전 세계에서 가장
까다롭기로 정평이 나 있고, 게다가 사회적 분노마저 팽배한 한국의 소비

자를 과연 무엇이 위로하고 감동시킬 수 있을 것인가?

연중 내내 전 세계적으로 열기를 더해갈 한류 문화 소식이나, 런던 올림픽에서 전해올 승리의 드라마가 일시적으로나마 위안이 되어줄 수 있을지는 모른다. 하지만 지금 이 땅의 소비자들이 진정 원하는 것은 그들 자신의 필요와 문제에 대한 진정어린 공감이라고 보인다. 2012년의 소비자가 진정으로 원하는 공감의 본질이 과연 무엇인지, 10개의 키워드를 통해 상세히 들여다보자.

# 2012년 소비트렌드 키워드

# DRAGON BALL

"흑룡의 여의주를 갖는 자, 세상을 얻을 것이다"

TREND KOREA

## DRAGON BALL

| | | |
|---|---|---|
| **D** | Deliver true heart | 진정성을 전하라 |
| **R** | Rawganic fever | 이제는 로가닉 시대 |
| **A** | Attention! Please | 주목경제가 뜬다 |
| **G** | Give'em personalities | 인격을 만들어 주세요 |
| **O** | Over the generation | 세대 공감 대한민국 |
| **N** | Neo-minorism | 마이너, 세상 밖으로 |
| **B** | Blank of my life | 스위치를 꺼라 |
| **A** | All by myself society | 자생 · 자발 · 자족 |
| **L** | Let's 'plan B' | 차선, 최선이 되다 |
| **L** | Lessen your risk | 위기를 관리하라 |

2012년은 임진년이다. 임진왜란壬辰倭亂이 발발했던 1592년의 그 임진년이다. 임壬은 검은 색을, 진辰은 용을 의미하니, 내년은 흑룡黑龍의 해다. 용은 12간지 중 유일하게 실존하지 않는 상상의 존재다. 그만큼 상징적 의미가 강한 동물이다. 용안(龍顔, 임금의 얼굴), 곤룡포(袞龍袍, 임금의 옷), 용비어천가 등의 예에서 보듯이 용은 임금을 상징한다. 또 용은 비바람과 변화를 부르는 것으로 알려져 있다. 전 세계 29개국이 대권을 교체하는 등 정치·경제·사회적으로 격변의 비바람이 예고돼 있는 2012년에 용보다 더 어울리는 아이콘을 찾기는 어려울 것이다.

## 드래곤볼의 의미

중차대한 총선과 대선, 그리고 글로벌 경제 위기를 목전에 두고 기대와 염려가 교차하는 시점에서, 격랑기의 트렌드 키워드를 선정하는 데 그 어느 때보다 어려움과 긴장감이 컸다. 서울대 생활과학연구소 소비트렌드분석센터는 2007년 돼지띠 해의 'GOLDEN PIGS', 2008년 쥐띠 해의 'MICKEY MOUSE'처럼, 그해의 간지干支에 맞춘 동물을 활용해서 키워드의 첫 글자를 맞춰왔다. 이 조합어는 단지 그해의 띠 동물을 담을 뿐만 아니라 그것이 한 해의 성격을 함축하고 나머지 10대 키워드를 아우르는 하나의 의미를 지닐 수 있도록 만들고자 노력했다. 예를 들면 경기 불황이 예상되던 2009년에는 "성장성보다는 안정적인 현금 창출이 중요하다"는 의미에서 'BIG

여의주, 소원을 이루어주는 구슬.
누구든 이것을 원하지 않는 사람이 있을까?
여의도와 청와대 입성을 꿈꾸는 정치인, 사업이 대박 나기를 바라는 사업가,
승진과 승급을 원하는 직장인, 성적이 오르기를 기대하는 학생들에 이르기까지,
무슨 소원이든 이루어준다는 드래곤볼은 모든 이의 꿈이다.

CASH COW'를, 다수의 경제학자들이 더블딥(Double Dip, 2중의 경제 침체)을 걱정하던 2010년에는 "그래도 호랑이처럼 날아오르는 대한민국 경제를 기원한다"는 마음에서 'TIGEROMICS'를 키워드로 제시했던 것이다. 실제로 2009년에는 경기 침체가, 2010년에는 경기 호전이 뒤따랐다. 2011년에는 소비자들의 요구가 날이 갈수록 까다로워지는 시장 상황을 반영하여 "두 마리 토끼를 잡아야 한다"는 의미로 'TWO RABBITS'를 키워드로 정했다.

그렇다면 세계적으로 정치와 경제 분야에서 격변이 예고되는 2012년 용 띠 해에 어울리는 키워드의 조합으로 무엇이 적절할 것인가? 용이 들어가는 수많은 단어를 두고 두루 고민한 끝에 우리가 선정한 단어의 조합은 바로 '드래곤볼DRAGON BALL'이다.

〈드래곤볼〉은 일본의 토리야마 아키라가 1984년부터 1995년까지 연재한 만화와 이를 원작으로 한 애니메이션의 제목이다. 단행본 42권으로 구성된 만화는 일본에서만 약 1억 5천만 부, 24개국에서 약 2억 부 이상 판매됐으며, 애니메이션은 40개국에서 상영된 것으로 추산된다. 중국의 '서유

기'를 현대적으로 재해석한 이 만화는 손오공이 드래곤볼이라고 하는 7개의 구슬을 모으면 용신龍神이 나타나 어떤 소원이라도 들어준다는 내용을 주축으로 하고 있다. 주인공 손오공이 부르마, 야무챠, 무천도사 등과 함께 이 드래곤볼을 찾으러 떠나는 모험과 그 과정에서 벌어지는 전투가 주된 이야기다. 드래곤볼 7개를 다 모으면 신룡이 나타나 소원을 들어준다.

민화民畵에서 용 그림을 자세히 보면 턱 아래에 작은 구슬이 있는데 이를 여의주라고 한다. 이것을 가지면 무엇이든 만들어낼 수 있는 영묘한 구슬이다. 만화 드래곤볼은 아마도 이 여의주에서 영감을 얻었을 것이다.

여의주, 소원을 이루어주는 구슬. 누구든 이것을 원하지 않는 사람이 있을까? 여의도와 청와대 입성을 꿈꾸는 정치인, 사업이 대박 나기를 바라는 사업가, 승진과 승급을 원하는 직장인, 성적이 오르기를 기대하는 학생들에 이르기까지, 무슨 소원이든 이루어준다는 드래곤볼은 모든 이의 꿈이다. 60년 만의 흑룡띠라는 2012년, 모든 분들이 자기 소원을 들어줄 수 있는 드래곤볼을 모으시라는 축원을 담고, 여의주라는 의미도 가지고 있는 '드래곤볼'을 올해의 키워드로 삼았다.


## 어떤 소원을 빌 것인가? 10대 키워드의 맥락

만화 〈드래곤볼〉에서 용신을 부르기 위해 모아야 하는 드래곤볼은 7개였지만, 이 책에서 독자들의 성공을 위해 선정한 키워드는, 늘 그랬듯이, 모두 10가지다. 각 키워드의 명칭과 의미는 책의 본문에서 설명하도록 하겠지만, 그 저변을 관통하는 공통분모를 이야기하라면 '불확실성의 시대, 혹독한 경쟁에서 살아남을 수 있는 설득과 공감 능력' 을 꼽고 싶다.

'설득과 공감 능력' 은 비단 2012년뿐만 아니라 사회생활에서 성공을 거두려면 언제나 필요한 덕목이다. 선거에 출마하거나, 사업을 벌이거나, 조직을 관리하거나, 결국 자기 유권자 · 고객 · 내부 구성원과 공감하고 설득하지 않으면 안 되기 때문이다.

하지만 사회의 불확실성이 커지고 경쟁이 날로 치열해지면서 이러한 공감과 설득은 갈수록 더 힘든 과제가 되고 있다. 2012년의 키워드 'DRAGON BALL' 은 이에 대한 보다 구체적인 방안을 모색한다. 먼저 2012년에는 전장前章에서 살펴본 바와 같이 국내뿐만 아니라 국제적 불확실성이 그 어느 때보다도 높아지고 있기 때문에 언제 어디서 돌발적인 위기가 발생할지 모른다. 〈Lessen your risk〉는 이러한 상황에서 상시적으로 관리해야 하는 리스크의 본질과 대책에 대해서 설명한다. 두 번째 환경적 특성은 소셜 네트워크의 확산과 종합편성채널을 비롯한 새로운 매체들의 대거 등장과 함께, 원래 치열했던 경쟁의 양상이 보다 더 세분화되고 복잡해지고 있다는 것이다. 이러한 상황에서 〈Attention! Please〉가 말하는 바와 같이 가장 중요한 것은 일단 소비자의 주목을 끄는 것이다. 주목받지 못하면 그것으로 끝인 세상, 이른바 '주목경제' 시대의 도래다.

나아가 소비자들도 변했다. 막강한 정보와 네트워크로 무장한 스마트 컨슈머들은 기업과의 전쟁에서 서서히 주도권을 잡아가고 있다. 이제 똑똑하고 적극적인 소비자들은 웬만한 문제가 생기면 바로 차선책을 찾거나 그도 여의치 않으면 스스로 해결한다. ⟨Let's 'plan B'⟩에서 논의하듯이 차선의 대안을 찾아 나설 만큼 변화에 대한 두려움이 없고, ⟨All by myself society⟩가 설명하듯이 자생 · 자발 · 자족적인 성향이 강해졌다. 똑똑한 소비자들은 이제 더 이상 주어지는 대안에만 만족하지 않는다. 풍부한 정보와 네트워크를 기반으로 자체적인 판단력을 중시하는 이들은 신생의 비주류 브랜드라도 망설이지 않고 선택한다. 이런 소비자들을 지원 세력으로 하여, ⟨Neo-minorism⟩에서 이야기하듯이, 2012년에는 신생 · 비주류 브랜드들이 그 어느 때보다도 큰 기회를 가지게 될 것이다. 더구나 요즘 소비자들은 문화적 감성과 취향의 수준이 연령을 불문하고 높아지면서 세대를 막론하고 공감을 얻어내야 하는 과제를 안겨주고 있다. 특정 세대만을 겨냥해서는 절반만 건질 가능성이 높다. 세대를 아우르는 매력이 없으면 선택받기 힘들어진 것이다. 이에 대해서는 ⟨Over the generation⟩에서 자세히 논의한다.

새로운 기술은 어지럽게 등장하고 그에 따라 사회는 급박하게 변화한다. 이러한 기술과잉의 스트레스 속에서 소비자들은 나름대로의 도피처도 찾게 될 것이다. ⟨Blank of my life⟩에서 묘사하는 바와 같이 생활 속에서 여백을 두고 다소 천천히 가려는 움직임이 커질 가능성이 높다. 상품을 선택할 때에도 첨단 기술보다는 쉽게 구하기 어려운 자연산 천연 성분에 큰 관심을 가지는 등의 변화가 나타날 것으로 보인다. ⟨Rawganic fever⟩에서는 오가닉을 넘어 로가닉으로 이동하는 소비 변화의 흥미로운 움직임을 들여다본다. 나아가 상품을 그냥 무생물로 보는 것이 아니라 인격을 부여하며 친구처럼 대하는 태도가 늘어나면서 의인화되는 브랜드 및 상품, 조직이 많아질 것으로 보인다. 〈Give' em personalities〉에서 논의하듯이, 기술 만능의 시대에는 무생물에도 인격이 필요해진다.

다양한 방법들을 알고 있고 또 실행에 옮긴다 해도, 설득과 공감을 얻기 위해 이 모든 것의 바탕이 되어야 하는 것은 바로 '진정성'이다. 영민해진 유권자와 소비자는 이제 뒤에 숨은 의도를 귀신같이 찾아낸다. 무엇이 진정이고 무엇이 아닌지 금방 구별해낼 수 있는 것이다. 후보자든 기업이든 이제 진심이 아니면 아무 것도 움직일 수 없다. 화려한 메시지보다는 진심이 담긴 마음, 상대방의 입장에 서는 공감에 기반을 둔 진정성만이 통한다. 〈Deliver true heart〉를 올해 키워드의 첫 번째로 꼽은 이유다.


## 격랑이 예견된 한 해를 맞으며

"개천에서 용 났다."

언제부터인가 이 말이 옛이야기가 되어버렸다. 분명 개천에서 용이 나던 시절이 있었다. 맨손으로 시작해 세계 최고의 기업을 세우고, 근근이 먹고 살면서도 어렵게 키운 자식들이 그래도 나름대로 사회에서 자리를 잡았다. 하지만 경제는 발전했다는데 어느덧 개천에서 용 나기 어려운 세상이 되어버렸다. 사회는 주류와 비주류로 나뉘고, 시간이 갈수록 그 격차는 넘기 어려운 골로 변했던 것이다.

다시 변화의 조짐이 보인다. 점차 비주류의 목소리가 커지고 세상을 바꾸는 조용한 힘으로 성장하고 있다. 메이저의 권위가 흔들리고 성역이 허물어지면서 마이너가 힘을 얻어간다. 소비자가 점차 실권을 잡아가는 것도 이런 현상의 일부이다. 신생 비주류 브랜드가 시장을 지배하던 메이저 브랜드와 당당히 경쟁하고 대로는 이기는 재미있는 세상이 오고 있다. 이 흥미진진한 '마이너의 약진'이 21세기의 "개천에서 용 난다"가 아니고 무엇이랴.

12간지 중에서도 용은 가장 대표적인 성공의 상징이다. 서두에서 이야기한 임진년의 진辰은 용의 특징을 그대로 닮아 활기 있게 기상하는 형상이라고 한다. 시간으로는 오전 7-9시, 달로는 음력 3월이다. 용트림을 하며 힘차게 비상飛翔하는 모양새이자, 시기이다. 참으로 힘찬 한 해가 되지 않겠는가?

2012년은 대한민국이 다시 용의 승천을 보일 수 있는 계기가 되리라고 믿는다. 눈부신 속도로 진화하는 기술과 그에 따라 급변하는 글로벌 환경은 사실 변화 대처능력이 세계에서 가장 탁월한 한국인들에게는 상대적으로 하나의 기회가 될 것이다.

격랑의 시대, 역동의 시대에 우리 모두의 소망을 시원하게 들어 줄 2012년 여의주의 키워드, DRAGON BALL의 의미를 하나씩 자세히 살펴보도록 한다.

# Deliver true heart
## 진정성을 전하라

●

겉치레의 시대는 가고 진정성의 시대가 왔다. 거짓과 과장이 난무하는 세상에서 소비자들은 진실된 마음, 즉 진정성에 목말라 한다. 이제 진정성을 전달해야만 소비자든 유권자든 관심을 받을 수 있고, 그 관심이 공감과 감동으로 승화됐을 때 비로소 그들의 선택을 얻을 수 있게 된 것이다. 매체 과잉으로 정보의 사회적 신뢰가 떨어지고 체험경제하에서 소비자가 느끼는 진실성이 중요해지면서, 과거 어느 때보다도 진정성이 선택의 중요한 요소로 등장했다. 진정성이란 다른 것이 아니다. 일관되고 확고하게 자기 정체성에 충실하여 겉과 속이 다르지 않으며, 소비자들이 자신의 체험에서 우러나와 공감할 수 있을 때 진정성을 획득할 수 있다. 격동의 2012년, 소비자와 유권자의 마음을 얻기 위해서는 진정성이 핵심 요소로 작용할 전망이다.

●

**DRAGON BALL**

TREND KOREA

저低신뢰 사회에서는 정보의 가치가 낮아지므로
정보의 내용 자체가 아니라 오직 그것을 믿을 수 있는가의
여부만이 중요해진다. 그래서 정보의 내용이 무엇이건 간에
일단 믿을 수 없는 것이라고 낙인이 찍히는 순간
고려 대상에서 완전히 제외된다.


무릇 사람의 마음을 얻으려면 진심이 통해야 한다는 것은 만고의 진리다. 진심은 결코 억지로 만들어지지도, 전해지지도 않는다. 소비자는 상식과 원칙이 제대로 지켜지지 않고 연출과 가식이 횡행하는 사회에서 본질과 무관한 모든 것에 거부감을 느끼기 시작했다. 이처럼 과잉에 지친 소비자를 감동시키기 위해서는 그들이 원하는 것 그 자체의 본질에 충실해야 한다. 겉과 속, 말과 행동, 포장과 내용물이 일치해야 한다. 진정성이 필요해진 것이다.

요즘 소비자들은 기업이든, 제품이든, 후보자든, 의심이 100% 풀릴 때까지 끊임없이 질문을 던지고 그 실체를 확인하고자 집요하게 파고든다. 혼자서 어려우면 함께 힘을 합쳐 그 진실성에 대한 검증에 나선다. 소비자들의 이러한 까다로운 검증은 단지 기업이나 제품에만 국한되지 않는다. 정부, 지방자치단체, 공공기관, 연예인 등 모든 사회 주체의 행동은 이제 결과뿐만 아니라 그 과정 역시 혹독한 검증을 받지 않으면 안 되는 세상이 됐다. 이제는 솔직해질 때다. 겉치레의 시대가 가고, 진정성의 시대가 왔다.

## 왜 진정성인가

사실 진정성이라는 화두는 그리 새로운 것은 아니다. 진정성은 그동안 자주 사람들의 입에 오르내렸고 매체에도 흔하게 등장한 단어다. 이러한 진정성에 대한 전략적 관심이 본격적으로 일기 시작한 것은 2000년대 이후다. 미래학·경영학·마케팅 등의 제 분야 일각에서는 소비경제 패러다임의 변화를 진단하면서 앞으로 진정성의 시대가 올 것임을 예언했다. 하지만 지금 이 시점에서 진정성이 더욱 크게 부각되는 이유는 신뢰의 위기, 체험경제로의 진전, 리얼리티의 중요성, 정보 매체의 발달의 4가지로 요약할 수 있다.

먼저 우리 사회에 전반에 걸쳐 나타나고 있는 현상인 '신뢰의 위기'를 들여다보자. 현재 우리 사회의 소비자들은 전방위적 불신에 시달리고 있다. 소비자가 다양한 네트워크를 통해 더 강한 정보력을 갖게 되면서 앎에 대한 욕구 또한 폭발적으로 늘었다. 그런데 그 결과는 이해와 존중이 아니라 실망과 분노로 돌아오는 경우가 허다하다. 말로는 원칙과 공정이 강조되지만, 정치인을 비롯한 사회 지도층 인사들의 위선적인 모습 등 사람들이 각자의 삶 속에서 경험하는 사회는 무원칙적이고 불공정한 일들이 지천이다. 시장은 얄팍한 상술로 가득 차 있다. 과자류의 과대포장이 심각한 수준에 이르자 한 소비자는 포장 상자와 실제 내용물의 차이를 보여주는 사진을 인터넷에 올려 대기업의 각성을 촉구하기도 하였다. 이에 대한 소비자의 질타가 이어지자 한 대형마트는 메이저 제과사와 손잡고 '착한 포장'

과자를 선보였다.

사회의 신뢰 수준이 낮아지면 소비자의 선택은 어떻게 변화하는가? 정보에 대한 신뢰가 낮아지면 의사결정자의 선택은 그것을 받아들이느냐 마느냐의 이분법적 문제로 단순화된다. 고高신뢰 사회에서는 정보의 가치도 그만큼 높아지므로 의사결정 시 고려해야 할 사항이 많아지지만, 저低신뢰 사회에서는 정보의 가치가 낮아지므로 정보의 내용 자체가 아니라 오직 그것을 믿을 수 있는가의 여부만이 중요해진다. 그래서 정보의 내용이 무엇이건 간에 일단 믿을 수 없는 것이라고 낙인이 찍히는 순간 고려 대상에서 완전히 제외된다. 이런 이유로 진정성은 저신뢰 사회인 대한민국에서 무엇보다 중요하다.

두 번째 이유는 전술한 신뢰의 위기에서 파생되는 '의미의 위기'다. 현대는 체험경제의 시대다. 시장에서 기대하는 소비자 만족의 양상은, 양적인 만족에서 기능적 만족으로, 기능적 만족에서 서비스 만족으로, 그리고 서비스 만족에서 체험적 만족으로 이행하고 있다. 체험경제 속의 소비자는 상품의 경제적 가치는 낮게 평가하는 반면 체험적 가치에 대해서는 높이 평가한다. 그런데 상품의 체험적 가치는 소비자

"질소를 샀더니 과자를 준다"며 농담으로 넘겨온 과자류 과대포장 문제를 파고든 한 소비자가 만든 동영상이 결국 긍정적인 변화를 이끌어냈다. 이제 소비자들은 더 이상 상식과 원칙이 지켜지지 않는 상황을 가만히 보고만 있지 않는다.

에게 그것이 공허한 약속이 아니라, 진짜 현실임을 인정받을 때에만 생명력을 얻을 수 있다. 그래서 진정성이 소비 가치의 중심으로 이동할 수밖에 없는 것이다.

체험경제는 의미에 대한 감정이입과 공감의 경제다. 그래서 '의미'가 중요하다. 소비자들은 의미를 부여할 수 있을 때, 어려운 경제 상황에서도 지갑을 연다. 의미라는 상징적 가치의 힘은 말도 안 되는 가격을 말이 되게 만들만큼 강력하다. 명품의 힘도 이러한 '의미의 독점'에서 나오는 것이다. 이런 이유로 제품이 가진 의미에 대한 서사storytelling는 현대 마케팅의 매우 중요한 요소가 됐다. 그러므로 그 의미가 거짓이라면, 소비자들이 느끼는 배신감은 의미 자체에 대한 불신으로 이어지게 된다. 더구나 그 소비가 현실의 벽에 부딪친 사람들이 위안과 대리만족을 얻기 위한 것이었다면 문제는 걷잡을 수 없이 커진다. 소비한다는 것이 의미에 대한 공감과 이를 통한 관계 형성의 일종이라면, 의미의 진실성을 해치는 모든 요소는 관계의 위기를 야기하게 되는 것이다.

세 번째 이유는 '리얼리티'의 힘이 커지고 있다는 사실에 기인한다. 소비자들은 완전히 '리얼'한 것에 익숙해져 있으며, 오직 날것 그대로의 리얼리티만을 진실의 보루라 믿는다. 위에서 설명한 마케팅 서사를 받아들일 때에도 꾸며진 이야기가 아니라 실제로 있었던 이야기, 아니 적어도 실제 있을 법한 현실적인 상황과 그 안에서의 사람에 대한 이야기여야만 몰입과 공감대 형성이 가능하다. 이는 사람들이 결과뿐만이 아니라 그 결과에 이르는 과정에 높은 가치를 두기 시작했다는 것을 의미한다. 달인 김병만이 아프리카와 동남아 정글로 날아가 원주민의 생활상을 체험하며 고군분투하는 상황에 시청자들의 눈길이 쏠리는 이유도 날것과 리얼리티에 대한 갈증 해소 욕구 때문이다.

소설이든, 드라마든, 영화든, 공감이 핵심인 엔터테인먼트의 영역에서는 주인공에게 자신의 감정을 이입하면서 주인공이 문제 해결의 모든 과정에서 느끼는 희로애락을 함께 경험하는 것 자체가 오락이고 치유다. 출연자들의 진면목을 직접 확인할 수 있는 리얼 버라이어티와 오디션 포맷이 오락 프로그램의 대세로 군림하는 이유는 여기에 있다. 카타르시스의 코드가 철저히 현실 그 자체에 뿌리박고 있는 것이다. 리얼리티를 해치는 모든 요소는 사람들의 의견과 감정을 조작하려는 의도가 개입된 것으로 간주된다.

마지막 이유는 언어를 통한 '소통의 위기'에서 찾을 수 있다. 최근 SNS 등의 보급이 확대되면서 소비자의 정보환경은 과거 어느 때보다도 좋아졌다. 그러나 매우 역설적이게도 요즘 우리 사회는 제대로 된 소통이 거의 이루어지지 않고 있다. 전술한 바와 같이 정보의 사실성에 대한 신뢰가 낮아졌기 때문이다. 이는 정보를 전달하는 매체에 대한 신뢰가 낮은 것과 관련이 깊다. 또한 사실이 확인되지 않은 정보를 무작정 퍼뜨리는 네티즌의 행태도 소통의 위기를 가중시키는 원인이 된다. 추측성 기사와 추측성 악성 댓글이 범람하는 인터넷과 SNS에서 다수의 소비자들에게 말과 글의 형태로 전달되는 언어적 정보의 사실 여부는 더 이상 중요하지 않다. 어쩌면 사실이 있는 그대로 전달되지 않는 구조적 상황에서 제대로 된 소통과 상호이해는 애초에 불가능한지도 모른다. 더구나 잘못된 정보로 인해 한번 낙인이 찍히면 이는 쉽사리 지워지지 않는다.

지금으로서는 이러한 언어적 소통의 위기가 단시간 내에 해소될 가능성은 낮아 보인다. 그렇다고 소통을 위한 노력을 포기할 수는 없다. 오히려 이런 상황일수록 어떻게 하면 소통다운 소통을 이루어낼 것인가를 고민해야 한다. 언어를 통한 소통이 녹록치 않은 상황에서 대안은 비언어적 소통이다. 즉, 말이 아니라 행동으로 보여주는 것이다. 말하지 않아도 알게 하고 이해하게 하고 공감하게 하는 힘이 있어야 한다. 진정성이란 듣기 좋게 꾸며낸 말보다 실제 모습과 구체적인 행동을 통해서 더 잘 전달되므로, 언어를 통한 소통의 위기는 오히려 진정성을 부각시킬 수 있는 다른 자원을 가진 이들에게는 호재다.

## 소비자는 무엇에서 진정성을 느끼는가

그렇다면 진정성이란 무엇인가? 소비자는 무엇에서 진정성을 느끼는가?

사실 요즘 진정성만큼이나 자주 쓰이면서도 그 정확한 의미가 불명확한 말도 드물다. 그만큼 진정성을 한마디로 정의하기는 어렵다. 진정성의 어원은 '너 자신 그대로To thine own self to be true' 라는 그리스 철학에서 유래한다. 다시 말해서 진정성이란 "내적 자아와 외적 자아의 괴리가 없는 상태"라고 할 수 있다.[1] 쉽게 설명하자면 "겉과 속이 다르지 않은 상태" 이다.

사전적으로 진정성에는 두 가지 뜻이 있다. 한 가지는 진실하고 애틋한 마음을 뜻하는 진정眞情이고, 다른 하나는 거짓이 없이 참되다는 의미의 진정眞正이다. 아마도 소비자가 원하는 진정성은 이 두 가지 의미를 모두 포함한 진정성일 것이다.

브랜드 진정성을 연구한 서상우(2010)에 따르면 일반적으로 진정성의 의미에는 성실sincerity, 신뢰trust, 진품성genuineness, 적법성legitimacy, 신용credibility, 독창성originality, 혈통pedigree, 전통heritage, 유일성uniqueness 등이 포함되어 있다고 한다. 이상에서 열거된 가치는 진정성과 동의어로 통용되기도 하고, 진정성을 인정받기 위해 갖추어야 할 조건으로 받아들여지기도 한다. 위 연구에 따르면 진품성은 대표적으로 '평판과 일치하는 명백한 품질 또는 성격을 실제로 가진 것', '실제로 알려진 출처나 작가에 의해 생산되거나 유래한 것', '참되게 느껴지거나 경험된 것'을 가리킨다.

이상의 논의를 종합하자면, 진정성이란 개념적으로 대상에 대한 정보와 대상의 실제 속성이 일치하며, 그것이 사회적으로 인정될 만한 정당성이 있고, 이 모든 것이 의심의 여지없이 사실일 때 얻어지는 가치를 말하는 것이라고 볼 수 있다.

그렇다면 소비자가 진정성을 느끼는 구체적인 포인트는 무엇일까? 다시 말해서 어떠한 조건에서 소비자는 진정성을 느끼는가? 여기에서는 다음의 두 가지 요소를 들고자 한다. 첫째, 일관되고 확고한 정체성이 전달될 때, 둘째, 소비자 관점에서의 경험적인 진실과 일치해 공감을 불러일으킬 때 소비자는 진정성을 느끼게 된다.

## 1. 일관되고 확고한 정체성의 힘

사람에 대한 진정성을 이야기할 때, 우리는 세태에 굴하지 않고 자신이 택한 길을 고집스럽게 고수해온 인물들을 떠올린다. 특히 그런 인물들이 진정한 실력자일 때, 그에 대한 대중의 신뢰는 더 커진다. 상업적인 논리로 움직이는 세상에서 일반적으로 외길을 고수하는 것은 큰 희생을 감수해야 하는 일이기에 더욱 그렇다. 소외됐던 분야의 실력자들이 재조명받을 때, 이들에게 환호하는 사람들의 마음속에는 묵묵히 자신의 길을 걸어온 그들의 삶의 진정성에 대한 존경과 그들을 진작 알아봐주지 못한 것에 대한 미안함이 담겨 있다.

2011년 대중문화계의 최대 이슈였던 MBC 〈나는 가수다〉는 시청자에게 '가수', 더 넓게는 '음악인'이라는 직업을 가진 사람들의 프로로서의 자세와 치열함을 엿볼 수 있는 기회를 제공했다. 자신의 영역에서 나름의 세계를 구축해온 프로 가수들의 노래를 통해 시청자는 뮤지션의 진정한 가치에 대해 다시 음미하게 되었다.

정체성의 중요성은 절정기를 구가하고 있는 오디션 프로그램의 경향에서도 찾아볼 수 있다. 이정아 · 이건율 · 버스커버스커 등 〈슈퍼스타K〉나 〈위대한 탄생〉에서 호평 받은 참가자들은 대부분 스스로 창작할 수 있는 능력을 가진 사람들이다. 이들은 스스로 작사, 작곡 또는 연주까지 할 수 있을 때에야 대중들에게 진정한 아티스트로서 인정받을 수 있음을 보여줬다. 대중들은 기존의 것을 모방하거나 약간 변형하는 수준을 넘어 무언가 새로운 것을 직접 만들어 낼 것을 요구한다. 진정으로 예술적 자질과 끼가 있고 이를 열심히 다듬어 마침내 무대에 나온 사람에 대중은 열광한다는 것이다.

요즘 상종가를 치고 있는 오디션 프로그램에서도 마찬가지다. tvN의 〈코리아 갓 탤런트〉 출연으로 화제가 됐던 최성봉 씨는 상상하기도 어려운 험난했던 성장기를 보냈고, 오직 살기 위해 노래한다는 절절한 진정성을 전하며 시청자의 심금을 울렸다. 음악을 통해 위로받은 경험은 누구나 공감할 수 있는 바, 그가 노래하는 이유는 많은 이의 삶의 경험과 맞물리면서 감동을 배가시켰다.

이러한 상황에서 정체성이 손상되는 것은 치명적이다. 유명 파워블로거가 공동구매를 진행하면서 업체로부터 상당한 액수의 판매수수료를 챙긴 사실이 보도되면서 파워블로거를 신뢰하던 많은 사람들을 허탈하게 했다. 파워블로거의 힘은 사람들에게 기업이 아닌 소비자의 입장을 대변하는 오피니언 리더로서 인식된 데서 나오는 것이다. 그동안 파워블로거의 힘을 통해 다수의 소비자들은 착한 가격으로 공동구매 이득을 보았고, 이로 인해 파워블로거가 소비자의 이익을 대변하는 존재라는 믿음은 더욱 강화됐다. 그러나 홍보비나 판매수수료 등의 명목으로 파워블로거가 거액의 수입을 올리고 또 이에 대한 세무조사를 받게 되었다는 소식이 전해지면서 파워블로거의 순수하던 이미지는 크게 훼손됐다. 순수한 목적의 블로거가 상업적으로 변질되면서 그 진정성은 땅에 떨어졌다.

진정성이 빛을 발하기 위해서는 정체성이 일관되고 확고하게 유지될 필요가 있다. 타고난 재능과 자율적 욕구가 사회적으로 기대되는 역할과 일

치할 때, 정체성은 가장 안정되고 견고해진다. 다른 목적을 위해 정체성을 쉽게 수단화하거나 정체성과 무관한 비본질적 요소로 훼손해서는 안 된다. 거짓된 정체성이나 급조된 정체성은 오히려 역효과를 부른다. 예를 들어 외식 분야에서의 원조 경쟁은 정체성을 파는 전략인데 과도한 원조 경쟁은 오히려 불신을 낳는 것과 같은 이치다. 원조를 주장하는 가게가 우후죽순처럼 생겨나면서 소비자는 원조를 더 이상 선택의 기준으로 삼지 않게 된다. 원조를 주장하던 모두가 피해자가 되고 만다.

## 2. 소비자 관점에서의 경험적 공감

진정성의 토양은 듣기 좋은 말이나 화려한 비전이 아닌 리얼리티, 즉 경험적 진실이다. 진정성은 소비자가 경험적으로 공감할 수 있을 때 비로소 살아난다. 몇 가지 예를 들어 보자.

'애정남(애매한 것 정해주는 남자)', '불편한 진실', '생활의 발견', '서울메이트', '사마귀 유치원', '두분 토론' ……. KBS의 코미디 프로그램 〈개그콘서트〉의 인기 코너들이다. 이들의 공통점이 무엇이라고 생각하는가? 모두 "맞아 맞아" 하면서 손뼉을 칠 수 있는, 소소한 일상에서 느낄 수 있는 공감을 불러일으키는 코너들이다. 다른 방송사에서는 코미디 프로그램들이 몰락하고 있는 상황에서 유독 〈개그콘서트〉가 10년 넘도록 한결같은 인기를 유지할 수 있는 비결은 '일상의 작은 공감'을 이끌어내는 꼭지에 있다고 보인다. 비루한 현실에서 누구나 겪었을 법한 소재를 정확하게 재현해낼 때 사람들은 폭소를 터뜨리는 것이다. 요즘에는 지나친 바보 연기나

**실제 있을 법한 현실적인 상황과 그 안에서의
사람에 대한 이야기여야만 몰입과 공감대 형성이 가능하다.
이는 사람들이 결과만이 아니라 그 결과에 이르는 과정에
높은 가치를 두기 시작했다는 것을 의미한다.**

엽기적인 분장보다는 이런 작은 공감에서 더 많은 유머코드가 발견된다.

2011년 드라마의 특징 중 하나는 이해하지 못할 캐릭터가 많이 줄었다는 점이다. 단순히 악역을 위한 악역인 소위 '모태 악역'이 사라졌다. 〈반짝반짝 빛나는〉의 황금란(이유리 분)이나 〈내 마음이 들리니〉의 장준하(남궁민 분)는 그들의 심정을 이해할 수 있기에 미워할 수 없는 악역 아닌 악역이었다. 〈보스를 지켜라〉에 등장하는 재벌들은 기존 재벌 드라마가 보여주었던 부정적인 캐릭터에서 벗어나 현실에 있을 법한 다양한 군상들로 그려져 시청자의 공감을 얻었다. 등장인물이 선과 악의 이분법으로 양분되기보다는 각 인물이 처한 상황에 따라 어떻게 입장이 달라질 수 있는지를 보여주면서 악역도 시청자들의 공감을 산 것이다. 이는 인물의 경험과 상황에 대한 설명이 주어짐으로써 캐릭터의 진정성이 살아났기 때문이다.

트렌드의 변화가 가장 빠른 광고계에서도 소비자중심적인 상황을 강조하는 흐름이 나타나고 있다. 지금 광고는 단순히 유명 연예인의 이미지를 내세우기보다는 소비자 관점을 강조하는 방향으로 진화중이다. 최근 삼성물산의 '래미안' 광고는 모델의 화려한 이미지만 보여주던 기존 형식을 과

감히 버리고, 배우 신민아 씨가 실제로 래미안에서 72시간 동안 살면서 보고 느낀 점 위주의 생활기를 담았다. 또한 대림산업의 'e-편한세상'은 아예 연예인 모델을 배제하고 아파트를 실제로 지은 사람들과 아파트 거주자라면 일상 속에서 누구나 느낄 수 있는 소소한 불편함과 편의에 대한 이야기 중심의 광고를 내보냈다. 이러한 대림산업의 시도는 광고업계는 물론이고 소비자 사이에서도 큰 호응을 얻었는데, 이는 메시지의 초점을 소비자가 관심을 가질 만한 상황으로 옮긴 덕분이다.

각종 매체가 발달하면서 사람들은 미디어를 통해 마치 실재 현실 세계에서와 같은 '관계의 친밀성'을 경험하게 되는데, 이는 미디어에 등장하는 모든 사람들과 개인적 관계를 맺는 유사사회적 상호작용para-social interaction 을 하기 때문이다. 다시 말해서 더 이상 연예인은 나와는 다른 세상에 사는 우상이 아니라 나와 친근한 존재이며, 정치인이든 연예인이든 나의 상황을 무시하면 안 된다는 생각을 갖게 된다는 것이다.[2] 매체의 발달로 인해 현대인들은 "나를 공감해주든지, 내가 공감할 수 있든지"에 대한 자기중심적 진정성을 다른 무엇보다 우선시하게 됐다.

이처럼 진정성은 화려하지만 무無맥락적인 이미지가 아니라, 소비자의 경험을 통해 알게 되거나 소비자가 관심을 갖고 있는 실제 맥락으로부터 나온다. 기업은 역지사지易地思之의 자세로 소비자가 아는 경험적 진실에 걸맞은 행보를 보여야 한다. 소비자 관점으로 바라본 세계를 이해할 때 문제의 맥락을 정확하게 읽을 수 있을 것이다.

# 진정성 전략

앞에서 살펴본 진정성의 개념과 조건이 소비자와 기업의 상호작용적 혹은 관계적 차원의 원리였다면, 이를 구체적인 제품과 마케팅에 접목시킬 수 있는 전략은 무엇인가? 과연 진짜라는 것을 어떻게 인정받을 것인가?

하버드 비즈니스 스쿨의 길모어Gilmore 교수와 파인Pine 교수는 『진정성의 힘Authenticity, What Consumers Really Want』(2007)에서 진정성 마케팅의 유형을 제시했다.[3] 그들의 연구에 따르면 진정성을 인정받을 수 있는 제품에는 다섯 가지 종류가 있다고 한다. (1) 인위적 요소가 배제된 천연 소재의 제품(자연적 진정성), (2) 지금까지 없었던 최초의 제품(독창적 진정성), (3) 기존 제품과

■ 길모어와 파인이 제시한 진정성 마케팅의 다섯 가지 유형

| 유형 | 사례 |
| --- | --- |
| 자연적 진정성<br>Natural authenticity | 100% 천연 유기농 제품 |
| 독창적 진정성<br>Original authenticity | 아이팟, 아이폰 |
| 특별한 진정성<br>Exceptional authenticity | 수제 햄버거, 슬로 푸드 |
| 연관성의 진정성<br>Referential authenticity | 테니스 선수였던 라코스테 창업주의 승부근성에 대한 광고 |
| 영향력 있는 진정성<br>Influential authenticity | '톰스 슈즈'의 공익마케팅 |

구별되는 특별함을 가진 제품(특별한 진정성), (4) 브랜드와의 연관 이미지를 진짜처럼 완벽하게 구현하는 제품(연관성의 진정성), (5) 경제적 이득을 넘어선 대의를 추구하는 제품(영향력 있는 진정성)이 그것이다.

물론 길모어와 파인이 제시한 5가지 유형만이 진정성 마케팅 전략이 될 수 있는 것은 아니다. 이들이 언급한 진정성의 맥락은 소비자에게 전해지는 진정성을 기준으로 기존의 마케팅 전략을 다듬고 개선할 필요가 있음을 시사한다.

무엇보다도 강조하고 싶은 것은 우선 기존의 제품 포트폴리오와 마케팅 믹스에서 비본질적인 요소를 과감히 걷어내야 한다는 점이다(〈Rawganic fever〉 키워드 참조). 과도한 연출 혹은 제품의 핵심 속성과 무관한 치장은 최대한 자제하거나 없애고, 제품 본연의 가치를 강조해야 한다. 소비자와의 커뮤니케이션에는 당연히 숨김이 없어야 하며 단순하고 상식적이어야 한다. 어떤 경우에도 소비자에게 눈앞의 이익에 급급한 모습을 보여서는 안 된다. 타사 제품이나 서비스를 모방하거나 소비자가 중시하는 가치와 무관한 비非맥락적인 대응을 하는 것 모두 진정성의 적이다. 당장의 수익성도 중요하지만 무엇보다도 소비자의 지지를 얻는 것이 우선이다. 열정이 아닌 목적만 보이는 것에 대해서 소비자는 아무런 감동을 느끼지 못한다. 눈앞의 이익을 좇아 남발되는 상술은 진정성을 해치는 지름길이다.

## 시사점

진정성의 문제는 비단 소비자와 기업 간의 관계에 국한되지 않는다. 정치인과 유권자, 기업과 기업, 리더와 조직원, 교사와 학생, 친구와 친구 등 우리 사회의 모든 관계가 어떤 면에서는 진정성의 위기에 처해 있다고 해도 과언이 아니다. 관계는 기본적으로 교환을 중심으로 성립된다. 그것이 물질적 교환이든, 정신적 또는 정서적 교환이든 간에 진정성에 대한 의심이 사라진 연후에야 모두가 '진정' 더 행복해질 수 있다.

두 번의 선거를 앞두고 있는 2012년에는 정책과 후보자의 진정성이 핵심적인 이슈로 떠오를 전망이다. 매체가 발달하고 시민의식이 진화하면서 후보자의 면면과 정책 공약에 대한 검증이 한층 깐깐해질 것이며, 후보의 당락에 결정적인 영향을 주게 될 것으로 보인다. 특히 지난 몇 년간 선거마다 등장했던 **메니페스토** 운동은 이번 선거에서도 매우 중요한 역할을 하게 될 것이다. 이러한 정책과 후보자 검증이 한국 정치의 고질병인 연고주의,

---

**메니페스토** menifesto

선거에서 후보들이 내놓은 공약의 실현 가능성을 따져보고 당선 후 공약을 지켜 나가도록 지속적으로 감시하는 참공약 시민운동을 뜻한다. 1834년 영국의 로버트 필 보수당 당수가 구체적인 공약의 필요성을 강조하며 처음으로 도입한 후, 1997년 영국 노동당의 토니 블레어가 메니페스토 10대 정책을 제시해 집권에 성공하면서 세상의 주목을 받게 됐다. 우리나라에서는 2006년 5·31 지방선거 때 '한국 매니페스토 실천본부'가 발족하면서 본격적으로 알려지기 시작했다.

지역주의, 거짓말 정치, 이념 과잉 등을 극복하고 성숙한 선거문화를 정착시키게 할 수 있을지 주목된다. 열쇠는 역시 후보자나 유권자 모두 얼마나 진정성 있는 선거를 치를 수 있느냐에 달려 있다고 할 수 있다.

과잉의 시대에 진정성에 대한 요구는 간단히 말해 그동안 간과됐던 본질적인 것들에 대한 갈망이다. 기업이든 정부든 후보자든, 본연의 정체성에 충실하고 말보다 행동으로 보여주면 된다. 지킬 수 있는 약속만 하고 실제로 이를 지키기만 하면 되는 것이다.

그러기 위해서는 고객과 유권자의 눈높이에서 상황을 바라보고 그들이 정말 필요로 하는 것을 직접 해결해주어야 한다. 소비자가 보편적으로 경험하는 진실을 정확하게 이해하고 그들이 가장 목말라 하는 욕구를 찾아 이에 정확하게 반응할 때, 소비자는 진정 이해받고 있다고 느낄 것이다. 진정성의 시대에 이제 경쟁은 타 기업을 앞서기 위한 것이 아니다. 본질을 추구하고자 하는 자기 자신과의 경쟁이다.

# Rawganic fever
## 이제는 로가닉 시대

●

단순한 오가닉은 더 이상 매력이 없다. 2012년 소비자들은 오가닉에서 한 걸음 더 나아가 천연 성분organic과 날것raw의 재료에 희귀성이 가미된 천연의 상태인 '로가닉rawganic'을 추구할 것이다. 이제 소비자들은 자신이 진정으로 추구하고자 하는 본질적 가치가 무엇인지에 대해 깊이 고민하기 시작했다. 이러한 소비자의 니즈를 제대로 읽어 진정한 로가닉 제품을 완성하고 싶다면 소비자들의 성취감과 우월감을 존중하는 희소가치로 접근해야 할 것이다. 또한 천연이 주는 깨끗함을 날 상태로 유지하는 것도 필요하다. 너도나도 로가닉을 부르짖을 때, 진정한 차별화를 이루기 위해서는 공감적 타당성을 얻을 수 있는 스토리에 주목해야 한다. 선거판에서도 '정치의 본질적 가치'가 무엇인가에 대한 유권자들의 본원적 물음이 제기될 것이다. 산업에서든 정치에서든 고객의 마음을 얻어야 하는 본질에 대한 고민 없이는 살아남기 어려운 세상이 됐다.

●

**DRAGON BALL**

TREND KOREA

**새롭게 부상하고 있는 로가닉이 기존의 오가닉과
다른 점이 있다면, 그것은 날것의 상태를 유지한다는 점이다.
즉, 천연이 주는 깨끗함을 날것 상태로 유지할수록
로가닉의 가치에 부합한다.**

에코, 유기농, 천연, 로하스, 웰빙, 친환경……. 어느덧 이런 단어들에 익숙해진 지 오래다. 소비자들의 건강에 대한 관심과 열풍으로 이러한 '오가닉(organic · 有機)' 관련 시장은 나날이 성장하고 있으며, 건강과 환경에 대한 책임이 중요하다는 인식도 무르익어 이를 적극적으로 실천하려는 소비자들이 늘어나고 있다. 친환경, 웰빙 트렌드가 진화하고 있는 가운데 이제 소비자들은 더 이상 단순한 오가닉에 매력을 느끼지 못한다. 자연에서 구한 것으로는 채워지지 않는 2%의 부족한 무언가에 대한 소비자의 욕구가 생겨난 것이다.

2012년 〈Rawganic fever〉 트렌드는 오가닉에서 한 걸음 더 나아가, 천연 성분과 날것의 재료에 희귀성이 가미된 천연주의 상태인 '로가닉(rawganic, raw+organic의 합성어)'을 추구하고자 하는 소비자의 행태를 뜻한다. 이제 오가닉에 식상해진 소비자들은 새로운 불로초인 로가닉을 찾아 나서고 있다. 로가닉은 구하기 힘들수록 가치가 있고, 천연 그대로가 가진 본연의 아름다움에 매료되며, 뼛속까지 신선하고 깨끗한 방식의 본질적 가치를 추구하는 것이다. 로가닉 삶은 사회 전반에 걸쳐 인공적이고 인위적인 생활 방식에 환멸을 느낀 소비자들에게 '천연의 기적'을 경험하게 해주는 신선한 치유법이 될 것이다.

한국 사회에서 **샹그릴라 신드롬**은 이제 이념과 세대를 초월한 메가트렌드로 자리 잡았다. 진시황도, 건륭황제도 이루지 못했던 불로장생의 염원을 수세기가 지난 지금 현대인들이 다시 꿈꾸고 있는 것이다. 늙기도 싫고 죽기는 더 싫은 인간의 오랜 욕망은 그 방식이 달랐을 뿐 예나 지금이나 같다. 진시황이 영생永生을 위해 그토록 불로초를 찾아 헤맸듯 이제 현대인들은 좀 더 세련된 방식으로 샹그릴라의 로가닉 제품을 찾아 나서고 있다.

## 왜 '로가닉'인가

로가닉 제품의 가장 큰 특징은 천연 희귀 성분을 함유하고 있다는 것이다. 오늘날 소비자들이 이런 성분에 열광하는 이유를 살펴보면, 먼저 소유하기 어려운 제품일수록 갖고자 하는 욕구가 더욱 커지고, 소유했을 때의 만족

---

**샹그릴라 신드롬**Shangri-La syndrome

1933년 출판된 제임스 힐턴의 소설 『잃어버린 지평선』에 등장하는 샹그릴라는 평생 늙지 않고 영원한 젊음을 누릴 수 있는 가상의 지상낙원으로 묘사되는데, 여기서 샹그릴라 신드롬이라는 말이 생겨났다. 샹그릴라 신드롬은 노화를 최대한 늦추고 젊게 살고자 하는 사람들이 많아지는 사회적 현상을 가리키는 말이다.[1]

도 역시 크다는 점이다. 이는 남들보다 우월한 위치에 서고 싶어 하는 인간의 우월욕망, 즉 '메갈로티미아' 때문이다. 로가닉 제품은 이러한 인간의 메갈로티미아를 충족시켜줄 희소성을 갖고 있어 사람들의 소유욕을 자극한다는 것이다.

이를 경제학적 시각에서 보면, 로가닉 제품에는 희소성의 법칙이 적용된다는 점을 들 수 있다. 희소성으로 어필해 성공한 제품은 우리 주변에서 쉽게 찾아 볼 수 있다. 여성들의 로망이 된 샤넬 백, 결혼 예물의 대명사로 자리잡은 다이아몬드, 천정부지로 치솟는 유명 화가의 작품, 명품 브랜드의 스페셜 에디션 등은 희소성을 무기로 인기를 끄는 제품들이다. 로가닉 제품 역시 세상에서 보기 드물수록, 구하기 어려운 성분이 포함될수록, 정제 과정이 복잡하고 힘들수록 소비자들의 희소성에 대한 욕망을 더욱 자극한다. 로가닉 성분의 희귀성은 아무나 가질 수 없는 소수의 전유물로 인식되며 소비자들의 구매 욕구를 자극한다.

또 다른 이유는 원초적인 것에 대한 갈망이다. 산업화가 진행되고 기술이 선진화되면서 그에 따른 부작용 역시 심각한 현실이다. 환경오염을 피

**메갈로티미아** megalothymia

미국 존스홉킨스 대학의 교수이자 정치 · 경제 철학자인 프랜시스 후쿠야마는 『역사의 종말』에서 인정받고 싶다는 인간의 욕망, 즉 '티모스thymos'를 두 가지로 구분한다. 하나는 남들보다 우월한 위치에 서고 싶다는 '우월욕망'인 메갈로티미아megalothymia고, 다른 하나는 최소한 남들과 동등한 입장에서 평가받고 싶어 하는 '대등욕망'인 이소티미아isothymia다.[2]

부로 느끼며 건강과 안전에의 위협을 체감하고 있는 소비자들은 이제 시원 始原에 대한 향수를 느끼고 있다. 아무것도 첨가되지 않고 정제되지 않은 자연 그대로의 본질적 산물에 대한 갈증이 본격적으로 나타나기 시작한 것이다. 합성화학물이 아닌 날것에 대한 원시적 욕망이 대중들 사이에 자연스럽게 확산되고 있다.

로가닉 시대가 도래하는 마지막 원인은 욕망의 비충족적 성격에서도 찾을 수 있다. 인간의 욕망은 원래 완전한 충족을 모르며, 외부 환경과의 상호작용을 통해 끝없이 진화한다. 오가닉으로 완성될 줄 알았던 '웰빙 라이프'에 소비자들은 권태감을 느끼기 시작했는데, 이는 단순한 변심이 아니라 욕망의 속성 때문이다. 나아가 최근에 촉발된 여러 가지 건강의 위협 요인들이 이러한 권태감과 허전함의 무게를 더하고 있다. 건강을 위협하는 요인들이 늘어나면서 소비자들의 불안감은 더욱 커져가고, 자신과 가족들의 안위에 만전을 기하려는 욕망이 자라나면서, 소비자들은 오가닉 시대보다 진화된 형태로 건강에 호소하는 신선하고 차별화된 로가닉 시대의 '웰빙 라이프'를 원하게 됐다.


## 로가닉 시대, 본질적 가치로의 회귀

로가닉 시대로의 진입은 비단 의·식·주 소비물의 영역에서만 나타나는 현상은 아니다. 사회적 가치관과 개인의 사고방식에도 그 영향이 미치고 있다. 인공적 논리로 완벽함만을 추구했던 현대인의 무결점 지향 태도는 오히려 정신적 황폐함을 가중시켰다. 이에 소비자들은 **환원주의**적 관점에서 내가 진정으로 추구하고자 하는 본질적 가치에 대해 깊이 고민하기 시작했다. 복잡한 가치를 근본 요소부터 되짚어보고, 선택과 집중이라는 전략적 대안이 가치판단의 필수적 요소가 된다. 급할수록 돌아가라고 했던가. 원시적 가치와 천연의 가치, 즉 가공된 매력이 아닌 본질적 가치로 회귀하고자 하는 로가닉적 가치관은 사회 전반에 걸쳐 쉽게 찾을 수 있다.

본질적 가치를 추구하고자 하는 소비자들의 열망은 대중문화 속에서도 여실히 나타난다. 2011년 방송가가 발견한 최고의 스타는 가수 임재범이다. 그는 가창력과 꾸밈 없는 '날' 상태의 모습으로 가공된 아이돌 스타가 대세인 가요계에 홀연히 등장했다. 임재범은 무명 가수는 아니지만 가창력 외에는 인정받을 수 있는 요소가 많지 않았던, 말 그대로 대중에게 잊혀진 가수였다. 그런 그에게 대중들이 열광한 이유는 로가닉에 대한 욕망에서 찾아볼 수 있다. 철저하게 만들어진 아이돌 가수들만 끊임없이 양산되고 있는 음악계에서 희소성 있는 목소리, 정제되지 않은 외모, 야성을 느끼게

---

**환원주의** 還元主義

복잡하고 추상적인 사상事象이나 개념을 단일 레벨의 더 기본적인 요소로부터 설명하려는 입장이다. 특히 과학철학에서는 관찰이 불가능한 이론적 개념이나 법칙을 직접적으로 관찰이 가능한 경험명제의 집합으로 바꾸어 놓으려는 실증주의적 경향을 가리킨다.[3]

'날것'에 대한 내재된 욕구는 기획사의 철저한 매니지먼트가 만들어낸 아이돌 스타가 넘볼 수 없는 '임재범 신드롬'을 탄생시켰다.

하는 거침없는 그의 매력은 그동안 볼 수 없었던 로가닉한 날것 그대로의 모습 그 자체였다. 대중들은 그를 통해 그동안 잊고 있던 기본에 대해 깨닫게 됐다. 가수의 기본은 가창력에 있다는 것을. 임재범 열풍은 우리에게 내재한 '날것'에 대한 갈증과 욕망을 여실히 보여주었다.

MBC 화면캡처

이런 본질에 대한 추구는 사실 제품을 생산하는 기업들에게 더 중요한 시사점을 던진다. 그간 경쟁이 치열해짐에 따라, 기업들은 제품의 비본질적 요소에 대한 투자에 더 매달린 감이 없지 않았다. 하지만 이제 기업들도 마케팅이나 서비스보다는 제품의 특성적 측면, 즉 제품 본연의 본질적 가치가 더 중요하다는 사실을 깨닫고 있다.

'레트로 오븐'이라는 강남의 작은 빵집은 본질적 가치를 추구하는 대표적인 예다. 프랜차이즈 빵집이 대세이던 때에 작은 골목길에 오픈한 '레트로 오븐'은 기존 빵집과는 차별화되는 여러 가지 특징을 가지고 있다. 우선 영업시간이 그렇다. 보통 빵집의 피크 타임은 아침 출근길과 출출한 저녁 퇴근길이 일반적이다. 그런데 이곳의 영업시간은 낮 12시 30분부터 오후 7시까지다. 더구나 빵의 종류도 발효시켜 만든 빵 위주로 매우 조촐하고, 이마저도 예약을 하지 않으면 구하기가 쉽지 않다. 결국 제한된 양만 만드는 희소가치에 차별화를 두고 천연주의 방식의 발효빵만을 고집하는 로가닉 방식이 소비자들을 영업시간 전부터 줄 서서 기다리게 만든 것이다. '레트로 오븐'은 빵집의 본질은 입지도, 영업시간도, 마케팅 전략도 아닌 '맛'에 있다는 것을 증명해주었다.

## 로가닉의 3대 요소와 전략

그렇다면 어떻게 로가닉적 전략을 실천할 수 있을 것인가? 실효성 있는 전략 마련을 위해서는 로가닉의 핵심적 요소를 파악하고 거기에 맞는 대책을 세워야 한다. 로가닉의 핵심 요소로는 (1) 천연의 날것 성분, (2) 희소성, (3) 매력 있는 스토리, 세 가지가 꼽힌다.

### 1. 천연의 날것 성분

로가닉의 첫 번째 요소는 날것 상태의, 천연 그대로의 성분을 사용한다는 것이다. 천연이 주는 가치는 가공되지 않았고unprocessed, 때 묻지 않았으며untainted, 인위적이지 않고unartificial, 자연스러우며natural, 본질적intrinsic이라는 것이다. 사실 여기까지는 지금까지 각광받았던 오가닉의 의미와도 부합한다. 새롭게 부상하고 있는 로가닉이 기존의 오가닉과 다른 점이 있다면, 그것은 날것의 상태를 유지한다는 점이다. 즉, 천연이 주는 깨끗함을 날것 그대로의 상태로 유지할수록 로가닉의 가치에 부합한다는 뜻이다. 따라서 관건은 천연의 재료를 얼마나 자연 상태 그대로 유지할 수 있는가에 있다.

어떠한 측면에서든 천연의 상태가 훼손되는 것은 로가닉의 가치에 치명적이다. 예를 들어, 최근 화장품업계의 트렌드는 한방에서 발효로 점차 옮겨가고 있다. 피부 면역력이 떨어지면 자가 치유 능력이 손상되고 이는 다시 피부노화를 촉진시킨다.[4] 발효 화장품은 발효의 성질과 원리를 피부에 적용시켜 피부의 자연적인 면역력을 길러주고 피부가 스스로 회복할 수 있도록 돕는다. 피부의 재생은 인위적인 성분을 통한 치료보다는 자연 그대로의 상태에서 스스로 치유 능력을 길러주는 것이 더 바람직하다는 논리다.

천연 그대로의 날것 상태를 유지하고자 하는 로가닉 움직임은 식품 시장에서도 눈에 띈다. 얼마 전 영국의 〈레스토랑 매거진〉이 선정한 세계 최고의 레스토랑 1위는 코펜하겐에 위치한 '노마'가 차지했다. 테이블이 고작 12개 정도밖에 안 되는 작은 레스토랑이 세계 최고 레스토랑의 영예를 차지한 데에는 '채집 음식'을 추구한다는 독특한 철학이 있었다. '노마'는

---

**채집 음식**

재배한 작물이 아닌 야생에서 자란 식재료를 줍거나 캐거나 따서 만든 음식을 채집 음식, 즉 포레이징 푸드foraging food라고 부르며, 미국의 유엘 기번스에 의해 처음 사용된 용어다. 1930년대 건조한 모래 폭풍이 미국의 초원을 바싹 말려버린 이른바 '더스트 보울' 시대에 어린 시절을 보낸 기번스는 어머니로부터 야생에서 채취할 수 있는 식물에 대한 방대한 지식을 전수받았다고 한다.[5]

북유럽 음식 문화에 착안해 요리에 필요한 모든 식재료를 인근 지역 주민들과 연계해 필요할 때마다 야생에서 구하는 것을 원칙으로 한다. 코펜하겐에 채집 음식을 추구하는 레스토랑 '노마'가 있다면, 한국에는 '방랑식객' 임지호 쉐프가 있다. 임지호 쉐프는 자연을 '샐러드 밭'이라고 칭하며, 칼질과 양념을 최소화하는 것은 최고의 식자재에 대한 예의라고 말한다.[6] 이처럼 야생의 북유럽 푸드 스타일이 높은 점수를 받았다는 사실은 천연의 재료를 자연 상태 그대로 유지하고자 하는 로가닉 접근법의 가장 적확한 사례다.

'생채식주의자'들의 등장도 로가닉의 날것 상태를 유지하고자 하는 가치와 일맥상통한다. 이들은 식품 섭취 과정에 어떠한 가열이나 첨가도 허용하지 않는다. 그야말로 야생 식단을 추구하며 현미도 날 것으로, 채소도 일체의 드레싱 첨가 없이, 과일도 껍질째 그대로 섭취한다. 사실 인공적인 조리와 첨가물들이 미각의 즐거움을 주기는 하지만 천연 재료의 영양학적 가치를 손상시켜 오히려 건강의 불균형을 초래한 것이 사실이다. 이제 소비자들은 미각이 주는 일시적 쾌감보다는 장기적인 건강과 행복을 고려하는 로가닉 삶을 추구하고자 노력하고 있다.

가공식품 영역에서는 이러한 로가닉이 '감화減化 전략'의 형태로 나타난다. 감화 전략이란 식품에 함유된 불필요한 요소들을 줄여나감으로써 차별점을 만들려는 시도다. 예컨대 2011년 커피믹스 시장의 화두는 단연 '카제인나트륨을 뺀'이었다. 커피믹스 시장뿐만 아니라 식품 산업 전반에서 각종 유해 성분들을 줄이거나 제거하고자 하는 움직임이 지속적으로 이루

채집 음식만을 추구하는 코펜하겐의 레스토랑 '노마'는 오가닉에서 보다 진화된 형태인 로가닉 시대의 웰빙 라이프를 선도하며 세계 최정상의 자리에 올랐다.

어지고 있다. 지난 몇 년 동안 국내 시장에 출시된 제품 대부분이 저지방, 저나트륨, 저당과 같은 키워드를 강조하고 있는 것 역시 이러한 '감화 전략' 트렌드의 일부분이다.

미국의 식품소매업연합(FMI, Food Marketing Institute)에서 조사한 결과에 따르면, 미국 소비자들 역시 트랜스지방 · 설탕 · 소금 등을 줄인 식품을 적극적으로 구매하는 소비 행태를 보이고 있다. 이러한 경향은 2012년에도 지속되어, 국내 소비자들 또한 '건강에 좋은 성분을 더 많이 첨가한' 식품보다는 '건강에 나쁜 성분을 되도록 뺀' 식품을 더 적극적으로 구매할 것으로 예상된다.

## 2. 희소성

천연의 날것이 소중한 것은 사실 구하기 힘들기 때문이다. 로가닉이 주는 두 번째 가치는 바로 이 희소성에서 온다. 희소한 것을 가지는 것은 성

■ 미국 소비자들이 관심을 갖는 감화 대상 성분

| 순위 | 구분 | 비율(%, 중복응답) |
|---|---|---|
| 1 | 트랜스지방 | 58 |
| 2 | 포화지방 | 56 |
| 3 | 칼로리 | 49 |
| 3 | 소금/나트륨 | 49 |
| 4 | 설탕/인공감미료 | 47 |
| 5 | 콜레스테롤 | 44 |
| 6 | 탄수화물 | 38 |

출처: Food Marketing Institute Data(2009)

취감과 우월감으로 소비자를 매료시킨다. 온라인 게이머들 사이에서 보기 드물고 귀한 아이템을 '레어템'이라고 하는데, 상당한 시세로 거래되고 있다. 이제는 레어템이 가상공간에만 존재하는 것이 아니다. 현실 세계에도 레어템은 존재한다. 예를 들어, 로가닉 제품들이 하나의 레어템이 되고 있는 것이다.

주어진 여건 안에서 가능하면 최대한의 희귀 성분을 얻고자 하는 소비자들의 욕구는 식품 업계에 빠르게 확산되고 있다. 2011년 건강 기능 식품 시장은 건강에 대한 소비자의 폭발적인 관심 증가에 힘입어 사상 최초로 매출액 1조 원을 돌파하며 호황을 누렸다. 각종 비타민제와 오메가3, 홍삼을 비롯하여 듣도보도 못한 동식물에서 추출한 희귀 원료가 들어간 건강식품들이 저마다 '건강을 책임지겠다'며 소비자들을 공략했다. 이렇게 기능성 건강식품이 쏟아져나오는 가운데서도 소비자는 무언가 채워지지 않는 욕구로 인한 허전함을 느끼고 있다. 이러한 소비자의 욕구를 채우기 위해 구원투수로 등장한 것이 로가닉 제품이다. 로가닉 제품은 희귀 추출물이 함유됐다는 희소가치를 내세워 소비자에게 다가가고 있다. 최근 블로거들 사이에 화제로 오른 '마고마카'라는 식물이 한 예다. 전 세계적으로 유일하게 남미 안데스 지역에서만 자생하는 이 식물은 해발 3천~4천 미터 사이의 고지대에서 자라는 것으로 알려져 있다. 마고마카에는 풍부한 비타민 성분이 포함되어 있음은 물론이고, 스태미나를 증강시켜주는 아스파라긴 성분과 회춘에 탁월한 효능이 있다는 아르기닌 성분도 함유되어 있어 주목을 받고 있다. 이제 소비자들은 같은 비타민을 먹더라도 천연 성분으로, 가공을 거치지 않은 날것으로, 혹은 희귀 성분에서 얻어진 비타민을 선택한다.

희소성을 추구하는 로가닉 접근법은 커피 시장에서도 주요했다. 일명 사향고양이 커피로도 불리는 루왁커피는 1년 생산량이 세계적으로 500~700kg에 불과하다. 독특한 향기와 깊고 부드러운 맛으로 마니아층을 형성하고 있는 루왁커피는 한 잔에 수십만 원을 호가하는 최고급 커피로 등극한 지 오래다. 이 커피는 인도네시아 등 동남아시아 일부 지역에 살고 있는 사향고양이과의 야생동물인 루왁Luwak에게 얻은 것이다. 루왁이 커피 열매를 먹으면 껍질만 소화가 되고 씨앗은 소화가 안 된 채 배설되는데, 이 커피 씨앗이 뭉쳐진 배설물만을 채취해 양질의 원두만을 골라 깨끗이 닦아낸 뒤 햇볕에 말려 만든 것이다.[7] 이 희귀한 원료는 아주 까다롭게 채집되고, 인공의 힘으로는 불가능한 생산과정을 거치기 때문에 생산량이 적어

동안 피부에 대한 열망은 순수한 희귀 추출 성분에 대한 관심으로 이어져,
화장품업계는 청정 지역의 희귀 성분을 찾아 나서기 시작했다.
아프리카 모로코의 아르간 오일의 보습력은 올리브 오일보다
10배 이상 뛰어나고, 인도에서 자라는 식물인 아말라키 추출물은
항노화 효과에 탁월한 효능이 있는 것으로 알려져 있다.
이 밖에도 히말라야 빙하수, 사막에서 피어나는 장미 추출 성분 등은
소비자들에게 희소성을 소구하는 대표적인 화장품 원료들이다.

가격이 비쌀 수밖에 없다. 로가닉 방식의 희소가치에 열망하는 소비자들에게 이렇게 구하기 힘든 루왁커피는 선망의 대상이 될 수밖에 없다.

화장품업계에서도 희귀 추출물 쟁탈전이 한창이다. 화장의 가치가 미에서 건강으로 진화하면서 소비자는 단순히 아름다워 보이는 얼굴이 아니라 건강한 피부 그 자체에 관심을 갖기 시작했다. 동안 피부에 대한 열망은 순수한 희귀 추출 성분에 대한 관심으로 이어져, 화장품업계는 국내외 청정 지역의 희귀 성분을 찾아 나서기 시작했다. 아프리카 모로코의 아르간 오일의 보습력은 올리브 오일보다 10배 이상 뛰어나고, 인도에서 자라는 식물인 아말라키 추출물은 항노화 효과에 탁월한 효능이 있는 것으로 알려져 있다. 또한 최근에는 인도양의 섬나라 마다가스카르가 화장품 희귀 원료 재배 지역으로 각광받고 있다. 세계적인 청정 지역으로 손꼽히는 마다가스카르는 샤넬(스블리마지), SK-II (셀루미네이션 에센스), 클라란스(하이드라 쿼

치 인텐시브 세럼)와 같은 유명 업체들이 희귀 추출물을 채집하는 주된 지역이다.[8] 이밖에도 히말라야 빙하수, 사막에서 피어나는 장미 추출 성분 등은 소비자들에게 희소성을 소구하는 대표적인 화장품 원료들이다. 이처럼 국내외 브랜드와 고가·저가 브랜드를 막론하고 희귀 성분을 찾으려는 화장품업계의 노력은 2012년에도 지속될 것이다.

### 3. 스토리

마지막으로 로가닉에는 매력적이고 재미있는 스토리가 함께 존재한다는 데 주목할 필요가 있다. 전술한 바와 같이 자연과 건강에 대한 강조가 일반화되면서 오가닉 또는 유기농은 이제 식상한 용어가 되어버렸다. 또한 '유사 오가닉' 제품이 범람하면서 이러한 오가닉의 진실성에 대한 신뢰가 무너진 것도 사실이다. 이러한 상황에서 더 이상 순수 자연의 재료로 재배했다는 논리만으로는 소비자를 설득하기 어렵게 되었다. 로가닉만의 스토리가 필요해진 것이다.

로가닉의 가치를 어떻게 하면 효과적으로 스토리텔링할 수 있을 것인가? 먼저 오가닉과 로가닉의 차이점을 정확하게 소비자에게 알려야 한다. 로가닉 제품이 어떤 희귀 자원의 원료에서 추출되었는지, 그 자원은 어떠한 효능이 있는지, 채집 과정은 어떠했는지, 어떤 과정을 통해 어떻게 상품으로 탄생되었는지에 대한 구체적인 스토리로 소비자의 공감을 불러일으켜야 한다.

예를 들어 보자. 최근 블로거들 사이에서 '기적의 크림'으로 불리는 한 크림은 그 제작 스토리를 통해 화제를 모은 사례다. 이 크림이 미국 항공우주국NASA의 한 박사가 실험 중 일어난 불행한 사고로 인해 얼굴에 입은 심한 화상을 치료하기 위해 개발되었다는 것이다. "그는 자신의 화상을 치료하기 위해 스스로 수많은 실험을 거쳐 이 크림을 개발했는데, 그 주요 성분은 3~4개월에 걸친 발효 과정을 통해 생성된 마이클브로스라는 천연 성분이다……." 이러한 스토리가 소비자들에게 전달되면서 이것은 기적의 크림이라는 별명을 얻었고, 한 병에 수십만 원을 호가하는 비싼 가격에도 소비자들이 지갑을 열게 만들었다.

이러한 스토리의 활용은 사실 로가닉이 아니더라도 그동안 수많은 고가 사치품(소위 명품) 제조업체에서 자주 사용해 온 방법이다. 구하기 어려운 재료를, 장인들이 수공예를 통해, 희소하게 공급한다는 제품 신화 말이다. 사치품 산업이 급성장하면서 실제로는 OEM도 증가하고 대량생산이 이루어지고 있지만, 희귀성을 강조하는 사치품의 신화는 여전히 군건하다. 이와 같은 논리가 로가닉에도 적용된다. 로가닉은 그 자체로 하나의 스토리를 가져야 한다.

로가닉 제품들은 희소한 원료를 사용하고, 천연 재료 그대로의 상태를 유지해야 한다는 제약으로 인해 가격이 높아질 수밖에 없다. 그렇기 때문에 높은 가격에도 불구하고 구매의 타당성을 소비자에게 인정받는 것이 매우 중요하다. 이를 위해서는 매력과 진정성을 함께 갖춘 스토리를 들려줌으로써, 제품의 차별점이 무엇인지 소비자들이 공감할 수 있도록 해야 한다.

## 시사점

건강에 대한 관심이 고조될수록, 그리고 특별한 스토리에 목마를수록, 천연의 날것을 추구하는 희소한 로가닉 제품에 대한 소비자의 요구는 더욱 증가하고 기대 수준 또한 높아질 것이다. 로가닉의 시대에는 타사 제품을 경쟁적으로 벤치마킹해 비슷비슷한 제품을 양산하기보다는, 특별한 요소를 찾아내 자사의 제품이 더 특별하다는 차별화된 가치를 만들어낼 수 있어야 한다. 그럼으로써 희소가치를 통해 타인과 차별화되고 싶은 소비자의 내부적 우월욕망을 충족시켜주는 것이 중요하다.

로가닉 제품의 관건은 무엇보다 본질적 기능에 있다. 진정한 로가닉 제품이 되기 위해서는 제품의 개발 과정에서부터 감동 스토리의 소스를 만들어야 한다. 여기에서 제품의 순수성을 지키기 위한 열정과 치열함이 큰 비중을 차지한다. 희소한 성분의 재료를 채취하기 위해, 천연 상태로 유지시키기 위해 얼마나 많은 노력을 했는지 소비자들은 귀신같이 알아낸다. 로가닉 제품의 성공 포인트는 마케팅이나 서비스로 현혹하는 비본질적인 전략이 아닌, 기업 스스로도 인정할 만한 제품에 대한 본질적 기능에 있다.

기업은 로가닉이 추구하는 핵심 가치를 충분히 이해하고, 특별하고 희소한 성분을 천연의 상태를 유지시키기 위해 주도면밀하게 노력해야 한다. 또한 천연·희귀·스토리의 세 가지 요소를 제품에 따라 적절히 배합하고 적절히 강조해야 한다. 소비자들은 제품을 통해 추구하고자 하는 가치가 충분히 만족스럽다면 이 과정에서 따라오는 높은 가격 같은 제약 요소는 얼마든지 감내할 준비가 되어 있다. 제품의 종류를 막론하고 일시적 편의만을 제공하는 제품은 이제 소비자들의 꾸준한 선택을 받기 어렵게 되었다. 로가닉 제품의 경우에는 더욱 그러하다. 장기적인 관점에서 소비자의 건강과 행복을 제품 개발 과정에서부터 고려하라. 기업은 그 가치 하나만으로도 충분히 경쟁력을 갖게 될 것이다.

선거의 해인 2012년, 로가닉의 논리는 정치 영역에도 함의하는 바가 적지 않다. '정치의 본질적 가치'에 대한 국민들의 요구가 거세지고 있다는 점이다. 정치란 본질적으로 사회의 희소한 가치를 권위적으로 배분하는 행위이며, 이 과정에서 발생할 수 있는 갈등을 최소화시킬 수 있는 조정자의 역할을 하는 것이다. 하지만 최근 정치판의 양상을 보면 오히려 정치가 앞장서서 사회적 갈등을 조장하고 그 갈등을 토대로 자신의 정치적 지지 기반을 만드는, 역행적이고 시대착오적인 모습을 보여주고 있다.

이제 유권자들은 중대 사안이 결정될 때마다 불거져 나오는 소위 보수와 진보의 당파적 대결에 진저리를 내고 있다. 이제 국민들은 흑백논리로 대립만을 일삼는 낡은 정치가 아니라, 더 나은 국민생활을 위해 조정하고 타협할 수 있는 진정성 있는 모습을 원한다. 정치의 '본질적 가치'를 기대하는 것이다. 2012년의 양대 선거에서는 이러한 본질에 더 가까이 가는 후보자와 정당이 축배를 들 수 있을 것으로 보인다.

# Attention! Please
## 주목경제

●

튀어야 산다. 겸양이 미덕인 시대는 지났다. 일단 주목부터 받지 못하면 도태될 수밖에 없는 공격적인 경쟁의 사회가 도래했다. 다양한 매체가 폭발적으로 증가하고 대중문화의 영향력은 날로 커지면서, 끼도 많고 개성도 강한 '주목세대'들의 활약이 두드러진다. 이들은 타인의 시선을 즐기며 그 속에서 쾌감을 느낀다. 소비자에게 주어지는 자극의 강도도 날로 높아만 간다. 기존 미디어의 선정성 수위는 계속 올라가고 있는 가운데, 새로운 뉴미디어들과 종합편성채널이 가세하면서 선정성 경쟁은 더욱 가열될 것으로 전망된다. 자극적인 것에 중독되어 가고 있는 사회, 그 속에서 소비자들의 호기심을 자극하기 위해서는 어쩔 수 없이 말초신경을 건드려야 한다. 직설화법과 가학성이 만연화되어 가는 주목경제 시대에 의연하게 대처할 수 있는 방안을 고민해야 할 시점이다. 해답은 '진정성'에 있다. 빠르게 전환하는 주목경제 시대에 오래 남는 브랜드와 상품이 되기 위해서는 단순히 소비자의 눈길을 끄는 데 그치는 것이 아니라 변하지 않는 소비가치를 전달하는 데 중점을 두어야 할 것이다.

●

**DRAGON BALL**

누가 봐도 내가 좀 죽여주잖아. 둘째가라면 이 몸이 서럽잖아.

내가 봐도 내가 좀 끝내주잖아. 네가 나라도 이 몸이 부럽잖아.

가치를 논하자면 나는 *Billion dollar baby* 내가 제일 잘 나가

—2NE1, 〈내가 제일 잘 나가〉 중에서

당당하고 개성 강한 인기 아이돌 2NE1의 노래 '내가 제일 잘 나가' 가사의 일부다. 기성세대들에겐 민망할 정도로, 잘난 척의 극치다. 처음에는 거부감이 일지만 이상하게도 이 노래는 들으면 들을수록, 따라 부르면 부를수록, 마치 내가 제일 잘 나간다는 착각을 하게 만드는 묘한 쾌감을 준다. 일종의 대리만족이다. 요즘 청년의 우상, 아이돌의 노래 속에서는 "나는 잘 났다"는 나르시시즘과 그래서 "남들의 시선을 받고 싶다"는 주목의 욕망이 교차한다.

요즘 아이돌 그룹의 수는 헤아릴 수 없을 정도로 많다. TV를 켜면 거의 매번 처음 만나는 새로운 아이돌이 선을 보인다. 공중파 방송의 음악이나 예능 프로그램을 보다보면 "쟤네는 또 누구지?" 하는 질문이 절로 나온다. 더구나 요즘 아이돌 그룹은 멤버의 수가 무척 많다. 그래서인지 모두 비슷비슷하게 잘 생기고 예쁘기만 한 그 수많은 아이돌 그룹의 멤버를 구별해 내는 것조차 쉽지 않다.

사정이 이렇다 보니, 시청자의 이목을 끌기 위한 그들의 전쟁은 도를 넘는 양상으로 치닫는 느낌이다. 요즘 아이돌들의 노래 제목과 가사는 그야말로 화끈하다. '내가 제일 잘 나가', '내꺼 하자', '향수 뿌리지마' 등, 은

'주목경제'와 '주목세대'의 등장은
2012년에 치러질 총선과 대선에도 지대한 영향을 끼칠 것으로 예상된다.
이제 돈을 주고 사람의 주목을 사는 시대는 갔다.
무엇보다 귀중한 자산으로 떠오르는 주목의 가치는
'진정성'과 '자발성'에 있음을 깊이 새겨볼 때이다.

**Attention! Please**

유와 완곡한 표현보다는 직설적이고 자극적인 표현 일색이다. 일명 후크송이라 불리는 요즘 아이돌의 노래는 자극적인 후렴구가 단순한 리듬에 실려 반복되며 중독성을 강화한다. 선정적인 안무와 화려한 퍼포먼스 역시 필수적인 조건이다. 소비자들의 시선을 단박에 사로잡지 못하면 며칠 내로 바로 밀려나기 때문이다.

청소년들의 우상인 아이돌이 퍼뜨리는 패션의 선정성도 하나의 트렌드로 자리잡아가고 있는 상황이다. 미니스커트가 짧아지다 못해, 아예 하의下茶를 입지 않은 것처럼 보인다는 '하의실종 패션'이 어느새 젊은이들의 핫한 패션코드가 됐다. 섹시함이 세련됨으로 해석되고 극단적인 컬러나 믹스매치가 '엣지'로 통한다. 끊임없이 선정성 논란에 휘말리면서도 걸그룹들은 컴백할 때마다 무대의상은 더 야해지고 안무는 더 자극적이 된다. 이러한 자극성은 이제 하나의 문화 코드로 자리 잡고 있다.

일단 시선을 끌지 못하면 아예 소비자의 선택 목록에 들지도 못하는 세상이 됐다. 과거 우리나라는 겸손하고 남 앞에 나서지 않는 점잖음을 미덕으로 여기는 겸양의 사회였다. 하지만 이제는 튀어야 살 수 있는 공격적인 사회로 변모했다. 이른바 주목경제attention economy 시대의 도래다.

지난 시절에도 경쟁은 있었지만, 그것은 소비자의 선택을 받기 위한 '의사 결정 단계'에서의 경쟁이었다. 하지만 요즈음엔 경쟁자가 극단적으로 많아지는 초경쟁hyper-competition단계로 진입하고 있다. 이러한 상황에서는 일단 주목부터 끌어야 소비자의 인식 대상으로나마 고려될 수 있다. 선택할지 말지는 그 다음 문제다. 수많은 정보와 자극에 노출되는 소비자의 주의attention를 끌지 못하면 바로 도태된다. 수단과 방법을 가리지 않고 소비자의 주목을 끌기 위해 무한 경쟁을 벌여야 하는 상황을 우리는 '주목경제'라고 부르고자 한다.

## 주목경제를 이끄는 미디어의 선정성 경쟁

주목경제가 확산되는 것은 물론 시장 내의 경쟁이 치열해지고 있기 때문이다. 여기에 미디어 분야의 폭발적인 경쟁이 가세하면서 그 정도가 한층 뜨거워지고 있다. 과거에는 제한된 수의 신문 · 잡지 · 라디오 · TV · 영화가 각자 자기 영역에서 경쟁을 했다. 방송사나 신문사의 수도 많지 않았고, 영화도 한 극장에서만 상영을 했다. 하지만 요즘엔 사정이 다르다. 수많은 언론사가 새로 등장하고 있고, 케이블TV와 위성TV 등 방송사의 수도 크게 늘었다. 영화도 극장들이 멀티 플렉스화하면서 작품 간 경쟁이 무척 치열해졌다.

　기존 매체의 경쟁이 치열해졌을 뿐만 아니라, 새로운 미디어도 폭발적으로 늘고 있다. 인터넷을 통해 다양한 콘텐츠를 만날 수 있을 뿐더러 DMB · IPTV · 팟캐스트PodCast · 인터넷 방송 등 뉴미디어들이 계속 나타나고 또 진화하고 있는 것이다. 더구나 요즘엔 콘텐츠의 '다시 보기'가 보편화되면서, 자기 채널의 과거 프로그램들과도 경쟁해야 하는 상황이 됐다. 여기에 **종합편성채널**(이하 종편채널)이 개국되는 12월 이후 2012년부터 미디어 산업은 그야말로 별들의 전쟁이 될 것으로 보인다. 스타들의 몸값은 더욱 높아질 것이고 거대 자본의 유출입이 대거 이루어질 것이다. 종편채널은 지상파 방송에서는 금지하고 있는 프로그램 중간광고를 할 수 있고 광고의 직접 영업까지 거론되고 있는 상황이어서 미디어 환경 자체에 지각 변동을 몰고 올 것으로 예상된다. 이러한 변화 속에서 방송사들은 시청자의 시선을 붙잡아 두기 위해 보다 자극적이고 선정적인 프로그램을 만들어 낼 것이 불 보듯 뻔하다.

Attention! Please

### 종합편성채널

2010년 12월 31일 미디어법 통과로 종합편성채널 및 보도전문채널 사업자가 선정, 발표됐다. 이로써 새로운 4개의 TV채널이 신설됐으며, 선정된 사업대상자는 조선일보방송TV조선, 중앙일보방송jTBC, 동아일보방송채널A, 매일경제방송MBN 등이다. 이들은 케이블이나 위성방송 등을 통해 전송되는 유료 채널이지만, 전문 분야만을 제한적으로 방송할 수 있는 다른 유료 방송채널들과는 달리 말 그대로 뉴스 · 드라마 · 예능 · 스포츠 등 모든 종류의 프로그램을 종합 편성할 수 있다.

이처럼 미디어와 콘텐츠의 종류와 양이 폭발적으로 다양해지면서 무한 경쟁이 펼쳐지는 것은 당연한 일이다. 광고주들의 광고비 집행액은 매체의 증가에 비례해서 늘어나지 않기 때문에, 시청자의 주목을 받기 위한 미디어 간의 경쟁은 사실 처절한 생존 경쟁이 될 수밖에 없다. 그래서인지 각종 미디어의 선정성은 갈수록 그 수위가 높아지고 있다. 그동안 비교적 보수적이라고 여겨졌던 공중파 방송에서도 요즘엔 매우 자극적인 설정을 보는 것이 어렵지 않게 됐다.

몇 가지 예를 들어 보자. SBS의 〈짝〉은 청춘 남녀 여러 쌍이 '애정촌'이라는 공간에 모여 일주일간 함께 생활하면서 벌어지는 실제 만남의 과정을 리얼하게 보여주는 프로그램이다. 이 프로그램은 짝을 찾는 남녀의 심리를 노골적이다 싶을 만큼 적나라하게 파헤치다 보니 "보기에 불편하다"는 비판이 많았고, 외모나 재력을 잣대로 이성을 평가하는 일부 출연자들의 발언이 여과 없이 방송돼 빈축을 사기도 했다. 또한 최근에는 마음에 드는 이성을 향해, 또는 마음에 없는 이성을 피해 물속에 뛰어들어야 하는 미션까지 등장하면서 "재미를 위해 출연진의 수치심 따위는 아랑곳하지 않는다"는 비판이 쏟아졌다.[1] 그럼에도 불구하고 이러한 류의 리얼리티 프로그램은 다른 사람의 사생활을 엿보고 싶은 관음증을 자극하며 인기몰이를 하고 있다. 이에 타 방송사에서도 경쟁적으로 이와 비슷한 포맷의 리얼리티 프로그램을 방영하며 리얼과 가혹 사이에서 아슬아슬한 줄타기를 하고 있다. 〈부엉이〉, 〈미워도 다시 한 번〉, 〈부부 性상담 닥터K〉 등 부부 상담 프로그램들도 부쩍 많아졌는데, 부부의 문제를 상담을 통해 해결하자는 좋은 취지의 기획으로 출발했지만 부부생활이라는 지극히 사적인 이야기를 공개적으로 파헤침으로써 선정성 논란에서 자유롭지 못한 상황이다.

인간과 동물의 따뜻한 교감을 표방하는 프로그램인 〈TV동물농장〉마저도 자극성 논란에 휩싸였다. 따뜻하고 감동적인 에피소드들을 보여주던 예전과 달리 요즘은 동물 학대 등과 같은 자극적인 콘텐츠를 고정 코너로 다루고 있다. 모피 제조에 관한 불편한 진실을 다룬 방송이 사람들로부터 큰 관심을 얻자, 동물이 학대받고 있는 현장으로 찾아가 동물을 구출해내는 스토리가 고정 코너로 자리 잡은 것이다. 해당 방송사는 분명 동물 학대 근절을 위해 이러한 코너를 편성한 것이고 시청률을 높이기 위해 일부러 자극적인 소재를 사용한 것은 아니라고 항변할 것이다. 하지만 가장 훈훈한 프로그램의 하나였던 이 프로그램이 학대 방법을 적나라하게 재현하는 등 점차 자극적으로 변하는 것은 방송가의 트렌드 변화를 보여주는 것 같아 씁쓸하다.

감동적인 소재보다는 자극적인 실화, 충격 실화가 흥행이 되는 세상이다.

실화를 소재로 한 영화의 자극적인 장면도 그 표현 수위가 논란을 낳았다. 2011년 9월 개봉한 영화 〈도가니〉는 전 국민의 관심을 받으며 장애인 성폭행에 대한 사회적 공분을 일으킴으로써 하나의 영화가 어떻게 사회적 현상으로 진화하는지 그 사례를 보여주었다. 개봉 4일 만에 100만 관객을 돌파했고, 일주일 만에 200만을 돌파한 데 이어 한 달여 만에 450만 명을 동원하며 롱런 홍행을 이어갔다. 이 영화는 묻혀 있던 사회문제를 적나라하게 고발하고 나아가 현실에서 문제를 바로잡고자 하는 실천을 이끌어 냈다는 점에서 높이 평가할 만하다. 이 영화는 실화이기에 더욱 비참했다. 하지만 문제는 이처럼 자극적인 범죄를 소재로 한 영화들이 아름다운 감동 스토리를 소재로 한 영화보다 홍행 성적이 훨씬 좋다는 것이다. 한마디로 "충격 실화는 홍행 보증" 이라는 공식이 공공연하게 나돌 정도다. 요즘 들어 이처럼 '충격적인 실화' 를 통해 청중을 모으는 것은 영화계의 한 트렌드로 자리 잡았다. 2003년 개봉한 〈살인의 추억〉은 510만 명, 2007년 작 〈그놈 목소리〉는 300만 명 이상의 관객을 모았으며 개구리소년 실종사건을 그린 영화 〈아이들〉도 200만 명에 가까운 홍행 성적을 거뒀다.


## 타인의 시선과 주목을 즐기는 '주목세대' 의 출현

카페를 빼고는 문화를 논할 수 없다는 프랑스 파리에 가면 수많은 **노천카페**가 이국적인 풍경으로 다가온다. 커피 한 잔 시켜놓고 노천 테이블에 앉아 지나다니는 사람들을 바라보며 책과 신문을 읽고, 종이봉지에 담긴 바 게트를 옆구리에 끼고 거리에서 일광욕을 즐기는 파리지앵의 모습은 파리 하면 떠오르는 대표적인 모습 중의 하나다. 그래서 그런지 2차 세계대전 당 시 망명한 미술가들과 철학가들, 작가들이 삼삼오오 모여 토론을 벌였다는 역사적인 카페들이 즐비하다. '레 듀 마고'로 대표되는 유명 카페는 사르 트르, 까뮈, 피카소와 같은 당대 지식인들이 모여 철학을 논하고 영감을 떠 올리던 장소였다. 이곳은 '카페 드 플로르'와 함께 관광객들의 필수 코스 이다. 이 카페들의 공통점은 모두 노천카페라는 것이다. 빼곡하게 들어선 빛바랜 천막들 아래, 자유롭게 늘어서 있는 낡은 나무의자들은 예술의 도 시 파리를 상징하듯 사람들의 감수성을 자극한다.

언젠가부터 우리나라에도 노천카페가 생겨나기 시작했다. 이제는 소위 목 좋다고 소문난 거리에는 노천카페 한두 개쯤은 쉽게 찾아볼 수 있다. 햇 살 좋은 날 신사동 가로수길은 그야말로 앉아 있는 사람 반, 걸어 다니는 사람 반이라고 할 만큼 인도가 붐빈다. 차를 타고 지날 때에는 으레 테라스

### 프랑스의 노천카페

레 듀 마고Les Deux Magots와 카페 드 플로르Cafe de Flore가 특히 유명하다. 이들은 1884년과 1881년에 개장한 파리 생제르망 거리의 유서 깊은 카페들이다. 당대의 인텔리들이 단골로 가던 곳으로, 실존주의 문학과 입체파 회화를 태동시킨 19세기 말 파리 문화를 상징하는 문예 살롱이었다. 피카소가 연인 도라 마르를 처음 만난 곳이기도 하며, 샤르트르와 시몬 보바르가 이곳에 앉아 대화를 나누다 사랑에 빠졌 다는 일화 등이 전해온다.

여유와 문화의 상징인 유럽의 노천카페. 우리나라에서 노천카페는 젊은이들의 '자기노출' 욕구와 주목받고 싶은 욕망을 대변한다.

자리에 앉은 '물 좋은' 친구들을 구경한다. 노천카페가 성행하자 '길다방' 이란 애칭까지 생겨났다. 기성세대가 보았다면 "길거리에서 어디 음식을 먹느냐"며 눈살을 찌푸렸을지도 모른다. 신사동 가로수길은 물론이고, 이 태원 경리단길, 상수동 카페들이 모두 실외로 나왔다. 실내에 빈 테이블이 있음에도 불구하고 새로 온 손님들은 바깥 테이블을 고집한다. 이렇게 야외 테라스 자리의 인기가 높아지면서 건축법상 야외 데크 시공이 어려운 카페들도 어떻게 해서든 테라스 자리를 만드느라 분주하다. 유럽 카페의 자유로운 악사들의 연주 소리 대신 바로 길 옆을 달리는 자동차들이 신경 질적으로 내뱉는 경적 소리가 가득해도, 요즘 젊은이들은 야외 테라스 자리를 선호한다.

사실 우리나라의 카페 문화는 다방과 레스토랑에서 출발했다고 봐야 할 것이다. 1980년대 이전에는 구석마다 칸막이가 있고 어두침침해서 타인의 시선으로부터 차단되는 것이 카페의 가장 중요한 기능이었다. 1990년대에는 '매직 거울(일방 투명 거울)'이 등장해 안에서는 밖이 보이지만, 밖에서는 안이 보이지 않는 카페가 유행했다. 조망권은 가지되, 타인의 시선에서는 은폐되고 싶다는 욕구를 반영한 것이다. 2000년대에 들어서면서 통유리가 크게 유행했다. 카페뿐만 아니라 미장원·제과점·아이스크림 가게들이 모두 시원한 통유리를 쓰면서 밖에서도 훤하게 내부를 들여다볼 수 있게 했다. 남들이 쳐다보는 것에 아랑곳하지 않는 고객들이 늘어난 탓이라고 볼 수 있다. 그런데 2010년에 들어서면서 이제 소비자들은 아예 가게 밖 노천으로 나오고 있는 것이다.

이들이 아늑한 실내를 마다하고 거리로 나온 이유는 무엇일까? 물론 탁 트인 개방감과 자유로운 분위기 때문이기도 하겠지만, 남의 시선을 즐기기 위해 기꺼이 거리로 나온 것이라고 해석할 수 있다. 한국의 노천카페는 대화와 사색을 즐기는 프랑스의 그것과는 달리, 패션을 뽐내고 타인의 주목을 즐길 수 있는 트렌디한 장소로 변모했다. 또한 무선으로 인터넷을 사용할 수 있는 와이파이존이 늘어나면서 첨단 노트북과 태블릿PC로 일상을 즐기는 젊은이들의 모습은 이제 노천카페의 익숙한 풍경으로 자리 잡았다.

이러한 자기 노출은 SNS 공간에서도 멈추지 않는다. 물 좋은 노천카페에 자리 잡은 젊은이들은 파리의 젊은이들처럼 느긋하게 앉아 커피 향을 즐기기에 앞서, 포스퀘어에 접속해 본인이 지금 어느 카페에 앉아 있는지 서둘러 위치를 알린다. 이들은 누가 묻는 것도 아닌데 장소를 옮길 때마다 본인의 위치를 공개하는 것을 즐긴다. 또 자신이 마시고 있는 커피와 음식의 사진을 찍느라 바쁘다. 포스퀘어로도 성이 차지 않는 사람들은 자신이 갔던 곳, 먹었던 것, 보았던 것들을 하나도 남김없이 부지런히 사진에 담아 블로그에 올린다.

이러한 모든 행위는 타인의 시선을 즐기는 일종의 과시욕에서 비롯된다. 남들로부터 주목받고 싶은 젊은이들은 점점 더 많은 사람들이 몰리는 거리로 나오고 있다. 오프라인 장소는 물론이고 온라인 공간까지 많은 사람들이 모이는 곳이라면 어디든지 달려간다. '주목세대'의 등장이다.

## 주목경제의 사회적 배경

이처럼 강박적으로 자신을 드러내고, 또 그럼으로써 타인의 시선을 받으려고 하는 것은 말할 것도 없이 사회 전반의 경쟁이 치열해졌기 때문이다. 우리는 무한 경쟁의 시대에 살고 있다. 어려서부터 냉정한 상대평가에 내몰

**포스퀘어**foursquare

위치기반 SNS로, 속칭 땅따먹기 게임이라고도 불린다. 본인이 어디에서 무엇을 하는지 스마트폰으로 알리고 메모를 남김으로써 친구들과 정보를 공유하는 형태를 띤다. 포스퀘어 이용자가 특정 장소에 왔을 때 '체크인' 버튼을 누르면 자신이 이곳에 왔다는 인증을 하게 되는데, 이 체크인 수치가 높아질수록 지위가 올라가고 지위에 맞는 배지를 받을 수 있다. 사용자들은 즐겨 찾는 장소를 등록해 메이어mayor가 되고, 더 많이 체크인한 다른 사람이 탈환할 수도 있다. 우리나라에서 가장 많이 체크인이 된 곳은 서울의 강남역이다. 2010년 4월 기준으로 포스퀘어의 전 세계 이용자는 85만 명이 넘었으며, 이용자는 더욱 늘어나고 있는 것으로 예상된다.

리고, 부모들의 기대에 부응하는 '엄친아·엄친딸' 이 되기 위해 정말 열심히 공부한다. 경쟁 사회 속에서 살아남으려면 자신을 어필하는 방법을 체득해야 하고, 수단과 방법을 가리지 않고 남보다 우위를 점해야 한다.

취업 전쟁을 치루는 젊은이들의 고충은 말할 것도 없다. 상향 평준화되어버린 화려한 스펙 싸움에서 승부를 내는 방법은 무조건 눈에 띄는 것뿐이다. 짧은 선발 과정에서 내가 남들보다 우월하다는 것을 보여주기 위해 독특한 자기소개서와 철두철미한 면접 준비는 필수다. 엄마 친구 아들이 되기 위해 우리는 스스로를 쉼 없이 채찍질한다. 기업도 마찬가지다. 쏟아져 나오는 경쟁사의 제품들 속에서 소비자의 선택을 받기 위해서는 모든 수단과 방법을 총동원해야 한다. 튀어야 사는 세상에서 창의력 경쟁은 온통 주목도를 높이는 데 초점이 맞추어져 있다. 이러한 배경 요인들이 우리 사회를 점점 더 자극적인 사회로 몰아간다.

한마디로, 우리 사회는 자극 중독에 빠져들고 있다. 미디어에는 선정적이고 솔깃한 낚시 광고가 판을 치고, 기업은 새로운 서비스와 전략으로 소비자들을 쉴 새 없이 공략한다. 소비자의 환심을 사기 위한 기업들의 무한 경쟁이 오히려 모순적이게도 사람들을 더 쉽게 싫증나게 하고 있다. 소비자가 지겨움을 느끼는 주기가 점점 짧아지고 있는 것이다. 『트렌드 코리아 2011』에서도 다루었듯 싫증의 주기가 빠른 애드호크 세대들은 순간 몰입도가 빠른 대신 지속성이 약하다(⟨Ad-hoc economy⟩ 키워드 참조). 그들의 '버닝(집착하고 열성적으로 흥분한 상태를 뜻하는 은어)' 대상은 시시때때로 바뀐다. 그들은 자극에 쉽게 현혹되기는 하지만, 그들의 충성심을 얻기란 하늘

**이들이 아늑한 실내를 마다하고 거리로 나온 이유는 무엇일까?**
**노천카페를 찾는 이들은 남의 시선을 즐기기 위해**
**기꺼이 거리로 나온 것이라고 해석할 수 있다.**
**한국의 노천카페는 대화와 사색을 즐기는 프랑스의 그것과는 달리,**
**패션을 뽐내고 타인의 주목을 즐길 수 있는 트렌디한 장소로 변모했다.**

에 별 따기만큼 어렵다. 트래픽수로 인기도가 결정되고 히팅 수에 따라 광고 단가가 정해지는 주목경제에서는 '분노의 클릭질'이라도 소비자의 관심만 받을 수 있다면 문제되지 않는다.

이러한 '주목경제'와 '주목세대'의 등장은 2012년에 치러질 총선과 대선에도 지대한 영향을 끼칠 것으로 예상된다. 혼돈스러운 시장 환경 속에서 기업과 제품의 존재감을 알리기 위해 부단히 노력하는 마케터와 마찬가지로, 후보자들 또한 어떻게 주목을 받을 것인지부터 골몰해야 하는 막중한 과제를 안고 있다.

특히 2012년의 총선은 대대적인 물갈이가 예측되는 가운데, 수많은 정치 신인들이 정계의 문을 두드릴 것으로 보인다. 기존의 정당 시스템과 정치인들의 한계가 2011년 재보선 선거에서 확인되면서 수많은 정치인 꿈나무들이 포부를 크게 갖게 됐다. 정치 신인들의 당선 가능성도 그 어느 때보다도 높다. 유권자들의 정계 혁신에 대한 요구가 과거 어느 때보다도 높아진 것은 물론, 본서에서 전망하듯이 '마이너의 약진'과 '대안plan B 리더십'

이 각광을 받을 것으로 보이기 때문이다. 하지만 봇물처럼 밀려들 정치신인들이 유권자의 주목을 받기란 하늘의 별 따기처럼 어려운 일이 될 것이다. 이제 '돈을 주고 사람의 주목을 사는' 시대는 갔다. 무엇보다 귀중한 자산으로 떠오르는 주목의 가치는 '진정성' 과 '자발성' 에 있음을 깊이 새겨볼 때이다.

## 향후 전망

초경쟁 사회에서 사람들의 주목을 끄는 데 있어 기존의 광고나 마케팅 기법은 이미 그 한계를 드러냈다. 날로 발전하는 SNS 기술은 새로운 아이디어를 쏟아내며 질주한다. 오늘날 마케팅의 꽃으로 활짝 개화한 것은 바로 **'바이럴 마케팅'** 이다. SNS가 삶의 필수품이 된 주목세대들의 소비 생활은

### 바이럴 마케팅viral marketing

네티즌에 의한 새로운 인터넷 광고 기법으로, 컴퓨터 바이러스처럼 확산된다고 해서 붙여진 이름이다. 네티즌이 이메일이나 전파 가능한 다른 매체를 통해 자발적으로 특정 기업이나 제품의 홍보를 널리 퍼뜨리는 기법이다. 기업이 직접 홍보를 하지 않고 소비자의 이메일이나 SNS 활동을 통해 확산되는 광고라는 점에서 기존 광고와는 상이하다. 엽기적이거나 재미있고 신선한 내용의 웹 애니메이션 등을 제작해 인터넷 사이트에 무료로 게재하면서 그 사이에 기업의 이름이나 제품을 슬쩍 끼워 넣는 방식으로 간접광고를 하는 식이다. 내용의 관심도에 따라 자연스레 확산 효과를 거두며 마케팅이 이루어진다.

이미 광범위한 SNS의 영향권 내에 들어갔다. 리서치 회사 가트너는 글로벌 SNS 관련 매출을 2012년에는 149조 달러, 2015년에는 291조 달러에 이를 것으로 전망했다. 2011년 우리나라 정부 예산이 309조 1천억 원인 것과 비교하면 이는 우리나라 한해 살림의 무려 1천 배에 달하는 액수다. SNS 매출의 절반 이상은 광고가 차지하고 있으며, 전 세계 SNS의 광고 매출은 2012년 82조 달러에 이를 것으로 예측하고 있다.[2] 가트너가 예측했듯 기본적인 바이럴 마케팅의 효과를 극대화시킬 수 있는 각종 SNS를 필두로 광고는 점점 더 성행할 것이다. 140자 이내로 글을 남겨야 하는 트위터 사용자들은 짧고 명확한 메시지로 응수한다. 돌려 말할 필요도 없이 이들은 언제나 정곡을 찌른다. 직설적으로 거침없이 표현하는 세대들이 SNS를 장악하다보니 직설화법은 이제 촌철살인의 문학이라는 나름의 미학을 가지며 대세가 됐다.

오디션 프로그램 붐도 좀처럼 사그라지지 않을 것이다. 원래 오디션 프로그램에 노하우를 갖고 있는 케이블 방송사는 그 위세를 더욱 공고히 할 것이고, 지상파 방송사들도 앞다퉈 새로운 소재의 오디션 프로그램을 기획·제작할 것이다. 최근 중국에서는 가사도우미를 공개 선발하는 기상천외한 오디션 프로그램을 선보여 논란의 대상이 되기도 했다. 오디션에서 살아남기 위해 몸부림치는 출연자들뿐만 아니라 이런 출연자들에게 독설을 퍼붓는 심사위원들까지 인기를 얻고 있다. 성장통을 겪는 출연진들에게 뼈아픈 독설을 날리는 것을 보며 이상하게도 희열을 느끼는 사람들은 '신랄하고 보다 정확한 심사평'이라고 추켜세우며 점점 더 자극적인 독설을 기대한다.

이러한 오디션 프로그램의 인기는 상금의 액수를 천정부지로 올려놓고 있다. 억 단위의 출현으로 시청자들을 놀래키더니 3억 원으로 오른 기록은 금세 5억 원으로 갈아치워졌다. 급기야 한 종편은 100만 달러(약 12억 원)의 상금을 내걸고 차세대 한류스타 찾기에 나섰다. 방송사는 우후죽순 생겨나는 오디션 프로그램들 사이에서 시청자들의 눈길을 사로잡고 실력자들을 모으는 데는 높은 상금이 가장 효과적이라고 판단한 것이다. 이것은 하나의 전초전일 뿐이다. 올 12월 종편채널 개국과 함께 불어 닥칠 지각변동 속에서 살아남기 위해서는 결국 자본의 논리가 위세를 떨칠 가능성이 농후하다.

주목경제에서 지명도는 곧 권력이다. 새로 컴백하는 가수는 실시간 검색어에 등극해야 하고 음원 순위 차트에서 1, 2위 정도는 해줘야 기사거리가 된다. 새롭게 제품을 출시하는 기업은 팝업 스토어를 열거나 독특한 런칭 파티 등을 통해 저마다 화려한 신고식을 치른다. 모두 인지도를 높이기 위해서다. 이러한 주목경제 시대에 브랜드 가치는 더욱 중요해질 수밖에 없다. 믿을 수 있는 브랜드에 이어 주목받는 브랜드를 만드는 것이 기업의 지상 과제가 되었다.

지속적으로 소비자들의 이목을 끌기 위해서는 물론 새로운 매력이 필요하다. 여기서 말하는 매력은 말초신경을 자극하는 선정적인 것이 아니라 참신함으로 마음을 끌어당기는 것이다. 반짝 상품이 될 것이냐, 아니면 베스트셀러가 될 것이냐는 단순히 사람들의 이목을 끄는 데 그쳤는지, 아니면 마음을 움직였는지로 판가름이 난다. 그래서 초경쟁의 주목경제 아래서 가장 중요한 것은 역시 진정성이다. 진실한 PR만이 소비자의 마음을 움직일 수 있으므로, 기업들은 소비자의 환심을 사기보다는 더욱 호소력 있게 다가가고자 노력해야 한다(〈Deliver true heart〉 키워드 참조).

낭중지추囊中之錐라는 사자성어가 있다. 주머니 속에 들어있는 뾰족한 송곳을 의미하는 이 사자성어는 능력과 재주가 뛰어난 사람은 아무리 감추려고 해도 스스로 두각을 나타내게 된다는 뜻이다. 주목경제 시대에 다시금 되새겨 볼 만한 명언이다. 겉으로 보이는 화려함이 아니라 숨길 수 없는 능력과 비범함으로 세상으로부터 인정받아야 한다. 눈길만을 끄는 것, 그것이 전부가 아니다. 아이러니하게도 이렇게 화려한 주목경제의 시대에는 겸손함과 어눌함이 돋보인다. 인기 예능프로그램 〈1박2일〉에 제6의 멤버로 투입된 엄태웅이 드라마나 영화 속의 멋진 이미지를 내던지고 '겸손하고 털털한' 모습으로 "예스맨"이라는 별칭을 얻으며 안착한 것이 좋은 예다.[3]

초경쟁의 시대에는 전략과 전술보다 중요한 문제가 대두한다. 묵묵히 자신의 길을 가는 것, 오래전부터 그래왔던 것, 변하지 않는 것, 바로 그런 것들의 희소가치가 재발견돼야 한다. 빠르게 전환하는 주목경제 시대의 역설이다.

# Give'em personalities
## 인격을 만들어 주세요

●

제품의 인격화가 시작된다. 제품과 브랜드에 캐릭터와 개성을 불어넣으려는 시도가 강해지고 있다. 별명과 성격을 통해 인격을 얻은 상품은 이제 소비자의 친구다. 기술은 캐릭터를, 사물은 성격을 갖게 될 것이다. 현대 상품의 기술과 개념이 어려워지면서 일일이 그것을 소비자에게 설명하기보다는 하나의 캐릭터로 만들어 친근감을 느끼게 하는 것이 훨씬 더 효과적이다. 더구나 소통의 매체는 많아지는데 인간관계에는 서툴어지는 소비자가 늘어나면서, 제품과 교감을 원하는 소비자들이 많아졌다. 앞으로는 따뜻한 감성 기술이 일상으로 들어와 인간처럼 반응하고 인격적으로 대면하게 될 것이다. 모든 것을 인간적인 것으로 환원해 바라보고자 하는 본능과 더불어 우뇌적인 감성이 지배하게 될 미래 시장에서는 인간적인 커뮤니케이션과 마케팅이 더욱 효과를 발휘할 것으로 보인다. 단순히 제품을 만화처럼 표현하는 '의인화를 위한 의인화'가 아니라, 소비자들이 해당 상품에서 느끼는 소비가치와 일관된 의인화를 세련된 디자인으로 이룩할 수 있을 때, 의인화된 캐릭터는 비로소 소비자의 삶 속에서 함께 진화해 나갈 수 있을 것이다.

●

**DRAGON BALL**

TREND KOREA

스마트폰 애플리케이션을 설명할 때, 흔히 안드로이드냐 애플이냐를 이야기한다. 당신은 안드로이드의 의미를 정확하게 알고 있는가? '위키 백과사전'의 설명을 보자.

> 안드로이드Android는 휴대 전화를 비롯한 휴대용 장치를 위한 운영 체제와 미들웨어, 사용자 인터페이스 그리고 표준 응용 프로그램(웹 브라우저 · 이메일 클라이언트 · 단문 메시지 서비스SMS · 멀티미디어 메시지 서비스MMS 등)을 포함하고 있는 소프트웨어 스택이자 모바일 운영 체제이다.[1]

무슨 뜻인지 정확히 이해했는가? 알기가 쉽지 않다. 하지만 이렇게 어려운 안드로이드폰을 초등학생들도 쉽게 선택할 수 있는 것은 바로 '초록색의 춤추는 깡통로봇' 때문이다. 이름은 '안드로보이'인데 얼핏 보면 투박하게 느껴지지만 볼수록 귀여운 구석이 있다. 이 캐릭터 덕분에 기계를 잘 모르는 사람이라도 iOS · 윈도우모바일 · 팜웹 · 블랙베리 등 스마트폰 운영체제에 대해 고민할 필요 없이 그냥 광고에서 본 깡통로봇이 있는 스마트폰을 고르면 된다. 의인화된 캐릭터의 힘이다.

안드로보이는 원래 구글의 안드로이드 로고를 응용하여 SK텔레콤이 만들어낸 캐릭터이다. 딱딱하고 근엄한 구글의 로고보다 안드로보이는 훨씬 생동감 넘치고 친근감 있다. 안드로보이는 평소 보이는 것들은 죄다 먹어치우는 식신이지만, 디스코에서 록큰롤까지 춤추는 것을 즐기며 사람들과 어울리기를 좋아하는 밝은 성격을 지니고 있다고 한다.

인간 대 인간의 면대면 관계에 익숙하지 않은
현대 소비자들은 이제 제품이나 브랜드와 같은
'사물'과 교감하려고 한다. 결국 관계에 대한 소비자들의 충족되지 않는
욕구가 애착과 감정이입의 기제를 통해 소비물에 투사된 결과가
상품과 브랜드의 의인화 현상이라고 해석할 수 있다.

안드로보이의 예에서 보듯이, 스마트폰 운영체제처럼 기술적으로 개념이 어려운 서비스 상품은 소비자에게 그걸 일일이 가르치려고 애쓰기보다는 이렇게 인격이 살아있는 캐릭터를 만들어 친근감을 불러일으키는 것이 제격이다.

이렇게 상품에 생명을 불어넣으려는 시도가 최근 눈에 띤다. 소프트한 감성이 각광받는 현대 소비사회에서 제품과 브랜드에 인격을 불어넣고 개성을 심으려는 노력이 늘어나는 것이다. 이러한 의인화(擬人化 · personalization) 작업을 통해 소비자가 대상 제품에 감정을 이입하고 공감을 유도하게 만드는 전략들이 빛을 발하고 있다. 인간적 감성으로 무장한 제품과 브랜드는 소비자에게 일체감을 느끼게 한다. 인격화된 제품과 브랜드는 감정이입을 통해 하나의 완결된 스토리를 구성하고, 소비자에게 보다 친근하게 다가설 수 있을 것이다. 바야흐로 의인화의 시대가 성큼 다가왔다.

안드로보이(우)는 다소 단순한 구글의 안드로이드 로고(좌)에 생명력을 불어 넣어 훨씬 더 친근하게 다가온다. 마구 먹어치우는 식신 혹은 춤추는 로봇 등 사람의 성격을 구현했다.

## 부쩍 자주 눈에 띄는 '캐릭터' 들

톱스타 김태희의 인기를 능가하는 한 신예 남성 캐릭터가 화제다. 대우건설이 자체 개발한 캐릭터 '정대우'는 요즘 눈코 뜰 새 없이 바쁘다. 광고에 등장하는가 하면 아파트 모델하우스도 자주 찾는다. 인기가 높은 정대우는 아줌마들의 사인공세에 시달리기까지 한다. 그의 직함은 과장으로 1973년생이고 입사 11년차다. 이력을 보면 국내외 현장 근무를 거쳐 본사에 배치된 세일즈 엔지니어다. 여느 건설회사 과장의 평균 모습이라고 할 수 있다. 정 과장은 페이스북 계정도 가지고 있어 그와 SNS 소통도 가능하다. 정대우 캐릭터에 대해 네티즌들은 바로 친근감을 보였으며 "진짜 내 상관이었으면 좋겠다"라는 반응까지 보였다. 콘크리트와 철근으로 대표되던 건설사는 정대우를 통해 사람의 옷을 입게 되었다.

청정원의 광고에서는 장동건·정우성·이승기 등 꽃미남 배우들이 등장해 "정원아, 나랑 결혼해 주겠니?" 혹은 "정원아, 우리 뭐할까?" 라는 달콤한 대사를 속삭인다. 여기서 '정원이'는 물론 '청정원'을 의인화한 것이다. 광고인 것을 뻔히 알면서도 이 광고를 보면서 "내가 정원이었으면 좋겠다"는 여성 소비자가 많다고 한다. 모두 의인화의 힘이다. 롯데카드는 디씨ㆍ이씨ㆍ박씨 등을 내세우고, 요즘 직장인의 책상 위에는 메리츠화재가 최근 선보인 '걱정인형' 캐릭터 하나쯤은 놓여 있을 만큼, 캐릭터들이 인기몰이를 하고 있다.

캐릭터 마케팅이 건설ㆍ금융ㆍ식음ㆍ자동차ㆍ유통 등 다양한 업종으로 번져가고 있다. 제품과 브랜드를 알리기 위해 적극적으로 자신들의 캐릭터를 자체적으로 만들어서 활용하는 것이다. 사례는 매우 많다. 현대자동차는 3D 자동차 애니메이션 '로보카 폴리' 시리즈(총 52편)를 EBS를 통해 방영한 바 있으며, 금호타이어는 캐릭터 '또로'를 통해 제품의 주요 성능을 설명하는 재미있는 스토리 광고로 친밀감을 높이고자 했고, IBK 기업은행도 오스카의 오아시스라는 캐릭터를 광고에 활용해 금융회사라는 딱딱한 이미지를 벗고자 노력하고 있다.

캐릭터 발굴에 고객을 활용하기도 한다. 롯데백화점은 'green LOTTE 캐릭터 공모전'을 통해 캐릭터를 발굴하면서 고객과의 친밀감을 높이고 있다. 이 뿐만 아니라 해외 마케팅에서도 캐릭터라이징은 적극 활용되고 있다. 기아자동차는 미국에서 햄스터를 활용한 소울 캐릭터 광고를 선보여 큰 반향을 불러일으켰고, 이를 폭발적인 판매 신장으로 이어갔다. 캐릭터의 활용은 신생 기업과 서비스에서도 적극적으로 활용된다. 쿠폰미디어 코코펀은 최근 20~30대 여성들을 공략하기 위해 쿠폰을 통해 똑똑한 소비를

Give 'em personalities

(좌)대우건설의 인기 광고 캐릭터, 정대우. 입사 11년차 과장으로 설정되어 있다.
(우)메리츠화재의 걱정인형. 보험회사에 대한 소비자의 친근감을 크게 높인 성공작으로 꼽힌다.

하는 신세대 여성 '코코양'을 자체 제작해 마케팅에 활용하고 있다.[2]

필요하다면 새로 캐릭터를 개발하는 대신 기존의 유명한 캐릭터를 활용하는 방법도 동원된다. 롯데백화점은 2011년 여름 '스머프 마케팅'을 펼쳤는데, 100여 개의 매장에 스머프 피규어를 전시하고 이를 경매로 판매하는가 하면, 홈페이지·쇼핑백·전단 등, 온·오프라인 판촉물을 스머프 캐릭터로 꾸미기도 했다. 경기 침체가 가속화되고 있는 가운데 소비자들의 향수를 자극해 그들의 마음을 사로잡는 '캐릭터 마케팅'이 좋은 반응을 얻었다고 한다. 기존 캐릭터를 활용하는 시도는 새로운 캐릭터를 개발하는 비용과 리스크를 줄인다는 장점 외에도, 장년층에게는 추억을, 청소년층에게는 신선함을 선사할 수 있는 효과를 누릴 수 있다.

캐릭터를 이용한 마케팅은 웹툰을 이용한 것으로까지 그 영역이 확장됐다. 최근 버거킹, 할리스 커피, 맥심 등의 식품·외식업계에서 브랜드 웹툰을 제작해 소비자들에게 감성적으로 다가가려는 활동이 늘고 있다.[3] 인격화 광고에 대한 시청자들의 반응도 좋은 편이다. 시청률 조사기관인 TNS 미디어 코리아에 따르면, 스포츠 케이블 채널에서 방영되는 캐릭터 가상광고의 평균 시청률은 일반 가상광고에 비해 약 42%가 높다. 이는 캐릭터의 힘이 영화나 애니메이션뿐만 아니라 광고에서도 주목 받고 있음을 보여준다.[4] 이처럼 다양한 캐릭터들이 광고의 홍수에 지친 소비자들에게 의외성을 가져다주며 신선함과 친근감으로 다가가고 있다.

## 왜 소비자는 무생물에서 인격을 찾는가?

그렇다면 현대의 소비자들은 왜 캐릭터에 눈길을 주게 되는 것일까?

먼저 이러한 현상은 인간의 본성에 기인한 것이라는 연구에 주목할 만하다. 인간은 사물에서 자기도 모르게 사람을 떠올리려고 한다는 것이다. 당신은 새로 나온 자동차의 앞모습을 보면서, "헤드라이트는 눈, 엠블럼은 코, 라디에이터 그릴은 입" 하는 식으로 사람의 얼굴을 연상해 본 적이 있지 않은가?

오스트리아 빈Wien 대학교 인류학과 연구진은 사람들이 영화나 광고에서나 볼 수 있는 의인화된 자동차의 모습을 실제로 머릿속으로 떠올린다고 밝혔다. 이 연구진은 2008년에도 사람들이 전조등의 형태와 앞유리 크기 같은 것을 보고 차를 사람의 얼굴로 인식한다는 연구 결과를 발표한 바 있다. 자동차 전조등을 눈으로, 사이드미러를 귀로 매칭시켜 의인화해 본다는 것이다. 연구진은 40명의 오스트리아인과, 자동차를 거의 본 적이 없는 89명의 에티오피아 시골 사람들에게 46종류의 서로 다른 차를 보여주면서 성별·친근감·성격·감정 상태 등 19가지 사람의 특성으로 평가해 달라고 요청했는데, 그 결과 오스트리아인들과 에티오피아인들이 모두 같은 방식으로 차를 인식했다. 예를 들면 사람들은 창이 작고, 얇고 길쭉하면서 뒤쪽이 넓은 헤드라이트를 가진 차를 보고, 넓은 얼굴과 작은 눈 그리고 좁은 이마를 가진 남성의 얼굴을 상상했다는 것이다. 연구 책임자인 소냐 빈트하거 박사는 "사물에서 사람의 얼굴을 찾으려는 경향은 먼 옛날 자연 상태에서 인류가 살아남기 위한 생존 방식이 그대로 전해진 것"이라고 말했다.[5]

소비자가 무생물의 인격화에 반응하는 이유는, 원래 사람들은 사물에서 인간의 특성을 유추하는 본성이 있기 때문이라는 것이다. 다시 말해서 이전과 전혀 다른 새로운 콘셉트의 제품이나 서비스를 시장에 출시할 때는 소비자와의 원활한 커뮤니케이션이 요구되는데, 이러한 커뮤니케이션을 위해서는 제품이나 브랜드를 인격화하거나 캐릭터화하는 인간화 기법을 사용하는 것이 소비자의 접근을 쉽게 만든다는 것이다. 전술한 바와 같이 안드로보이 캐릭터를 이용해 소비자에게 새로운 제품과 서비스를 의인화시킨 것이 좋은 예이다.

단순히 신기술의 커뮤니케이션뿐만 아니라, 공익 목적이나 PR 커뮤니케이션에서도 의인화의 시도가 이루어지고 있다. SK이노베이션의 '지구를 혁신하다' 캠페인은 무너져 내리는 빙하, 사막화되어 가는 땅, 폭우·폭설과 같은 기후 재앙들이 지구가 인간에게 보내는 아픔의 신호인 것처럼 의인화한 다큐멘터리 형식의 광고 캠페인으로, 이는 무생물적 요소들을 재해석하고 창조해 이에 생명력을 부여하고 그 나름의 시그널들을 희로애락의 감정으로 의인화하고 있다.

소비자들이 인격화에 반응하는 이유를 이론적으로 좀 더 살펴보자면, 인간적 관계가 사물로 전이된다는 점을 들 수 있다. 다시 말해서 단절된 현대사회에서 채우지 못하는 관계의 욕구를 캐릭터 등 인격화된 상품에 **투사**한다는 것이다. 타인과 교감하고자 하는 것은 인간의 본성이다. 현대에 들어 인터넷·이동통신·SNS 등 매우 다양한 의사소통의 매체가 생겨났지만, 아이러니하게도 다양한 경로의 관계망과 채널이 있음에도 불구하고 과거에 비해 소외감이 더욱 커지는 역설을 현대 소비자들은 경험하고 있다. '겉친(겉으로만 친구)'만이 가득한 넓고 얕은 인간관계의 사회 속에서 현대인들은 사람과 사람간의 소통이 갈수록 서툴어진다. 인간 대 인간의 면대

**투사** 投射 · projection

실제 어떤 대상이 어떤 객관적인 특성을 가지고 있지 않음에도 불구하고, 인간이 자신의 주관적인 욕망이나 감정을 그 대상에 투사해 보게 된다. 이렇듯 소비자는 자신의 욕망을 소비하고자 하는 제품이나 서비스에 투사한다. 디히터Dichter(1964)는 사람들이 소비물에 자신을 투사하기 때문에 상품과 상표가 인성personality을 가진다고 생각했다. 아커Aaker(1997)는 소비자가 브랜드에 투사하는 의인화적 개성의 5가지 차원을 도출했으며, 푸르니어Fournier(1998)는 소비자와 브랜드의 관계를 인간 대 인간의 관계로 투사해 분석했다.

면 관계에 익숙하지 않은 현대 소비자들이 이제는 제품이나 브랜드와 같은 '사물'과 교감하려고 한다는 것이다. 결국 소비자들의 관계에 대한 충족되지 않는 욕구가 애착과 감정이입의 기제를 통해 소비물에 투사된 결과가 상품과 브랜드의 의인화 현상이라고 해석할 수 있다.

이것은 하나의 병리 현상이라고 보기에는 현대사회에서 매우 일반화되는 추세라고 보인다. 혼자 운전하면서 자동차의 내비게이션에 말을 거는 사람이 의외로 많다. 스스로 움직이면서 열심히 청소를 하는 로봇청소기를 보면 "수고가 많다"고 한 마디 위로를 던져주고 싶기도 하다. 사람과 사물의 관계 형성은 앞으로 중요한 시장을 형성하게 될 것이다. KT가 선보였던 유아용 로봇 '키봇'과 같이 인터랙티브한 제품들에 더 많은 투자가 필요한 이유다.

전술한 투사작용이 더욱 발전하면, 상품의 의인화가 소비자에게 감정이입을 통한 환상fantasy의 충족을 가능하게 한다. 프로이트는 환상적 욕망충족wish fullfillment의 개념을 제시한 바 있는데, 가령 소비자는 욕망하는 대상을 구매하거나 소유했을 때를 상상하는 것만으로도 실제 구매하거나 소유했을 때 얻을 수 있는 만족감이나 쾌감을 느낀다는 것이다. 소비자는 이러한 환상의 과정을 통해 감성적 만족과 쾌락을 추구한다.

이 환상 기제에서 가장 중요한 것은 **감정이입**이다. 감정이입은 소비자가 자신의 감정을 소비물에 불어넣는 심리적 정교화 과정이다. 소비자가 감정이입을 할 때, 중요한 과정은 소비물에 생명을 부여하는 것이다. 소비자들은 소비물에 감정을 이입하고 생명을 불어넣어, 감정적 교류나 유대

관계를 맺는 동료나 친구로 설정하기도 한다.[6] 그러므로 보다 인격화되고 인간화된 기업의 마케팅 및 커뮤니케이션 접근은 소비자들이 소비물에 생명력을 불어넣고 감정이입을 하는 과정을 더욱 강하고 정교하게 만들어 그들의 충성도와 애착을 효과적으로 끌어낼 수 있다.

## 의인화가 필요한 시대적 배경

전술한 소비자의 소비물에 대한 투사 · 환상 · 감정이입 등의 심리작용은 사실 현대의 시대적 특성과도 관계가 깊다. 중요한 시대적 배경을 몇 가지 살펴보면 이성보다는 감성이 중요해지고 있다는 점, 사용자의 경험이 중시되고 있다는 점, 소비자가 브랜드를 인식할 때 자아의 확장이 일어난다는 점 등을 들 수 있다.

현대는 여성적인 소프트한 감성이 우세한 시대다. 남자 아이들이 칼싸

**감정이입** empathy

본인이 가지고 있는 감정을 자기 이외의 사람이나 사물에 이입해 마치 실제로 그것들에 대해 자신이 어떤 감정을 가지고 있는 것처럼 느끼는 것을 감정이입이라고 한다. 일반적으로 예술가, 어린이, 여성의 경우가 감정이입하는 경향이 강하다. 독일의 심리학자 T. 립스는 감정이입을 일종의 유추 작용類推作用이라고 생각했고, M. 셸러는 이를 유추와 같이 간접적인 것이 아니라 직접적으로 느끼는 공감sympathy이라고 봤다.

움을 할 때, 여자 아이들은 곰 인형이 사람인 양 말을 건넨다. 합리성과 이성으로 대표되는 남성적인 산업 경제의 흐름economic flow은 이제 공감과 감성을 기반으로 하는 예술적 감성의 흐름artistic flow으로 전환되고 있다. 제품과 디자인에 있어서 감정이입과 공감의 가능성 여부는 시장에서의 성패를 결정한다. 예술적 감성이 지배하는 시장에서 살아남기 위해서는 제품과 디자인의 인간화 지수를 높여야 하고, 인간화 지수를 높이기 위해서는 우선 제품과 브랜드에 인격과 철학이 녹아들게 해야 한다. 이렇게 제품과 브랜드의 역사와 철학적 배경을 녹여내는 일련의 과정에서 무생물이 사람인 양 말을 건넬 수 있는 여성적 감성이 필요한 것이다.

제품 철학뿐만 아니라 제품의 기능과 성능의 측면에서도 소비자와의 인격적인 상호작용interaction과 사용 경험(UX, user experience)이 중시되면서 의인화가 필요해지고 있다. 첨단 제품일수록 소비자의 인간적 움직임 하나하나에 더욱 세밀하게 반응하고 움직여야만 소비자들의 사랑을 받을 수 있다. 이러한 UX 인간화의 궁극적 지향점은 하나의 인격화된 기기로 진화하는 것이다. 예를 들어, 애플의 음성인식 애플리케이션인 '시리Siri'는 사람의 음성을 인식하고 반응하는 인공지능을 선보이면서 인간과 기

일대일 대화는 물론 농담까지 주고받는 스마트폰의 등장은 제품과 소비자 간의 인격적인 상호작용이 어디까지 진화했는지 보여준다.

술, 사람과 제품의 인격적 상호작용의 가능성을 보여줬다. 애플은 시리를 통해 일대일 대화를 가능케 하고 특정 단어의 앞뒤 맥락을 유추할 수 있도록 하는가 하면 때로는 농담까지 주고받게 함으로써 한 차원 높은 인터랙티브 기술을 소개했다. 이제 스마트폰의 지향은 단순한 소통이 아니라 어쩌면 외로움을 달래주는 것인지도 모른다.

보다 본질적으로는, 갈수록 모든 것이 소비물로 치환되는 소비사회에서 현대 소비자들은 소비물을 자기 자아의 확장으로 인식한다는 점을 상기할 필요가 있다. 다시 말해서 제품과 브랜드를 의인화시킬 때, 소비자는 제품·브랜드와 일체감을 느끼고, 이들과 자신을 동일시하며, 적극적으로 공감한다는 것이다. 소비자들은 의인화를 통해 제품과 브랜드를 자신과 무관한 존재가 아닌 자신과 연관된 한 인격체로 인식하게 된다. 나아가 소비자들은 자신의 자아를 확장해 자신이 구매하고 사용하는 소비물로까지 전이시키기도 한다. 미국의 저명한 소비자 연구가인 벨크Belk 교수는 이를 가리켜 **확장자아**라고 정의하며, 소비자의 정체성과 자아가 육체와 마음의 인식

---

**확장자아**extended self

소비물이 이를 소비하는 사람들로 하여금 자기 자신이 누구인가에 대한 의식을 정의하도록 하는 데 도움을 준다는 이론으로, 소비물이 자아의 일부로서 확장되어 하나의 일체감과 정체성을 느끼게 한다는 것이다. 소비자는 사물을 자기 자신의 현재의 모습을 표현하는 현실적 자아real self로 인식하고, 현재의 자기 모습보다 더 높은 이상적 자아ideal self로 인식하기도 한다. 소비자들은 명품과 같은 제품이 상류층 등의 이상적 자아ideal self를 표현한다고 생각하기 때문에, 무리해서라도 명품을 구매하고자 하는 것이다.

을 넘어 사물과 인격적으로 결합돼 확장된다고 주장했다.

## 우뇌 마케팅의 시대, 무엇을 해야 하는가?

바야흐로 우뇌 마케팅의 시대가 도래했다. 논리적 설득을 통해 좌뇌를 자극하는 것이 아니라, 우뇌적 감성을 어루만질 수 있는 이야기를 통해 고객에게 다가설 수 있는 제품과 브랜드를 구체화할 수 있는 **우뇌 마케팅**이 대세다. 제품의 인격화와 의인화는 인간의 모습과 인격을 통해 소비자들에게 제품이 더욱 친근하게 다가갈 수 있게 해준다. 제품이나 브랜드의 이미지로 구체적인 인간상을 내세울 때, 소비자들은 제품이나 브랜드를 '우뇌적'으로 받아들이게 된다. 사람들은 특정한 사람이 자신과 이야기 나누고, 자신을 돌봐줄 때 비로소 안심하고, 이들을 신뢰한다. 이러한 메커니즘에 따르면, 제품과 브랜드에 대한 인격화와 의인화는 소비자로 하여금 제품 또

---

**우뇌 마케팅**

미래학자 다니엘 핑크는 앞으로의 마케팅과 소비자와의 커뮤니케이션은 우뇌적인 감성에 호소해야 한다고 주장하며, 우뇌 마케팅이란 용어를 사용했다. 우뇌 마케팅에는 6가지 요소가 있는데, 1) 디자인(design, 제품에 미학적 가치까지 제공할 수 있는 능력), 2) 융합(symphony, 여러 속성 간 조화를 이루는 능력), 3) 이야기(story, 흥미로운 메시지를 일관되게 전달하는 능력), 4) 공감(empathy, 고객과 가치를 함께 교류하는 능력), 5) 흥(joy, 자신의 일을 사랑할 수 있는 능력), 6) 의미(meaning, 고객들에게 의미를 주는 능력) 등이 이에 해당한다.[7]

> 단순히 인간과 닮은 캐릭터를 만드는 것 자체가 중요한 게 아니라
> 인간적 감성을 통해 소비자와 소통하고 공감하고자 하는
> 자세가 더 중요하다. 메리츠의 걱정인형 사례에서와 같이,
> 소비자가 그 브랜드를 보고 어떤 연상을 하게 될 것인지에 관한
> '소비가치'의 문제를 고민해야 한다.

는 브랜드와 그들을 일체화시키고 효과적인 감정이입이 가능하도록 한다.

우뇌 마케팅 패러다임하에서 소비자와의 커뮤니케이션은 의인화를 통해 강력해질 수 있다. 과거 이동통신 서비스가 대부분의 소비자에게 생소했던 시기에, SK텔레콤은 신비스러운 분위기를 지닌 신인 모델을 캐스팅해 생소한 이동통신 서비스에 인간적 감성과 호기심으로 불어넣음으로써 TTL 브랜드를 시대의 아이콘으로 만드는 데 성공했다. 이처럼 의인화를 통한 인격적인 커뮤니케이션은 생소해서 다가서기 어려운 제품과 서비스를 소비자들이 친근하게 받아들일 수 있도록 해준다.

미국의 마케팅학자인 제니퍼 아커는 브랜드에도 개성이 존재한다는 브랜드 개성brand personality 이론을 발표한 바 있다. 이 이론에 의하면 소비자는 특정 브랜드를 인간적 특성의 집합체로 인식할 수 있다는 것이다.[8] 그는 특정 브랜드가 사람이라고 가정할 때, 어떤 개성의 사람인지를 상정해 연구를 진행했다. 그는 소비자들이 무의식적으로 브랜드를 인간화해 인지하려고 하고, 이러한 인지 과정을 통해 각각의 브랜드들은 감정과 인식의 지도

위에 포지셔닝positioning된다고 주장했다. 그는 브랜드 개성의 하위 차원을 성실함(현실적인, 건전한, 정직한), 활기참(활발한, 상상력이 풍부한, 최신의), 유능함(신뢰할 만한, 지적인, 성공지향적인), 세련됨(매력적인, 상류층인), 강인함(외향적인, 거친)의 5가지로 나누었다. 아커에 의하면 이러한 인격적 요소들이 잘 조합돼, 소비자들과 잘 커뮤니케이션돼야만 각각의 브랜드와 제품들이 시장에서 성공을 거둘 수 있다.

브랜드에 개성을 부여하는 것을 뛰어넘어, 심지어는 소비자와 브랜드의 관계를 아예 서로 사랑하는 관계로 본 연구도 있다. 최순화와 이민훈은 의인화된 브랜드와 소비자 사이의 관계를 사랑을 구성하는 세 가지 요소인 친근감, 열정, 책임감의 조합을 기준으로 7가지 사랑으로 분류했다.[9] 소비자와 브랜드간의 사랑의 유형은 소꿉친구 사랑(네슬레), 탐닉적 사랑(플레이보이), 실리적 사랑(비자카드), 낭만적 사랑(맥도날드), 가족 같은 사랑(P&G), 복종적 사랑(루이비통), 완성된 사랑(애플)의 7가지로 유형화된다.

이제 더 이상 브랜드와 제품은 단순한 로고나 사물 그 자체가 아니다. 현대 소비자들은 이들에게서 인간성을 발견하고 상호 교류하며 심지어 사랑에 빠지고 싶어 하는 것이다.

# 시사점

프랑스의 미쉐린은 122년의 역사를 자랑하는 세계 최고의 타이어 업체로, 이를 유명하게 만든 것은 다름 아닌 '화이트 타이어 맨'으로 불리는 특유의 브랜드 캐릭터다. 미쉐린이라는 이름을 들으면 누구나 이 타이어 캐릭터를 떠올린다. '비벤덤'이라는 정식 이름을 갖고 있는 미쉐린의 마스코트는 실제로도 세계에서 가장 유명한 상업적 캐릭터다. 미쉐린의 '비벤덤'은 영국 〈파이낸셜타임즈〉가 선정한 '20세기를 빛낸 최고의 기업 로고 및 마스코트'에도 선정된 바 있다. '비벤덤'은 의인화와 전혀 어울릴 것 같지 않은 타이어라는 제품에 인격을 부여하고 감성과 감정을 불어넣었다. 이러한 캐릭터를 통해 미쉐린은 타이어라는 새로운 제품 영역을 알리고, 제품에 있어 가장 중요한 감성 요소인 신뢰감을 주는 데 성공했다. 타이어와 전혀 어울릴 것 같지 않은 인격화를 통해 지속적이고 강력한 효과를 거둔 것이다.

언제부턴가 우리나라의 많은 기초 지방자치단체들이 자기 지역을 상징하는 캐릭터를 만드는 것이 유행처럼 되고 있다. 안타깝게도 이들 캐릭터를 보고 있으면 디자인도 세련되지 못하고 서로가 비슷비슷해서 해당 지역의 개성을 보여주기보다는 유치함을 느끼게 하는 경우가 많다. 미쉐린과 자치단체 캐릭터와의 차이는 무엇일까? 다시 말해서 이러한 의인화가 성공하려면 본질적으로 무엇이 필요한가?

해당 단체·상품·브랜드의 개성을 나타낼 수 있는 가치가 필요하고 그것이 세련된 디자인으로 표현되어야 한다. 단순히 인간과 닮은 캐릭터를 만드는 것 자체가 중요한 게 아니라 인간적 감성을 통해 소비자와 소통하고 공감하고자 하는 자세가 더 중요하다. 흔히 캐릭터를 만들 때에는 자기 회사 또는 단체가 가지고 있는 '조직가치'를 표현하고자 한다. 메리츠의 걱정인형 사례에서와 같이, 소비자가 그 브랜드를 보고 어떤 연상을 하게 될 것인지에 관한 '소비가치'의 문제를 고민해야 한다.

모든 것이 통합collaboration되고 교차cross-over되는 시대, 잊지 말아야 할 것은 그 모든 과정의 중심에 소비자가 있어야 한다는 것이다. 아무리 하이테크 기술이 발전하고 네트워크가 빨라진다고 해도 인간을 배제한 기술과 제품은 소비자의 외면을 받는다. 모성처럼 소비자의 감성을 터치하고 어루만지는 기술만이 성공할 기회를 얻을 수 있다. 또한 소비자와의 소통, 소비자와의 결합, 소비자의 충성을 이끌어내는 가장 좋은 길은 제품과 브랜드와 소비자가 인격적으로 만나고 교류하는 것임을 명심해야 한다.

제품과 브랜드에 인격을 부여하고 인간화시키기 위해 기계적으로 해당 제품을 만화처럼 캐릭터화시키는 것은 어리석은 일이다. 그 회사와 브랜드의 메시지가 무엇인지, 철학이 무엇인지를 고민해 진정성을 가지고 소비자들의 감성을 터치한다면 그들의 삶 속으로, 그들의 자아 속으로 파고들어 갈 수 있을 것이다. 마치 그 제품이 자기 자신이라고 착각하도록 할 때, 나아가 그 제품이 자신의 이상과 꿈인 것처럼 소비자들이 느낄 수 있도록 할 때, 비로소 그 캐릭터는 소비자의 삶 속에서 함께 살아 움직인다.

# Over the generation
## 세대 공감 대한민국

●

세대적 공동체보다 가치와 문화의 공동체가 훨씬 큰 호소력을 갖는 시대가 오고 있다. 장·노년 세대의 인구학적 구성, 연령의 자기 지각, 문화적 감성, 기술적 활용 능력 등이 변화하면서 사회 구성원들이 세대를 초월한 공감의 공동체를 경험하도록 이끌고 있다. 이제 윗세대나 아랫세대나 대등한 관계를 원한다. 윗세대는 늙었다는 이유로 소외되기를 원치 않고, 아랫세대는 훈계받기보다는 인정받고 싶어 한다. 소비자를 여러 세대로 잘게 나누는 것보다 세대를 초월하는 보편적 공감대를 찾는 것이 시장의 파이를 더 크게 키우는 방법이다. 모든 세대가 공감할 수 있는 솔루션이 각광받을 것이다. 특정 세대만이 이해할 수 있는 소재나 감성보다는 여러 세대가 함께 즐길 수 있는 보편적인 가치가 떠오른다. 선거에서도 마찬가지다. 이제 '세대 이슈'를 제대로 이해하지 못하고서는 결코 승리할 수 없게 됐다.

●

**DRAGON BALL**

세대generation를 나누던 견고한 칸막이가 흔들리고 있다. 본래 세대를 구분하는 절대적 기준은 '출생연도'인데, 물리적 연령보다 가치와 문화가 새로운 기준으로 대두하고 있는 것이다. 2012년 〈Over the generation〉 키워드는 각 세대가 서로 공감하며 세대의 구별이 점차 희미해지는 현상에 주목한다. 세대의 이름으로 서로를 구별하는 데 익숙한 한국인에게 세대 공감이란 말은 사실 새로운 현상이다. 하지만 점점 세대를 기준으로 취향과 가치관을 구분하는 것의 의미가 줄어들고 있다. 인식의 변화에 따라 기존의 세대구분이 흐려지면서 여러 세대의 공감을 두루 얻을 수 있는 시장이 점점 더 확대되는 양상이다.

## 세대 차이 : 견고했던 장벽

한국은 '세대론'이 강하다. 세대가 세분화돼 있고, 각 세대에 따라 나타나는 특징도 비교적 명확하게 구분된다. 1940년대에 태어난 지금의 60대를 전후세대·산업화 1세대라고 부르고, 50년대생은 베이비붐세대·4.19세대·6.3세대·유신세대·산업화 2세대라고 한다. 60년대생은 민주화세대·386세대·IMF세대 등의 별칭을 가지고 있으며, 70년대생은 신세대·X세대·탈냉전세대·정보화세대·Y세대·N세대 등의 매우 다양한 호칭으로 불린다. 80년대 후반 이후 출생한 세대에게는 88만원세대라는 비관적 명칭과 쾌속세대·G세대·P세대·C세대 등의 긍정적 명칭이 함께 따라

뉴시니어라고 불리는 베이비부머들이 스마트폰으로
SNS를 즐기게 된 것을 두고 '스마트부머smart-boomer'라는 말이 생겨났다.
윗세대는 외양상의 자격지심에서 벗어나고 있고,
아랫세대는 비슷한 취향과 코드를 윗세대에서 발견하면서
세대 공감의 기반이 다져지고 있다.

다닌다.

이처럼 세밀한 한국의 세대 구분은 베이비부머(45~60년대 출생), X세대 (60~80년대 출생), 밀레니엄세대 혹은 Y세대(80~2000년대 출생) 등으로 비교 적 간단하고 넓게 세대를 구분하는 외국의 경우와 비교하면 매우 독특한 현상이다. 전 세계적으로 유례를 찾아볼 수 없을 만큼 단시간 내에 급격하 고도 총체적인 사회 변화를 겪어야 했던 한국적 특성이 반영된 결과로 보 인다. 선진국들이 100년 넘게 걸려 이루었던 근대화와 산업화를 압축시켜 짧은 기간 내에 이루다 보니, 각종 세대론이 양산됐고 세대 간 장벽은 점점 높아졌던 것이다.

세대는 보통 물리적 나이를 기준으로 나뉘지만, 그들을 하나로 묶는 것 은 공통의 사회사적·생활사적 경험에서 우러나는 정서와 가치를 배경으 로 하는 동질감이다. 가뜩이나 남과 다름에 대한 두려움에 시달리는 한국 사람들에게 자신이 속한 집단이 아닌 다른 집단의 낯선 모습은 곱게 보이 지 않는 경우가 많다. 특히 그 집단이 세대적 개념인 경우에는 이질감이 한층 더 심하다. 또한 매스미디어에서는 세대 간 공통분모보다는 차이점이 더 조명되곤 했다. 세대 간의 경제적 이해관계 상충을 부각시키는 기사도 자주 등장한다. 정년 연장이 청년 일자리를 잠식한다든지, 비경제활동층인 노령인구 증가로 경제활동인구 1인이 담당해야 하는 부양비가 급증하고 있다든지 하는 식의 기사들이 그 예다.

특히 2011년의 재보선에서 나타난 '세대 투표' 양상은 그동안 한국의 정치 지형을 구분했던 잣대가 '세대'로 이행하고 있음을 보여주는 것이었다. 과거 우리나라에서 투표 성향을 결정짓는 가장 중요한 변수는 '지역'이었다. 그러나 각 지역을 호령했던 '3김'이 정계를 떠난 후 '이념'이 중요한 기준으로 작용하였다가, 최근 이것이 다시 '세대'로 옮아오는 징조를 보이고 있는 것이다. 이제 선거에서도 세대 이슈를 제대로 이해하지 못하면 승리를 장담하기 어렵다.

전술한 바와 같이 우리나라 사회·경제·정치의 영역에서 세대 구분의 벽은 아직 공고한 것으로 보인다. 그럼에도 불구하고 "세대를 넘어"라는 의미의 〈Over the generation〉을 2012년의 소비트렌드 키워드로 삼은 것은, 문화와 소비의 영역에서 이러한 세대 구분이 급속히 무너지는 경향을 보여주고 있기 때문이다.

이것은 한국의 세대론을 이야기할 때 매우 미묘한 지점이다. 정치·경제·사회적 측면에서 세대 간의 골이 깊어진다는 우려가 나오고 있는 현시점에서, '세대 공감'에 주목해야 하는 데에는 몇 가지 강력한 이유가 있다.

## 세대 공감이 중요해지는 이유

세대 공감이 중요해지는 첫 번째 이유는 이제 소비와 문화 향유의 영역에서 노령인구가 결코 소수자가 아니라는 인구학적 현실에서 찾을 수 있다. 2010년 인구주택총조사에 따르면, 65세 이상 인구가 불과 5년 만에 24% 증가해 전체 인구의 11.3%를 차지했다. 특히 전체 인구의 14.6%인 베이비부머(1955~1963년생)의 본격적인 은퇴가 작년부터 시작됐다. 호모 헌드레드 Homo hundred라는 말이 회자될 정도로 기대수명도 길어졌다. 이러한 수적인 규모의 변화는 매우 중대한 의미를 갖는데, 늘어난 물리적 규모만큼 그들의 욕구와 목소리가 청·장년층의 그것과 무게감이 다르지 않기 때문이다. 이것은 앞으로 시장이 고령 세대도 포용하는 방향으로 신속히 재편되어야 함을 뜻한다.

두 번째 이유로 이러한 장·노년 세대가 과거의 그들과는 달리 연령에 대한 자기 지각이 젊어지고 기술적 활용 지식은 매우 높다는 점을 들 수 있다. 이제 더 이상 40대 이상의 장·노년층이라고 해서 30대 이하의 젊은층에 비해 외모나 첨단 제품 활용 능력 등에서 결코 뒤지지 않는다. 외모 관리를 위한 중·장년층의 투자는 실로 엄청나다. 안티에이징 목적의 각종 성형수술과 피부 관리는 이미 일반화된 지 오래다. 유로모니터 인터내셔널에 따르면 2010년 한국 남성 스킨케어 시장 규모는 세계 시장의 무려 6분의 1을 차지하며 중국, 미국 등의 대국을 제치고 1위를 기록했다. 이전까지 남성 패션 시장의 중심은 2030세대였지만, 지금은 '큰손'이 많은 4050세대가 대세로 떠올랐다. 일례로 스위스 남성 시계브랜드 IWC의 국내 매출은 2006년 10억 원에서 지난해 500억 원으로 5년 만에 무려 50배나 성장했는데, 이러한 매출액 성장의 주역은 다름아닌 4050세대였다.[1]

한국은 명실상부한 '노무족No More Uncle', '신新레옹족', '나오미족Not Old Image'의 나라가 됐다. 외모경쟁력에서 시니어들이 젊은이들에 비해 크게 뒤지지 않는다는 것은 외적인 차이로 인한 구별이나 고정관념을 깨고 싶은 그들의 **머추리얼리즘**적인 욕구를 대변한다. IT기기 활용 여부가 신·구세대를 구분하는 절대적인 기준으로 인식되어 왔지만, 그 기준의 유효성은 점점 힘을 잃을 것으로 보인다. 최근 4050 이상의 세대는 IT기기에 무난히 적응하는 모습을 보여준다. **뉴시니어**라고 불리는 베이비부머들이 스마트폰으로 SNS를 즐기게 된 것을 두고 '스마트부머smart-boomer'라는 말도 생겨

---

**머추리얼리즘**maturalism

중년세대가 자신의 삶과 행복을 위해 적극적으로 여가생활과 외모 관리에 투자하는 경향을 일컫는 용어다. 사회적·가정적으로 요구된 역할에만 충실했던 기성세대가 자신의 삶을 되돌아보고 결핍됐던 자아실현에의 꿈과 진정한 행복을 중심으로 인생을 즐기기 위해 지갑을 열고 있다.

**뉴시니어**new senior

삼성경제연구소는 고학력·고소득자가 많고, 독립적·적극적·자아중시적 성향을 가진 50대 베이비부머들을 뉴시니어 세대로 명명했다. 이러한 뉴시니어의 가치소비는 청년을 연장하려는 젊음에의 추구, 과거의 감성과 가치에 대한 향수, 자기계발과 교류를 통한 자아실현에 초점이 맞춰져 있다.

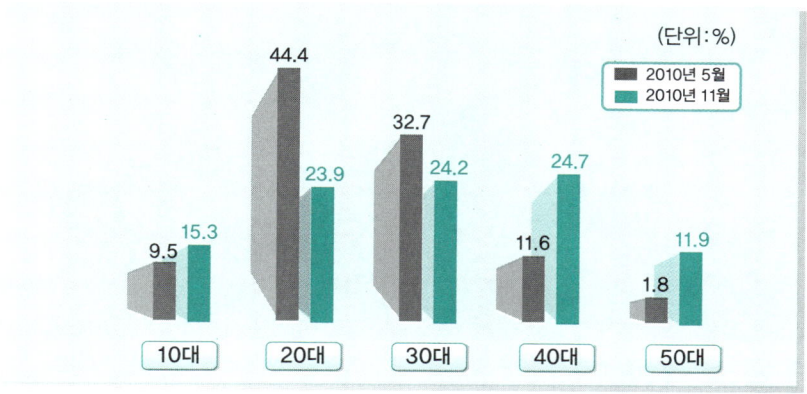

(단위:%)

■ 2010년 5월
■ 2010년 11월

44.4  23.9

32.7  24.2

24.7

9.5  15.3

11.6

1.8  11.9

10대    20대    30대    40대    50대

(출처: KT경제경영연구소, "스마트폰 시대의 모바일 디바이드", 2011. 7. 25)

낲다. 윗세대는 외양상의 자격지심에서 벗어나고 있고, 아랫세대는 비슷한 취향과 코드를 윗세대에서 발견하면서 세대 공감의 기반이 다져지고 있다.

　세 번째 이유는 세대 간 문화적 감성의 차이가 감소하고 있다는 사실이다. 교육 수준·감성·가치 등에 있어서, 지금의 20대와 50대는 30년 전의 20대와 50대보다 훨씬 더 동질적이다. 지금의 50대는 과거의 50대보다 훨씬 더 먹고 살만했던 시기에 성장했고, 다수가 적어도 고등학교까지 졸업했으며, 도회적·서구적인 대중문화의 세례를 받았다. 현재의 50대가 청년기를 보낸 70~80년대는 트로트 위주의 전통가요 시대에서 벗어나 포크와 록을 중심으로 새로운 감성과 창조적 에너지가 폭발하던, 우리 대중음악사의 빛나던 시절이었다. 김민기·한대수·송창식·김세환·양희은·김수

세대 간의 소통 가능성을 가장 쉽게 높여주는 것은 음악이다. 7080세대의 감성을 대변하는 '세시봉 콘서트'에 젊은 관객들이 호응하는 사례를 보면 세대를 초월한 공감을 확인할 수 있다.

철 등으로 대표되는 포크음악과 당시의 청년 문화를 향유했던 세대가 지금의 50~60대이다.

지난해부터 위력을 떨치고 있는 세시봉 무대에 젊은 관객들이 호응하고, 70~80년대 명곡을 지금의 가수들이 리메이크하는 현상은 당시의 음악적 공감 코드가 지금의 그것과 크게 다르지 않음을 방증한다. 2011년 상반기 최고 흥행작인 영화 〈써니〉는 7080세대의 학창시절을 다루었음에도 불구하고, 10대 관객 비율이 약 6%로 동기간 개봉한 코믹액션 〈체포왕〉이나 액션어드벤처 〈토르〉의 두 배가 넘는 수치를 기록했다.[2] 이는 각 세대가 감성적으로 그리 멀지만은 않음을 감지하게 한다.

네 번째 이유는 생애과정life course의 변동성이 증가하고 있다는 사실을 들 수 있다. 다시 말해서 "그럴 만한 나이 대에는 남들 하는 대로 다 해야 한다"고 생각해왔던, 인생의 '당연한 수순'에 대한 기존의 생각과 기대가 모든 세대에서 점차 해체되고 있다는 것이다.

2030대의 경우, 교육 기간과 함께 취업 예비 상태로 지내는 기간이 길어지고 개인차가 격심해지면서 첫 취업 시기와 취업 이후의 커리어 관리에도 변동성이 커졌다. 평생직장 개념이 소멸하고 결혼 적령기라는 개념도 사실상 무의미해지면서 삶이 지극히 '선택적'인 것이 되어가고 있다. 서울의 경우, 2010년 말 기준 30대 미혼자는 65만 6,814명으로, 2000년 대비 무려 96.5%나 증가했다. 이혼도 매우 흔한 일이 되고 있다. 2010년 인구총조사에 따르면, 이혼 상태인 가구주는 126만 7천 명으로 5년 전에 비해 무려 40.2%나 증가했고 그중 40대 비율이 40%에 육박했다.

잦은 이직과 빨라진 은퇴는 중·장년 세대의 생애과정 변동성 증가에 한몫을 하고 있다. 더구나 이제는 모든 세대에서 자신의 시간을 조직적인 사회생활을 기준으로 편성하기보다는 자기가 원하는 대로 조율하기를 원하는 경향이 강해진 데다, 예전처럼 은퇴 이후를 단순히 '여생'이라 하기에는 남은 시간이 너무 길어졌다. 제2, 심지어 제3의 인생이 필요해진 상황이 많아지고, 같은 세대 내에서도 수많은 개인차가 발생하면서 삶의 외형적이고 절대적인 기준에 대한 의심이 생겨났다. 기존에 가지고 있던 인생의 정답은 더 이상 의미가 없게 된 것이다. 모든 세대가 갖게 된 각자의 삶에 관한 문제가 남들 하는 대로 살아온 것이 과연 내가 행복해지는 결과를 가져왔는가에 대한 문제의식으로 수렴되고 있다. 세대를 불문하고 사람들에게 필요한 것은 이제 새로운 선택을 할 용기이며, 그들은 타 세대의 고정

**개인화 트렌드는 물리적으로 동일한 조건의 세대 내에서도**
**여러 분파의 소비자들이 존재한다는 사실에 주목하라고 말한다.**
**기존 마케터들에게는 고객 집단을 어떻게 세분화할 것인가가**
**최대의 과제였다면, 세대 공감의 시대에는 소비자를 잘게 쪼개기보다는**
**어떻게 그들의 다양성을 초월하는 공통의 가치를**
**찾을 것인가가 반드시 해결해야 할 난제다.**

된 관점에 입각한 일방적 훈계가 아닌 응원과 우정을 원하고 있다.

마지막 이유는 사회를 움직이는 힘이 보편적 가치에 대한 자발적인 공감의 힘으로 바뀌고 있다는 점에서 찾을 수 있다. 제러미 리프킨은 『공감의 시대』에서 사회적 유대를 형성하는 공감empathy의 힘에 의해 새로운 문명으로의 전환이 이루어질 것이라고 주장한다. 그는 적자생존의 적대적 경쟁체제는 그 수명을 다했고, 에너지와 커뮤니케이션 혁명으로 인간의 보다 고차원적인 능력인 유대감에 기초한 협력체제로의 사회 재편이 가속화될 것이라고 전망했다. 공감은 문제를 보편적 가치의 관점에서 바라볼 때 가능해진다. 보편적 가치란 다양한 관점을 가진 사람들이 외부로부터의 어떤 설득 없이도 스스로 인정하는 가치다. 공동의 위기가 유난히 잦은 요즘, 우리 사회가 신체적·경제적 안전 등과 같은 가장 기본적이고 보편적인 가치에 대한 보장능력이 있는가에 대한 회의가 고개를 들고 있다(〈Lesson your risk〉 키워드 참조). 세대를 불문하고 사회적 차원의 문제로 인한 위기감과 문제 해결방향에 대한 공감대 형성의 필요성이 대두하고 있는 것이다.


## 세대 간 공감의 접점

그렇다면 구체적으로 어떤 지점에서 세대 간의 공감은 맞닿고 있는 것일까? 그 공감의 지향점은 어디이며, 세대 간의 서로 다른 서사를 연결시키는 기제는 무엇인가? 대표적인 지점으로 '보편적 감성', '기능적 보완', '정체성 구축'이라는 세 가지를 들고자 한다.

### 1. 보편적 감성

모든 사람의 마음속에 들어 있는 보편적 감성을 건드릴 때 세대를 초월한 공감이 가능해진다. 감성을 자극하는 것은 역시 문화이고, 그중에서도 세대 간의 소통가능성을 가장 쉽게 높여주는 것은 음악이다. 세시봉 콘서트를 통해 젊은 관객들은 선배 세대와 자신의 감성적 거리가 얼마나 가까운지 몸소 체험했다. 젊은 시청자들도 〈나는 가수다〉와 〈불후의 명곡〉을 통해 오늘의 버전으로 재탄생한 7080세대의 음악이 여전히 자신에게도 감동을 주고 있음을 매주 확인하고 있다. 이러한 프로그램은 '보는 음악'에 묻혀 잊고 있었던 '듣는 음악'에 대한 관심을 환기하면서 음악의 본질을 모든 시청자에게 전달하는 데 성공했다. 특히 세대를 불문하고 위로와 휴식을 필요로 하는 오늘의 한국인에게 사람의 마음을 소리로 형상화하는 음

악의 울림은 더 컸다. 2011년의 각종 음악 무대는 일정 부분 치유적 성격을 포함하면서 각 세대 사이에 존재한다고 믿어져 왔던 취향과 감성의 벽을 허무는 데 기여했다. 뮤지션들이 전달한 음악적 메시지에 대해 서로 다른 세대가 함께 공감했던 것이다.

이처럼 보편적 감성이 중심축으로 작동할 때, 세대 간의 어우러짐은 보다 자연스러워진다. KBS 〈1박 2일〉의 시청자투어 특집은 1세부터 102세까지 전 연령의 시청자를 하나의 팀으로 아울렀다. 참가자들은 모두 〈1박 2일〉의 팬이라는 공통분모 위에서, 비일상성과 오락성이 교차하는 지점의 '여행'이라는 보편적 테마를 중심으로 자연스럽고 평등하게 소통했다. '여행'이라는 상황과 〈1박 2일〉 멤버들과 여행 동료들과의 사귐이라는 두 가지 코드가 세대를 뛰어넘는 편안한 어울림을 가능하게 했다.

각 세대가 서로에 대해 느끼는 이질감은 그들 각자가 살아온 사회적 환경, 그 환경 속에서의 경험, 자신이 위치한 사회적 지위의 차이에 따른 서로에 대한 몰이해에서 출발한다. 하지만 모든 세대가 동일한 상황에서 공통적인 감정과 정서를 중심에 둔다면 세대 공감은 충분히 가능할 것이다. 이것이 '보편적 감성'에 기반을 둔 세대 간의 공감이다.

## 기능적 보완

세대 간의 어울림은 서로가 서로의 문제 해결에 필요한 자원이 되어줌으로써 가능해진다. 서로의 약점을 보완해줄 수 있기 때문이다. 현재 절정의 인기를 구가하고 있는 멘토링 프로그램은 이러한 맥락의 좋은 예다. 멘토링을 통해 선배 세대는 후배 세대를 이해할 수 있고, 후배 세대는 자신들이 처한 어려운 상황을 헤쳐나갈 수 있는 지혜를 얻을 수 있다. 또한 멘토링을 통해 깊이 있는 대화가 가능하기 때문에 세대 간의 간극을 극복해 세대 공감의 기반을 다지는 기회가 될 수 있다.

사회통합위원회 세대분과의 '세대 함께 어울리기' 프로젝트의 일환으로 운영 중인 '생활의 달인 교실'도 세대 공감을 위한 좋은 시도라 할 수 있다. '생활의 달인 교실'은 요리·바느질·한복 입기·상가 예절 등 어르신들의 일상생활 노하우를 젊은이에게 전수하는 프로그램으로, 요리를 잘 할 줄 모르는 젊은이들에게 손맛으로 유명한 할머니들이 일대일로 반찬 만드는 법을 전수하는 등의 방식으로 운영되고 있다. 아직은 시작 단계이지만 다양한 분야의 은퇴한 시니어 전문가들을 발굴해 교수자로 활용한다면 롱런도 가능할 것이다.

다른 한편으로 여러 세대의 참여를 통해 보다 높은 수준의, 보다 보편적인 결과를 도출하는 형태의 협업도 가능하다. 세대별로 구성된 청중평가단의 점수를 합산해 순위를 결정하는 MBC 〈나는 가수다〉는 비록 세대 공감을 위해 기획된 프로그램은 아니지만, 여러 세대의 평가를 혼합한 채점 방식을 통해 특정 세대의 감성적 취향이 아닌 전 세대를 아우르는 대중적 공

Over the generation

감대 형성이라는 보다 보편적인 기준에 의해 순위를 결정한다는 점에서 의미를 갖는다. 이러한 방식은 하나의 합의 시스템으로서 여러 세대의 의견 종합이 문제에 대한 포괄적인 합의와 설득을 이끌어내는 데 있어 매우 경제적인 수단일 수 있음을 시사한다.

### 3. 정체성 구축

'나는 누구인가' 라는 질문에 대한 답을 찾는 과정을 통해 인간은 살아가는 이유를 찾고, 사는 재미를 느끼게 된다. 그래서 인간은 자신의 존재 이유인 정체성 찾기에 열중하고, 모든 세대는 '의미 있는 자아 찾기' 라는 과제를 해결하기 위해 노력한다. 전술한 바와 같이 생애과정의 변동성과 선택성이 커지면서 세대를 불문하고 모든 개인은 자기 존재의 불확실성과 무의미함으로부터 벗어나, 살아야 할 이유를 스스로 찾아야 하는 버거운 짐을 지고 있다. 어떤 세대의 누구이든 간에, 지금 어디서 무엇을 하고 있는지가 중요하다. 특히 은퇴 이후의 기대여명이 늘어나면서 '청춘' 은 더 이상 특정한 나이대의 젊은이만을 지칭하는 배타적인 말이 아니다. 꿈꿀 기회는 누구에게나 열려 있고, 꿈꾸는 사람은 누구든 청춘이다.

정체성 구축이라는 과제 앞에 누구나 같은 입장이라는 사실은, 세대 간의 공감과 응원을 가능케 하는 이유가 된다. 내가 어떤 세대의 누구라는 사실보다 내가 간절히 원하는 누구라는 사실이 더 중요해지고 있다는 것이다.

기대수명이 길어지면서 이전과 달리 젊은 세대뿐만 아니라 은퇴 이후 인생 2막을 기획하는 시니어 세대들에게도 자신의 정체성을 찾아가는 과정은 중요해졌다. KBS 서바이벌 프로그램 〈TOP밴드〉에 출연한 평균연령 74세인 '글로리 앙상블 실버밴드단(실버밴드)'는 무수한 젊은 참가자들 사이에서 단연 눈길을 끌었다. 이 밴드는 인터뷰에서 "나이를 먹어도 무엇이든지 할 수 있다는 능력과 음악에 대한 사랑을 보여주고 싶었다"고 말했다. 김태원이 멘토로 나서서 자신보다 나이 많은 백발의 합창단원을 이끌었던 KBS의 〈남자의 자격〉 '청춘 합창단' 프로젝트도 마찬가지다. 이제 시니어 세대가 음악, 미술, 여행, 봉사 등 그동안 이루지 못했던 꿈에 도전하는 모습은 더 이상 낯설지 않다.

　그들이 은퇴 후 전문성을 살려 새로운 직장에 재취업하는 경우도 흔해지고 있고, 새로운 삶을 위한 전환기 교육에 대한 수요도 대단하다. 일례로 희망제작소의 '행복 설계 아카데미'는 은퇴한 전문직 종사자들의 사회공헌 활동을 지원하는 곳으로, 서류 심사를 통해 수강생을 선발해야 할 정도로 인기를 끌고 있다.[3] 인생 2막을 여는 시니어들에게 일은 더 이상 단순한 돈벌이 수단이 아니라 의미 있는 활동을 통해 자신의 잠재력을 실현하고 도전하는 과정이 되어가고 있다. 일에 대한 시니어들의 이러한 태도는 보람과 열정을 느낄 수 있다면 어렵게 들어간 직장이라도 과감히 사표를 던지고 새로운 직장으로의 이직을 감행하는 젊은이들의 그것과 본질적으로 다르지 않다. 정체성 찾기라는 인생의 과제 앞에서, 모든 세대의 구분이 없어지는 것이다.

# 시사점 : 어떻게 모두를 만족시킬 것인가

세대라는 집단보다 가치와 문화의 공동체가 훨씬 큰 호소력을 갖는 시대가 오고 있다. 이렇게 변화하고 있는 공동체 시대에 기업은 어디에 집중해야 할 것인가? 지금까지 시장을 지배해왔던 소비의 개인화 트렌드는 개인의 독자성에 초점을 맞춰 개인에게 최적화된 경험을 제공하는 데 치중했다. 개인화 트렌드는 물리적으로 동일한 조건의 세대 내에서도 여러 분파의 소비자들이 존재한다는 사실에 주목하라고 말한다. 기존 마케터들에게는 고객 집단을 어떻게 세분화할 것인가가 최대의 과제였다면 세대 공감의 시대에는 소비자를 잘게 쪼개기보다는 어떻게 그들의 다양성을 초월하는 공통의 가치를 찾을 것인가가 반드시 해결해야 할 난제다.

여러 세대를 아울러 두루 공감을 자아낼 수 있는 솔루션이 각광받을 것이다. 다수를 만족시킬 수 있는 대안을 모색하는 과정은 두루뭉술한 문제 해결의 과정이 아니라, 문제 상황을 보편적 가치의 관점에서 바라보는 과정이다. 예를 들어 보자. 이제 **유니버설 디자인** 개념이 중요해질 것이다. 유니버설 디자인은 원래 장애인이나 노약자, 어린이도 사용에 불편이 없도록 약자 중심의 배려를 강조하는 개념에서 출발했다. 하지만 지금은 전 생애 단계별 모든 개인의 니즈를 수용할 수 있는 보편적인 가치 중심의 디자인으로 개념이 확장되고 있다. 예를 들어 기존 세면대는 높이가 고정되어 있지만 유니버설 디자인 개념을 채용한 아메리칸 스탠다드의 높낮이 조절 세면대는 세면대 우측 손잡이를 돌리면 쉽게 높이를 조절할 수 있어, 누구든

지 본인의 키에 맞춰 사용할 수 있다.[4]

세대별 접근이 무의미해지는 것은 아니지만, 우리가 앞서 살펴본 여러 현상은 소비자를 여러 세대로 분할하기보다는 세대를 초월하는 보편적 공감대를 발굴함으로써 시장의 파이를 더 키울 수 있다는 가능성을 보여준다. 급변하는 환경이 세대 간 격차를 더욱 크게 벌리기보다 오히려 격차가 줄어들게 하는 힘으로 작용할 수 있기 때문이다. 변화에 적응해야 하는 상황은 어느 세대나 마찬가지다. 물리적 나이보다 급변하는 세상에서 어떤 의미를 추구하며 어떤 존재로 살아갈 것인가가 더 중요해지고 있다.

누구도 소외되지 않고 여러 세대가 함께 즐길 수 있는 작은 소재에서부터 출발해야 한다. 특정 세대만이 이해할 수 있는 소재나 감성보다는, 보편적인 가치를 강조하되 그것은 또한 쉽고 세련되어야 한다. 같은 취미나 목적을 가진 사람들이 세대불문하고 모임으로써 오히려 얻어가는 것이 많은 상황을 기획할 필요가 있다.

예를 들어, 미국 시카고의 '매더 카페 플러스Mather Cafe Plus'는 시니어를

## 유니버설 디자인universal design

1990년 미국의 건축가 로널드 메이스가 주창한 유니버설 디자인은 장애나 연령에 관계없이 누구나 제품 · 건축 · 서비스 등을 편리하고 안전하게 이용할 수 있도록 설계하는 것으로, "모두를 위한 디자인Design for All"으로도 설명된다. 노스캐롤라이나 주립대학의 유니버설 디자인 센터는 유니버설 디자인의 7대 원칙으로 (1) 공평한 사용, (2) 사용상의 융통성, (3) 간단하고 직관적인 구조, (4) 정보 이용의 용이성, (5) 오류에 대한 포용력, (6) 적은 물리적 노력, (7) 접근과 사용을 위한 충분한 공간을 제시했다.

위한 복합 문화공간형 카페로서, 시니어 비즈니스의 성공 사례로 자주 회자된다. 매더 카페 플러스는 "카페 그 이상more than a cafe"이라는 슬로건을 내걸고, 축제·음식·건강·여행·강좌 등 시니어는 물론이고 가족들, 다른 세대들이 함께 참여할 수 있는 다양한 프로그램을 갖춘 에지워터 Edgewater란 프로그램을 제공하고 있다. 이곳은 노인들만 출입하는 공간이 아니라 누구라도 함께 어울릴 수 있는 세련된 사랑방으로 자리 잡았다.

우리나라의 경우, 이와 같이 특정 세대만을 위한다기보다 누구나 개인적인 취미나 목적을 중심으로 즐기고 교류할 수 있는 이렇다 할 장이 거의 전무할 실정이다. 최근 몇 군데 생겨나고 있는 시니어 카페 정도에서 그나마 단초를 찾을 수 있다.[5] 바리스타 등 스태프들이 모두 시니어들로 구성되는 시니어 카페는 일반 카페와 비교해 손색이 없는 커피맛과 밝은 분위기로 서서히 젊은이들의 호응을 얻고 있다. 하지만 시니어 일자리 창출이라는 관점에만 머무르고 있어 아직은 그냥 커피 전문점에 불과한 상황이다.

아주 작고 사소하지만 실질적인 것에서부터 출발해 개인차와 세대차를 뛰어넘는 공감을 얻는 것이 무엇보다 중요하다. '나이'가 아닌 '가치'에 초점을 맞추어 누구나 만족할 수 있는 실질적인 콘셉트와 패키지를 개발할 필요가 있다. 세대 공감의 잠재된 수요의 무궁무진함에 주목하라.

# Neo-minorism
## 마이너, 세상 밖으로!

●

신생이 뜬다. 소비자들은 새로 생겨난 것, 즉 기존에 없던 것에 눈을 돌리고 있다. 그들은 유구한 역사와 모방할 수 없는 전통을 내세우는 브랜드가 아니라 자신들에게 흥미나 감동을 주는 스토리를 가진 신생 브랜드에 관심을 보인다. 그동안 비주류라고 무시당하던 많은 요소들이 저마다의 스토리로 무장하고 시장을 종횡무진하고 있다. 이러한 변화는 사실 매우 시대적인 것이다. 히스토리보다 스토리를 중요시하는 시장의 흐름, 하위문화에 대한 관용성이 높아지는 포스트모더니즘, 그리고 SNS를 비롯한 매체의 발달로 소비자가 가진 정보가 풍부해져 보다 합리적인 선택을 할 수 있게 된 까닭이다. 현대의 소비자들은 충성심이 약하다. 소비자들의 마음이 시계추처럼 흔들리면서 선택을 보장받을 수 있는 브랜드 파워가 갈수록 줄어들고 있다. 이는 선거의 영역에서도 마찬가지다. 지난 선거의 성공 신화나 후보의 명성에만 안주하는 것은 패배로 가는 지름길이다.

●

**DRAGON BALL**

영화계에서 여름은 그해의 흥행 대작들이 맞붙는 격전장이다. 2011년 여름의 초입에 가장 기대를 모았던 작품은 〈퀵〉, 〈7광구〉 그리고 〈고지전〉이었다. 〈퀵〉과 〈7광구〉는 우리나라 최고의 흥행사라고 할 수 있는 JK픽처스의 윤제균 감독이 제작을 맡은 대작이었다. 〈퀵〉은 오토바이가 건물 옥상을 날아다니고 도심 한복판에서 차량이 펑펑 터지는 액션을 선보였으며, 〈7광구〉는 흥행 보증수표 하지원을 내세워 본격적인 3D 블록버스터를 표방한 작품이었다. 또 인기배우 고수가 주연한 〈고지전〉은 〈의형제〉의 장훈 감독과 〈공동경비구역 JSA〉의 박상연 작가가 의기투합해 개봉 전부터 큰 기대를 모았다. 누가 이겼을까?

승자는 누구도 크게 기대하지 않았던 〈최종병기 활〉이었다. 경쟁작보다 늦게 그리고 조용히 출발한 〈최종병기 활〉은 영화를 보고난 관객의 긍정적인 입소문에 힘입어 '최종 승자'가 됐다. 사실 이 영화의 흥행 돌풍은 다소 놀라운 결과다. 김한민 감독이나 박해일·류승룡·문채원 등 주연배우의 티케팅 파워가 윤제균 감독이나 하지원·안성기·고수에 비하면 많이 떨어진다고 보아도 무방했으며, 스토리라인 역시 비교적 간단해서 스피디한 액션이나 스펙터클한 3D 영상, 혹은 장대한 전쟁 영화와 경쟁할 수 있는 요소가 별로 없어 보였기 때문이다.

왜 이런 현상이 벌어졌을까? 정덕현 문화평론가는 그 이유를 다음과 같이 설명했다.

"이제 시대는 달라졌다. 극장에서의 반응은 거의 즉각적으로 대중에게 전달된다. 따라서 영화의 성패도 거의 단 며칠 사이에 결정되는 것이 지금

**이제 비주류라 여겨지던 많은 요소들이
저마다의 스토리로 무장하고 식상함에 질린 소비자들을 유혹한다.
마이너라는 소재는 더 이상 약점이 아니라
신선한 스토리를 만들 수 있는 최적의 재료다. 아이디어와 스토리의 치열한
'콘텐츠 전쟁'이 벌어지고 있는 소비 시장에서,
신세대 소비자들은 복제가 불가능한 감성을 요구하고 있다.**

의 시장이다. 그만큼 작품 외적인 요소가 아니라 작품 내적인 요소에 의해 성패가 좌우된다는 얘기다."[1]

다시 말해서 이제는 제작자·감독·주연배우·시놉시스 등과 같은 작품의 외재적 요인으로 초기에 관객을 대거 동원해 승부를 보기는 어려워졌고, 영화 자체가 얼마나 재미있고 완성도 높은가 하는 내재적 요인이 흥행의 중요한 요소가 됐다는 것이다.

2009년의 일이지만, 〈워낭소리〉의 흥행 역시 이런 맥락이 아니면 그 성공을 설명하기 어렵다. 이 다큐멘터리는 팔순의 농부와 마흔 살 황소의 삶을 진솔하게, 어쩌면 밋밋하고 지루하게 그려냈다. 흥행하고는 거리가 한참 멀 것 같은 이 다큐멘터리가 입소문에 입소문을 타고 상영관을 늘려간 끝에 300만 관객을 불러 모으며 우리나라 독립영화 역대 최다 관객을 동원했다. 이후 TV에서도 MBC의 〈아마존의 눈물〉과 〈북극의 눈물〉, KBS의 〈차마고도〉와 〈누들로드〉, SBS의 〈최후의 툰드라〉 등과 같은 대형 다큐멘터

리나 KBS의〈인간극장〉과 〈다큐멘터리 3일〉, SBS의 〈희망 프로젝트〉 등 생활 속의 작은 다큐들이 인기를 끌었다. 일부 마니아층만 시청하던 다큐멘터리가 인기 프로그램으로 등극할 수 있었던 것 역시 이러한 측면에서 이해할 수 있다.

이런 현상은 전통 있는 메이저major 브랜드가 아닌, 신생 마이너minor 브랜드라도 이제 실력만 있다면 얼마든지 인정을 받을 수 있는 시대가 되었음을 알린다. 마이너들이 세상 밖으로 나오고 있다. 일단 불이 붙으면 마이너의 폭발력은 메이저보다 오히려 더 세다. 예상하던 것이 터질 때보다 별 기대하지 않았던 것이 터졌을 때 사람들은 더 격렬하게 반응하기 때문이다. 강한 임팩트를 몰고 다니는 마이너는 순식간에 메이저가 될 수 있고, 역사를 자랑하는 메이저도 한 순간에 마이너로 떨어지는 세상이다.

이러한 트렌드를 우리는 〈Neo-minorism〉이라고 명명하고자 한다. 마이너들이 힘을 낸다는 의미에서 minorism이라는 단어를 사용했고, 그러한 경향이 '새로운' 매체의 등장과 사회적 패러다임에 기인한 것이라는 의미에서 Neo-라는 접두어를 붙였다. 2012년 우리가 주목하는 〈Neo-minorism〉은 그동안 변방에 머물던 주변적 감성이나 새로이 선을 보이는 신생 브랜드라 할지라도, 실력만 갖추면 얼마든지 소비자의 선택을 받을 수 있게 된 트렌드를 지칭한다.

# 마이너, 메이저가 되다

브랜드의 힘이 약해지고 있다. 그동안 브랜드는 상품의 모든 것이라고 부를 만큼 소비자 선택의 핵심적인 요소였다. 하지만 신생의 마이너들이 뜰 수 있다는 것은 브랜드에게는 하나의 도전이다. "No Brand No History(역사 없는 무명의 브랜드)"라는 슬로건 아래 철저하게 소비자의 니즈에만 충성을 다하는 실용적인 제품들의 약진이 눈에 띈다.

대표적인 예로 일본 브랜드인 MUJI를 들 수 있다. 노 브랜드 전략으로 유명한 MUJI는 제품 어디에서도 마크나 로고를 찾아볼 수 없는 심플함 그 자체를 특징으로 한다. 사실 MUJI 제품들은 일본의 내로라하는 디자이너들이 심혈을 기울여 만든 작품들이다. 탄생 연도로 봐도 MUJI는 신생 기업은 아니다. 하지만 그 출현 배경과 스토리는 '신생'이다. MUJI는 1980년대 말 석유 파동으로 제품 가격 급상승을 막을 수 없어 생산에 어려움을 겪게 되자, 소비자들을 위해 진정 필요한 디자인에만 초점을 맞추기 위해 고민한 결과 탄생한 브랜드다. 부수적인 것은 모두 제외하고 오로지 품질에만 전력투구해 가장 기본적인 제품을 탄생시킨 것이다. MUJI의 브랜드명에 쓰인 일본말 '무지루시無印良品'는 이러한 탄생 스토리에 입각해 'No Brand'라는 의미를 담고 있다. 2005년부터 세계 시장에 도전장을 내민 MUJI는 지난 몇 년간의 꾸준한 상승세에 힘입어 이제는 타 브랜드를 위협할 만큼 무서운 대안으로 떠올랐다.

지금은 뉴욕 5번가를 통틀어 가장 큰 규모의 리테일 매장을 오픈하며 패선업계의 거물이 된 '유니클로'도 출범 당시에는 마이너였고, MUJI와 비슷한 신생 전략을 통해 뉴욕에 진출했다. 유니클로는 2006년 첫 뉴욕 진출 당시부터 신생 브랜드임을 강조하는 마케팅 전략을 구사했다. 당시 유니클로는 '일본에서 갓 들어온 브랜드'라는 점을 부각시키기 위해 컨테이너 박스를 이용해 팝업 스토어를 열었다.[2] 이러한 유니클로의 시도는 오늘날 전 산업으로 확산된 팝업 스토어의 전설로 남았다. 유니클로는 성공적인 입성 이후에도 초지일관 신생 브랜드의 자세를 잃지 않고 있다. "패션은 디자인"이라는 기존관념을 깨고, 히트텍 · UV-CUT · 사화라인 등 새로운 기능의 신소재를 무기로 소비자층을 넓혀가고 있는 것이다.

이러한 마이너 문화의 확산은 '부티크 문화'라는 새로운 현상을 낳고 있다. 가장 일반적인 것이 부티크 레스토랑이다. 테이블은 서너 개 뿐이지만 최고급 퍼포먼스와 뛰어난 식자재로 오감을 만족시키는 숨은 부티크 레스토랑이 과거 럭셔리 외식의 대명사인 호텔 레스토랑을 대체하고 있다. 부티크 레스토랑은 천편일률적인 메뉴에서 벗어나 개성 있는 셰프들의 창

**부티크**boutique

패션업계에서 작은 점포나 소매점 등을 일컫는 단어로, 규모는 크지 않지만 개성이 강한 의류를 취급하는 점포를 뜻한다. 파리의 오뜨 꾸띠르haute couture에서 패션 소품이나 디자이너 이름이 들어간 화장품 등을 자신의 살롱 옆이나 위 · 아래층에 작은 별도의 매장을 꾸며 판매하는 곳을 부티크라고 부른 데서 유래했다. 최근에는 개성 강한 마니아가 향유하는 고급스러운 장소라는 개념으로 확장돼 부티크 호텔, 부티크 레스토랑, 부티크 에스테틱, 부티크 에이전시 등 다양한 영역에서 사용되고 있다.

콘테이너를 이용한 팝업 스토어로 뉴욕에 첫선을 보인 유니클로는 현재 뉴욕 중심가에 대형 매장을 연 메이저 브랜드로 성장했다.

의적인 음식을 맛볼 수 있을 뿐 아니라 트렌디한 인테리어와 최고급 서비스를 누릴 수 있어 트렌드 세터들의 사랑을 받고 있다.

독특한 테마를 가지고 층별로 혹은 객실별로 다르게 꾸며진 부티크 호텔의 인기도 상당하다. 부티크 호텔은 공간을 통해 고객에게 말 걸기를 시도한다. 다양한 형태의 객실은 물론 로비며 레스토랑까지 소비자가 마치 뮤지컬 속 한 장면에 들어와 있는 것 같은 새로운 경험을 선사한다. 부티크 호텔은 천편일률적인 호텔에 지루함을 느낀 소비자들을 위한 대안으로 시작됐는데, 규모가 작은 대신 개성 넘치는 디자인을 채용함으로써 호텔 트렌드의 대세로 자리잡아가고 있다. 우리나라에도 'IP부티크 호텔'을 비롯해 '라 까사La Casa' 등 자신들만의 콘셉트를 가진 개성 넘치는 부티크 호텔이 늘고 있다. 젊은층의 파티문화 확산과 도심형 휴가와 같은 라이프스타일 변화에 힘입어 이러한 부티크 호텔에 대한 수요는 계속 늘어날 것으로 전망된다.

이처럼 신생의 마이너 브랜드들이 역사와 전통을 강조하는 기존 브랜드 간 격전의 틈바구니 속에서 갈수록 다양해지는 소비자의 니즈를 맞추기 위해 새로운 마케팅과 디자인을 내세워 경쟁력을 키우고 있다. 불특정 다수를 겨냥한 과시적이고 천편일률적인 스타일은 가고 이제 '아는 사람만 아는' 게임이 시작된 것이다. 신생 브랜드들은 의도적으로 로고는 숨기거나 줄이고, 제품의 특화된 스토리로 승부한다. 유니클로의 기능만점 신소재나, MUJI의 "No Brand, Yes Reason" 처럼 말이다.

## 히스토리를 이기는 스토리의 힘

이처럼 신생의 마이너들이 힘을 낼 수 있는 것은 역사history를 자랑하는 기존의 브랜드 파워보다 재미있는 이야기story를 들려줄 수 있는 새로운 대안을 모색하는 소비자들의 취향 변화 탓이다.

이제 비주류라 여겨지던 많은 요소들이 저마다의 스토리로 무장하고 식상함에 질린 소비자들을 유혹한다. 마이너라는 소재는 더 이상 약점이 아니라 신선한 스토리를 만들 수 있는 최적의 재료다. 아이디어와 스토리의 치열한 '콘텐츠 전쟁'이 벌어지고 있는 소비 시장에서, 인터넷의 무한 확장성이라는 수혜를 입은 신세대 소비자들은 복제가 불가능한 감성을 요구하고 있다. 스토리텔링의 시대, 기업들은 이전에 볼 수 없었던 다양한 하위문화의 재해석과 감성 충만한 이야기꽃을 피우는 데 주력해야 한다.

히스토리는 역사가들의 기록으로, 무너뜨릴 수 없는 아성이자 정통성이다. 이에 반해 스토리는 트렌디한 스타성이고 유일하게 히스토리의 아성을 깰 수 있는 신선한 무기다. 열정과 패기, 스토리가 있는 마케팅과 개성 넘치는 디자인 전략을 구사한다면 레드오션에서도 얼마든지 자신만의 블루오션을 창출해낼 수 있다. 이런 마이너의 약진은 소비자들 입장에서는 매우 짜릿한 소재가 아닐 수 없다.

수원 재래시장 한 켠에는 '용성통닭'이라는, 마니아들 사이에서는 제법 소문난 통닭집이 있다. 이 집은 언제나 손님들로 북적이는데, 이곳의 인기 비결은 대표가 직접 만드는 '용성이야기'라는 이름의 소식지에 있다. '용성이야기'는 배달 봉투 속에도 넣어 주고 매장을 찾는 고객들이 가져갈 수 있게 카운터에도 비치돼 있다. 작은 통닭집에서 만드는 소식지를 그냥 지나칠 법도 한데 고객들의 반응은 의외로 뜨겁다. 한 달에 40만 원 정도를 들여 만드는 이 소식지가 시장의 이야기를 실어 나르며 스토리텔링 마케팅의 통로 노릇을 톡톡히 해내고 있는 것이다.[3] '용성통닭'의 사례를 통해, 소소하지만 따뜻하게 소비자의 마음을 파고드는 이야기의 힘을 확인할 수 있다. 이처럼 스토리는 소비자의 선택을 이끄는 동기로 급부상하고 있다.

이야기가 중심이 되는 세상이 도래한다. 미래학자 롤프 옌센Rolf Jensen의 말처럼 '꿈의 사회Dream Society'가 다가오고 있는 것이다. 상상력이 곧 생산력인 세상에서 스토리텔링은 소비자의 마음을 얻을 수 있는 핵심 무기다. 유구한 역사를 자랑하고 높은 가치를 가진 브랜드라고 해서 방심할 수 없는 세상이 됐다. 매력 있고 재미있는 이야기를 들려줄 수 있는 신생의 마이

스토리는 히스토리의 아성을 깰 수 있는 유일한, 그리고 신선한 무기다. 지미추는 〈섹스 앤 더 시티〉의 스토리를 타고 전 세계 여성들을 사로잡으며 일약 럭셔리 브랜드의 반열에 올랐다.

너들이 약진을 거듭하면서 전통적인 거물이라는 장점이 오히려 진부하다는 약점으로 작용할 수 있다. 1990년대 중반에 탄생한 영국의 신생 구두 브랜드 '지미추'는 유구한 역사와 전통을 자랑하는 기존의 럭셔리 브랜드들이 중후장대한 이미지를 내세울 때 각종 시상식장에 참석한 할리우드 여배우들을 공략하는 기발한 레드카펫 마케팅을 펼쳤다. 〈섹스 앤 더 시티〉의 여주인공이 끈이 떨어진 자신의 구두를 들고 "내 지미추가 망가졌네"라고 내뱉은 짤막한 대사 하나에 지미추는 전 세계 여성의 로망으로 떠올랐다. 스토리는 히스토리를 이긴다.

이제 '전통', '대형', '중진' 혹은 '거물'이라는 말은 그다지 긍정적인 이미지로 다가오지 않는다. 오히려 그런 형용사가 따라붙은 제품이나 사람은 그 이미지를 벗어버리기 위해 애를 써야 할지도 모른다. 과거의 영광이나 전통의 힘이 더 이상 큰 힘을 발휘하지 못하고 있다.

# 마이너가 약진하는 사회적 배경

이처럼 마이너가 약진을 할 수 있게 된 것은 단순히 소비자들의 취향이 단기적으로 변화했기 때문만은 아니다. 매우 시대적인 변화의 결과다. 특히 사회문화적 · 기술적 · 경제적 원인을 지적할 수 있다.

### 1. 하위문화의 발흥

마이너리티가 주류 시장에서 힘을 낼 수 있게 된 사회문화적 배경으로 포스트모던의 다원화 시대를 맞으며 하위문화가 부상하고 있다는 사실을 들 수 있다.

포스트모더니즘 사회로의 이행에 따른 하위문화의 발흥은 그 역사가 매우 깊다. 제2차 세계대전 이후 승전국으로 일찌감치 소비사회로 진입한 미국은 기술 발전에 힘입어 풍요의 시대를 맞이했다. 누릴 것이 넘쳐났던 미국의 1960년대는 베트남 전쟁에 반대하는 반전시위의 물결로 뒤덮였다. 반전시위의 주동자였던 젊은이들의 저항문화를 상징하는 히피와 같은 하위문화는 급속도로 확산됐고, 이들은 로큰롤과 동양의 신비 같은 비주류 미학에 심취하며 다양한 문화를 양산했다. 유럽 또한 마찬가지였다. 50년 넘게 지속된 모더니즘의 기능적인 미학에 염증을 느낀 사람들은 당시 비주류로 여겨졌던 포스트모더니즘에 열광했다. 아직까지 미국이나 유럽에서의 하위문화적 요소는 주류문화와 구별이 쉽지 않을 정도로 영향력이 강하다.

우리 사회에서도 하위문화에 대한 관용성이 갈수록 높아지고 있다.

1960년대 이후의 고도 경제성장으로 어느 정도의 물질적 풍요를 누릴 수 있게 된 시점에 이르면서, 한국에서도 다양한 저항문화와 하위문화들이 태동하고 있다. 특히 외국인 이민자가 늘어나면서 빠르게 다문화 사회로 이행하고 있는 우리나라에서 이제 하위문화는 배척의 대상이 아니라 새로운 대안으로 떠오르고 있다. 홍대 앞의 하위문화라고 여겨졌던 인디 밴드들이 공중파 TV의 양지로 나와 자웅을 겨루었던 KBS의 〈Top 밴드〉나, 연변 출신의 백청강이 스타로 떠올랐던 MBC의 〈위대한 탄생〉 등은 현재 우리나라에서도 얼마나 하위문화의 위상이 높아지고 있는가를 잘 보여주는 현상이라고 할 수 있다.

케이블TV는 한 걸음 더 나아가 과거에는 비정상으로 분류됐던 마이너들을 발굴해 오히려 화제로 만들고 있다. tvN에서 인기리에 방영중인 〈화성인 바이러스〉는 **오타쿠**를 '화성인'이라는 독특한 개성으로 승화시키며, 마이너의 메이저 진출을 본격화시킨 대표적인 사례 중 하나다. 자유분방하

---

### 오타쿠

1983년 일본의 칼럼니스트 나카모리 아키오가 처음 사용한 용어로, 한 분야에 지나치게 열중하는 사람을 일컫는다. 원래 '당신' 또는 제3자의 집을 높여 부르는 말인 '귀댁'에서 유래했다. 만화나 애니메이션, 게임과 같은 대중문화 분야에서 동일한 취미를 가진 사람들이 동호회에서 만났을 때 서로 예의를 지키고 존중하는 태도로 상대방을 부를 때 사용하는 말이다. 처음에는 심취한 분야 외에 다른 분야의 지식이 부족하고 사교성이 결여된 인물이라는 부정적인 의미로 사용됐으나, 다원화 시대에 하위문화의 중요성이 부각되면서 특정 분야에 전문가적 지식을 갖고 있는 마니아라는 긍정적인 의미로도 사용되고 있다.

게 프로그램을 진행하는 세 명의 MC 중에서 감초 역할을 하는 방송인 김구라는 '마이너 기질'의 대표적인 인물로 분류된다. 독설, 부적절한 방송 태도, 부정적인 의견 피력은 그의 트레이드마크다. 출연하는 '화성인'들이나 진행자 모두 마이너 감성으로 충만하다.

비슷한 예로 그룹 부활의 멤버인 기타리스트 김태원이나, 전형적인 마이너 개그를 선보이는 개그맨 유세윤이 결성한 UV는 인기 상종가를 달리고 있다. 이들은 어딘가 부적합해 보이는 마이너 성향으로 예능계에 연착륙하는 데 성공했다. 마이너 캐릭터로 등장해 당당히 주류 방송인으로 자리매김한 것이다.

해가 거듭될수록 그 영향력이 커지고 있는 M.net의 〈슈퍼스타K 3〉의 관전 포인트 역시 비주류의 등극이다. 이전 시즌과 달리 그룹의 참가를 허용한 〈슈퍼스타K 3〉의 최종 톱4 중 세 팀이 솔로가 아닌 듀엣 이상의 그룹이었다. 그룹 참가 허용이라는 룰의 변화는 기존 〈슈퍼스타K〉의 관전 포인트를 완전히 바꿔놓았다. 그동안 노래 잘하는 솔로의 무대는 수없이 봐왔다. 이제 노래든 연주든 아니면 춤이든 팀워크가 만들어내는 새로운 에너지에 시청자들은 주목하기 시작했다. 표정과 눈빛까지 완벽하게 매니징된 아이돌 그룹들에 식상해진 팬들은 이제 음악적 열정만으로 거리로 나가 **버스킹**을 하는 밴드의 음악적 자존심에 열광하기 시작한 것이다. 나이도 많고 꽃미남 하나 없는 그룹이지만 완벽한 가창력에 팬들과 호흡하는 즐거운 무대를 선사하는 퍼포먼스 그룹의 등장이 환영받고 있다.

세계적인 동영상 공유 사이트 유튜브에서 가장 인기 있는 장르 중 하나가 버스킹이다. 세계 각국의 버스킹을 절묘한 편집을 통해 듀엣이나 합창 버전으로 만들어 올리기도 한다. 나아가 각 관광지마다 버스킹은 이제 구걸 행위가 아니라 하나의 관광 상품이 되고 있다. 눈살을 찌푸리게 만들던 버스킹이 하나의 장르로 대접받을 수 있다는 사실은, 하위문화의 위상이 어디까지 올라왔는지를 짐작하게 한다.

## 2. 매체의 비약적 발달과 정보 환경의 개선

마이너의 약진을 가능하게 한 기술적 여건은 역시 매체 기술이 획기적으로 발달하고 있다는 점에서 찾을 수 있다. 인터넷이 등장하면서 일방향의 대중 커뮤니케이션mass communication에서 다방향의 개인화 커뮤니케이션으로 일반 대중의 의사소통 방식이 혁명적으로 달라졌다. 최근에는 스마트폰의 보급과 더불어 SNS가 일반화되면서 다방향의 커뮤니케이션이 언제 어디서나 즉각적으로 가능한 세상이 되었다.

이러한 변화를 소비자 선택의 측면에서 보면 정보환경이 매우 좋아졌다고 해석할 수 있다. 서두에 언급한 영화를 예로 들자면, 과거에는 어떤 영

### 버스킹busking

지나가는 사람들에게 돈을 얻기 위해, 길거리에서 연주와 노래를 하는 행위를 말한다. 주로 인지도가 없는 밴드가 자작곡을 들고 나와 사람들이 있는 곳을 찾아다니며 공연을 하는데, 특별한 음향장비 없이 바로 앞에서 진솔한 노래와 연주를 들을 수 있다는 매력 때문에 젊은이들 사이에서 인기를 얻고 있다. 특히 각종 지역 축제의 증가와 UCC의 일상화가 버스킹 확산을 주도하고 있다.

이제 '전통', '대형', '중진' 혹은 '거물'이라는
말은 그다지 긍정적인 이미지로 다가오지 않는다.
오히려 그런 형용사가 따라붙은 제품이나 사람은
그 이미지를 벗어버리기 위해 애를 써야 할지도 모른다.
과거의 영광이나 전통의 힘이 더 이상 큰 힘을 발휘하지 못하고 있다.

화가 재미있을지 없을지 미리 판단할 수 있는 방법이 그리 많지 않았다. 주위에서 같은 영화를 본 사람을 찾는 것이 쉽지 않고 영화에 대한 정보도 영화 제작자가 제공하는 광고 외에는 없었기 때문이었다. 그러니 유명한 영화평론가의 평을 참고하거나 제작자·감독·주연배우·시놉시스 등을 기준으로 영화를 볼지 말지 결정했던 것이다. 이러한 상황에서 전통 있는 브랜드의 티케팅 파워는 대단했다.

하지만 이제는 인터넷이나 SNS에 접속하면 해당 영화를 관람한 사람들의 평을 부지기수로 만날 수 있다. 그 영화가 얼마나 재미있을지에 대한 판단을 별점과 평점만으로도 큰 비용이나 위험부담 없이 내릴 수 있게 된 것이다. 그러니 과거 중요하게 생각했던 평론가나 감독이라는 기준은 이제 그다지 큰 고려 대상이 아니다.

이는 비단 영화 선택에서만의 문제가 아니다. 소비자와 생산자, 유권자와 후보자 사이의 정보비대칭information asymmetry도 현저하게 감소하고 있다. 이제 감출 수 있는 것이 거의 없어진 것이다. 분산되었던 소비자들이 SNS

를 통해 네트워크를 형성하면서 정보를 모으고 서로의 판단을 보완할 수 있게 됐다. 그 어느 때보다도 스마트해진 소비자 집단은 이제 더 이상 전통적인 브랜드 파워에 의존할 하등의 이유가 없어졌다. 조금이라도 더 나은 대안이라고 판단되면 아무리 '마이너' 하더라도 주저하지 않고 선택할 수 있게 된 것이다.

## 3. 롱테일 경제의 정착

전술한 변화는 결국 실물부문에서도 **롱테일 법칙**이 정착할 수 있는 문화·기술적 토양을 마련하고 있다. 롱테일 법칙이란 디지털 콘텐츠나 소프트웨어 분야에 주로 적용되던 법칙으로, 충성스러운 20%의 고객이나 잘 팔리는 상위 20%의 제품이 전체 매출의 80% 이상을 차지한다는 '파레토 법칙' 에 반대되는 법칙이다. 다시 말해서 디지털 경제 하에서는 분포곡선의 '긴 꼬리' 에 해당하는 80%의 사소한 다수 소비자나 잘 팔리지 않는 상품들이 중요한 가치를 창출할 수 있다는 논리다. 디지털 콘텐츠의 경우에

### 롱테일 법칙 long-tail law

파레토 법칙과는 거꾸로 80%의 '사소한 다수' 가 20%의 '핵심 소수' 보다 뛰어난 가치를 창출한다는 이론으로, '역逆 파레토 법칙' 이라고도 한다. 예를 들면, 온라인 서점 아마존닷컴의 전체 수익 가운데 절반 이상은 오프라인 서점에서는 서가에 비치하지도 않는 비주류 단행본이나 희귀본 등 이른바 '팔리지 않는 책' 들에 의하여 발생하고, 인터넷 포털 구글의 주요 수익원은 포춘 500대 기업과 같은 '거대 기업' 들이 아니라 꽃 배달 업체나 제과점 등의 '자잘한' 광고주라는 것이다.[4]

는 검색이 용이하고 장기간 보존이 가능하기 때문에 가능한 법칙이다.

이처럼 롱테일경제가 정착하고 있는 추세는 시사하는 바가 많다. 새로이 발생하는 소비자들의 니즈를 잘 파악하여 그 틈새를 잘 공략하면, 아무리 강한 대기업 브랜드가 시장을 평정하고 있는 상황에서도 소비자의 선택을 받을 수 있는 가능성이 있다는 것이다. 물론 이 경우 치열한 경쟁 속에서 소비자의 주목을 끌어야 한다는 큰 부담이 남아 있기는 하다(〈Attention! Please〉 키워드 참조). 하지만 이러한 제약을 잘 극복한다면 중소기업의 신생 마이너 브랜드들도 참신한 기획력으로 시장에서 힘을 낼 수 있을 것이다.

## 시사점 : 마이너 마인드를 향하여

신생이 뜬다. 소비자들은 새로 생겨난 것, 즉 기존에 없던 것에 눈을 돌리고 있다. 그들은 유구한 역사와 모방할 수 없는 전통을 내세우는 브랜드가 아니라 자신들에게 흥미나 감동을 주는 스토리를 가진 신생 브랜드에 관심을 보인다.

마이너의 매력을 만들어 내기 위해 필요한 것의 하나는 치밀한 역발상이다. 여기서 역발상은 기법이 아니라 태도에 더 가깝다. 핵심이 아닌 주변의 것들을 보기 위해 거꾸로 생각해야 한다. 익숙한 것에 새로운 것을 더했을 때, 포기하고 있던 것이 성공을 이룰 때, 혹은 이질적인 것들의 결합으로 새로운 것이 탄생할 때 소비자의 놀라움은 배가될 것이다.

소위 '그들만의 리그'로 불리던 메이저리그의 견고한 룰은 많이 퇴색됐다. 마이너라 여겨지던 모든 것들에 생명력을 불어넣어야 한다. 다양한 가능성과 잠재적 가치를 누가 먼저 발굴해 내느냐에 승패가 결정된다. 마이너는 진정 '잠재력의 집약체'이다.

브랜드가 절대적인 가치를 고수하기에는 소비자들의 변덕이 너무 심해졌다. 주류와 비주류를 나누던 경계선은 이미 설득력을 잃고 있다. 이제 주류라 일컬어지는 것이 소수 비주류보다 우월하다는 증거는 찾기 어렵게 되었다. 주류와 비주류를 나누는 시각이나 행위 자체가 무의미해진 것이다.

현대의 소비자들은 충성심이 약하다. 〈Neo-minorism〉 시대의 이러한 성향은 선거와 정치문화로 그대로 옮겨가고 있다. 우리나라뿐만 아니라 전 세계적으로 메이저 정당이 설자리를 잃고 있으며 녹색당에 이어 해적당과 같은 마이너 당이 당당하게 의석을 차지한다. 현대의 선거전에서는 영원한 '집토끼'도 영원한 '산토끼'도 존재하지 않는다. 자신의 요구와 관심사를 그때그때 표출하고 답을 기대하는 정책 소비자들이 있을 뿐이다. 과거의 성공 신화, 후보자의 브랜드, 당 차원의 전폭적인 지원은 별 의미가 없어졌다.

〈Neo-minorism〉은 새로 시장에 진입하려는 마이너에게는 복음이지만, 브랜드 파워만 겨우 갖춘 메이저에게는 악몽이다. 소비자들의 선택의 흔들림이 강해지면서 보장받을 수 있는 브랜드 파워의 기득권이 줄어들기 때문이다. 영원한 마이너도, 영원한 메이저도 없는 세상이 되었다. 그러나 이들이 힘든 만큼, 선택의 폭이 넓어진 소비자들은 한층 더 행복하다.

# Blank of my life
## 스위치를 꺼라

•

과잉의 시대다. 물건도, 친절도, 관심도, 과하다 못해 넘친다. 숨 쉴 겨를도 없이 앞만 보고 달려온 소비자들은 이제 '나만 빼고 모든 것이 일시정지 pause되는 상태'를 꿈꾼다. 하루 단 몇 분이라도 지위와 역할에서 벗어나 오직 '나'만을 위한 시간을 갖길 원한다. 성취감을 높이는 것이 아닌, 기대를 낮추는 것으로부터 행복이 시작된다. 이러한 경향은 '더more value'보다 '덜 less value'의 형태로 나타난다. 새로운 경험을 추가하는 여가보다는 일상과 완전히 단절될 수 있는 여가가 뜬다. 제품이나 서비스도 하나의 장점에만 집중할 뿐, 부가적인 요소는 과감히 삭제한다. 비워진 공백은 위로와 공감으로 채워진다. 2012년 지친 소비자들에게 과잉은 덕德이 아닌 독毒이다. 소비자의 공백을 영리하게 점령하는 기업이야말로 새로운 시장의 기회를 잡을 것이다.

•

**DRAGON BALL**

**사회가 복잡해질수록, 일상이 소란스러워질수록,
아무것도 하지 않는 상태인 '공백'에 대한
소비자의 니즈는 오히려 증가한다. 기업 간 경쟁이 점점 더
가열되고 있는 현 시점에서, 소비자의 여백을 점령하는 기업이야말로
경쟁 없는 새로운 시장의 기회를 잡게 될 것이다.**

"한국을 보면 전 국민이 신경쇠약에 걸리기 직전의 상태인 것 같다."

2011년 〈뉴욕타임즈〉에 실린 한국을 묘사한 기사의 표현이다.[1] 그렇다. 현대의 한국인들은 학생·직장인·주부 할 것 없이 모두 상시적 불안과 과도한 스트레스에 시달리고 있다. 중·고등학생들은 매년 반복되는 입시의 압박에 억눌려 있다. 한창 새로운 미래를 꿈꾸어야 할 대학생들은 완벽한 스펙을 갖추고도 번번이 취업의 문턱에서 낙방하기 일쑤다. 직장인들도 마찬가지다. 내가 다니고 있는 회사가 언제 문을 닫을지 모른다는 불안감과 과도한 업무 스트레스로 직장인 우울증은 이미 위험한 수준에 도달했다. 누구보다도 열심히 산 것 같은데, 우리의 인생은 점점 더 고달파진다.

2012년 〈Blank of my life〉 트렌드는 어떤 것도 더 이상 손에 쥘 수 없을 만큼 지친 현대인의 완전한 방전에 대한 희구를 뜻한다. 이제 그들은 자신의 인생에 스펙을 채워 넣는 대신 잠시의 공백 기간을 갖기를 원한다. 단순히 위기 상황에서 느끼는 불안감이나 그로 인한 안전과 안심에 대한 갈망

이 아니다. 가족도, 사회적 역할도, 지위도 모두 버거워하는 소비자들이 일년 중 단 며칠, 아니 하루 중 단 몇 분이라도 스위치를 완전히 끄고 나만의 공백을 갖고자 하는 트렌드이다.


## 불안의 근원

2012년의 경제 상황은 한국 사회의 불안감을 한층 더 고조시킬 것으로 보인다. 이미 여러 경제연구소가 한국의 경제 상황에 대해 다소 어두운 전망을 내놓고 있다. 삼성경제연구소는 2012년 한국 경제의 성장률을 전년 대비 0.4%p 하락한 3.6%로 예상했다.[2] 세계 금융시장의 불확실성이 국내 주식시장으로 확대되면서 국민들의 불안감을 높이고 있다. 물가는 가파르게 상승하고 가계 부채는 점점 더 늘어 2012년 국민들의 살림살이는 좀처럼 나아지지 않을 것으로 보인다. 경제적 불안과 함께 엄청난 규모의 자연재해와 인재의 공포 또한 삶에 팍팍함을 더한다. '○○년 만에 처음'이라는 수해와 좀처럼 볼 수 없었던 이상기온 현상, 그리고 일본과 프랑스에서 발생한 원자력 발전소 사고 등의 재앙 앞에 인간은 한없이 무력하다는 사실을 절감한다. 그리고 이러한 상황이 다시 원초적인 불안감을 자극한다.

그런 불안감 때문일까? 심지어는 '2012년 지구 멸망설'마저 존재한다. 고도의 문명을 자랑하던 마야인들이 5,200년 전 갑자기 사라지면서 남겼다는 달력의 마지막 날이 2012년 12월 21일이라고 해서 생겨난 '지구 멸망설'은 이제 지구가 2012년 가상 행성 니비루Nibiru와 충돌할지도 모른다는 형태로 확대 재생산되고 있다. 이러한 루머를 잠재우기 위해 급기야는 미항공우주국NASA에서 직접 나서 해명하는 일까지 벌어졌다. 이러한 소동은 해프닝으로 치부하더라도, 이미 빙하의 해빙으로 인한 해수면 상승, 그로 인한 이상생태계 현상의 문제점, 나아가 백두산 폭발설 등이 자주 거론되면서 '이러다 정말 지구가 망하는 것 아닌가' 하는 불안감이 상존하는 것은 사실이다.

우리 인생도 더할 나위 없이 팍팍하다. 잠시도 쉬지 않고, 심지어는 쉬는 시간까지 쪼개어 앞만 보고 열심히 달려왔건만(〈Busy break〉키워드 참조), 정작 우리 손에 남은 것은 허무함뿐이다. 오히려 기대에 못 미치는 성과 때문에 더 괴롭고 우울하다. 소설가 전석순 씨 말처럼 "스펙 경쟁을 하다가 모두 천재가 될 판"이다. 너나없이 앞다퉈 외국어를 마스터하고 컴퓨터 자격증을 따는 등 스펙 갖추기에 열중하고 있지만, 오히려 일상에서 발생하는 스트레스 대처 능력은 떨어진다.

과도한 오버스펙over-spec이 주는 압박감과 함께, 넘쳐나는 물건들도 우리 삶에 피로함을 더한다. 언젠가 쓰이지 싶어 집 안에 쌓아둔 물건, 사도 사도 더 필요한 옷과 가방, 그저 갖고 싶어 구입했지만 일 년이 지나도록 한 번도 사용하지 않은 가전제품 등 많은 사람들이 불필요한 물건들을 끌어안고 살아간다. 사물도 인간관계도 과잉의 시대다. 풍요의 시대에, 완벽하다 못해 넘치는 인간상이 주는 피로함은 이제 그 반대counter trend에 귀를 기울일 차례라고 속삭인다.

## 소비자, 새로운 형태의 행복을 이야기하다

흔히 행복 방정식을 '성취/기대'라고 한다. 기대한 것에 비해 얼마나 성취했느냐가 곧 행복을 결정한다는 얘기다. 이 방정식에 따르면 기대한 것 이상을 달성했을 때 그 값은 '1'보다 커지고, 비로소 우리는 행복을 경험하게 된다. 이 공식을 자세히 살펴보면 우리 주위에 두 가지 형태의 행복이 존재함을 알 수 있다. 첫 번째 형태의 행복은 공식의 분자에 해당하는 '성취'를 키웠을 때 느끼는 행복감이다. 또 다른 형태의 행복은 공식의 분모에 해당하는 '기대'의 수준을 낮추었을 때 경험하는 행복감이다.

이 두 가지 형태의 행복은 각각 도파민과 세로토닌이라는 신경전달물질(호르몬)과 관련이 있다. 도파민은 우리가 무엇인가를 성취했을 때 분비되는 호르몬으로 즐거움과 쾌감을 결정한다. 맛있는 음식을 먹었을 때나 멋진 가방을 샀을 때, 승진했을 때, 높은 시험 점수를 받았을 때, 운동에서 상대를 이겼을 때와 같이 다양한 성취와 관련이 있다. 반면, 세로토닌은 마음이 편안하고 안정될 때 분비되는 호르몬으로 명상할 때나 숲 속을 걸을 때, 햇볕을 쬐고 있을 때 증가한다.

그동안 우리 사회는 도파민적 삶dopamine-driven-life, 즉 성취에 기반을 둔 행복만을 좇아왔다. 전후戰後 모든 것을 상실한 상황에서 우리가 선진국을 따라 잡을 수 있는 유일한 방법은 오직 부지런히 공장을 짓고, 일자리를 만들고, 열심히 성과를 내는 방법밖에 없었다. 개인의 삶의 방식도 이와 별반 다르지 않았다. 경쟁에서 이기고, 남들보다 더 빨리 승진하고, 더 많은 연

■ 행복공식

$$\text{행복} \uparrow = \frac{\text{성취} \uparrow}{\text{기대} \downarrow} = \frac{\text{도파민에 기반한 삶}_{\text{dopamine driven life}}}{\text{세로토닌에 기반한 삶}_{\text{serotonin driven life}}}$$

**행복은 성취를 높이거나 기대 수준을 낮출 때 증가한다.**

봉을 받기 위해 쉬지 않고 앞만 보고 달려왔다. 하지만 이러한 성취지향적인 삶이 주는 기쁨은 오래 지속되지 않고 금세 사라지는 도파민적 행복이었다. 어느 순간 우리는 이러한 행복에 중독되어 점점 더 강한 자극, 더 큰 기쁨을 맛보지 않고서는 우리가 행복하다는 사실조차 자각하지 못하는 상태에 이르렀다.

이제 사람들은 새로운 형태의 행복에 관심을 기울이고 있다. 자살률 세계 1위 국가라는 통계를 들먹이지 않더라도 우리 사회에 만연한 행복불감증은 이미 위험 수준에 도달했다. 더 많이 성취하고 더 많은 물질을 갖기보다는, 내가 가진 것에 만족하고 감사하는 행복이 필요하다는 주장이 점점 설득력을 얻고 있다. 느리지만 오래 지속되는 행복이 무엇인가에 대해 고민하기 시작한 것이다. 이른바 세로토닌적 삶serotonin-driven-life이다.

우리보다 몇 년 일찍 이러한 현상을 경험한 이웃나라 일본에서는 2010년부터 **단사리** 열풍이 불고 있다. '단·사·리'란 '끊고斷, 버리고捨, 이별하라離'는 뜻으로, 많은 일본인들이 대량 소비와 물질적 풍요의 시대에 불필요한 것을 과감하게 버림으로써 우리의 삶에서 진정 중요한 것이 무엇인지 고민하고 있다. 숨 막히는 경쟁에서 잠시 벗어나 인생을 순간멈춤pause 할 수 있는 여유야말로 우리가 경험할 수 있는 최대의 사치가 될 것이다.

## 스위치를 off 하는 소비자들

2012년 〈Blank of my life〉 트렌드의 첫 번째 특징은 '스위치를 끄고 일상과 단절되는' 것이다. 지친 일상에서 완전히 방전된 소비자들은 이제 스위치를 잠시 끄고 재충전의 시간을 갖길 원한다. 2011년 신조어 중 '버로burrow'라는 말이 있다. '굴을 파고 들어간다'는 뜻의 인터넷 게임 용어인데, 대학 졸업 후 구직에 실패한 젊은이들이 가족의 눈을 피해 땅 속 깊이 숨고 싶다는 의미로 사용된다. 비단 대학생들뿐만 아니라, 2012년을 살아갈 소비자들 마음속에는 이러한 '버로' 욕망이 꿈틀거리고 있다.

여행이나 휴가는 일상에서 잠시 떨어져 있을 수 있는 적기適期로, 〈Blank of my life〉 트렌드와 가장 밀접하게 연관된다. '새로운 경험을 원하

**단사리斷捨離**

집착을 버리고 심적 평온 상태를 유지하는 요가 수행법에서 유래한 단어. 일본에서 2010년부터 급속도로 불기 시작한 단사리 열풍은 물질의 홍수 속에서 필요 없는 물건을 차단하고斷行, 쓰지도 않으면서 쌓아둔 물건들을 버리고 정리하며捨行, 물질에 대한 소유욕이나 집착에서 한 걸음 물러났을離行 때, 자신의 본 모습을 찾을 수 있음을 뜻하는 말이다.

는' 목적이 강했던 기존의 휴가와 달리 〈Blank of my life〉 트렌드의 여행이나 휴가는 '일상과 단절되는' 속성이 강하다. 굳이 해외로 나가거나 경치 좋은 곳으로 여행을 떠나지 않아도 〈Blank of my life〉적 여가를 즐길 수 있다. 한 취업포털 사이트가 2011년 여름 직장인 825명을 대상으로 실시한 설문조사 결과에 따르면, 휴가 계획(복수응답)으로 절반 이상이 '집에서 휴식하기(59.6%)'를 꼽았다. '국내여행'(39.3%), '영화·뮤지컬 등 문화생활'(29.2%), '해외여행'(16.9%)이 그 뒤를 이었다.[3] 반복되는 지루한 일상을 차단할 수만 있다면 그 장소가 집이든 야외든 상관없다는 것이다.

스위치를 끌off 수 있는 여행이 점점 더 중요해질 것이다. 이미 소비자들에게 국내외 여행 경험은 충분하다. 이제 소비자들은 새로운 것을 보고 즐기는 여행보다 그저 대자연 속에서 가만히 누워 쉴 수 있는 여행을 선호한다. 한적한 숲 속에서의 캠핑, 나 홀로 떠나는 무인도 여행, 템플스테이 등 휴식과 치유를 위한 힐링형 여행이 각광을 받을 것으로 보인다.

꼭 휴가가 아니더라도, 일상 속에서 내 역할을 잠시 내려놓고 스위치를 끄는 시간도 증가할 것이다. 베란다나 텃밭을 일구어 직접 먹거리를 생산하는 시티 파머city farmer의 출현은 안전한 먹거리에 대한 니즈에 기인한 바가 크나, 흙을 밟고 자연과 교감하면서 잠시나마 번잡한 일상을 잊을 수 있는 시간의 필요성도 한몫 했다. '하루 15분 햇볕 쬐기', '의도적으로 신체 움직이기', '하루 한 번 산책하기' 등과 같은 '내 몸 사용설명서' 역시 비슷한 맥락에서 등장한 것이라고 할 수 있다. 아무런 목적 없이 그저 비어 있는blank 시간을 갖고자 하는 욕구가 커질 것이다.

# 더more에서 덜less로 이동하는 차별화의 미학

〈Blank of my life〉 트렌드의 두 번째 특징은 '과도하고 오버스러운 것을 지양하고 단순함을 추구' 하는 것이다. 『트렌드코리아 2011』에서 예측했던 10대 소비트렌드 키워드인 '두 마리 토끼를 잡아라two rabbits' 는 갈수록 까다로워지는 소비자의 니즈를 의미했다. 현대 소비자는 값도 싸고, 디자인도 예쁘며, 편리하고, 튼튼하기까지 한 제품을 원한다. 이처럼 까다로운 소비자를 만족시키기 위해, 오늘날 기업들은 어떻게 하면 소비자에게 좀 더 나은better 서비스와 좀 더 많은more 혜택을 제공할 수 있을지 고민하고 있다.

하버드 경영대학교 교수인 문영미 박사는 이러한 기업들의 행태에 대해 조금 다른 의견을 제시한다. 기업의 차별화를 위한 노력 때문에 오히려 모

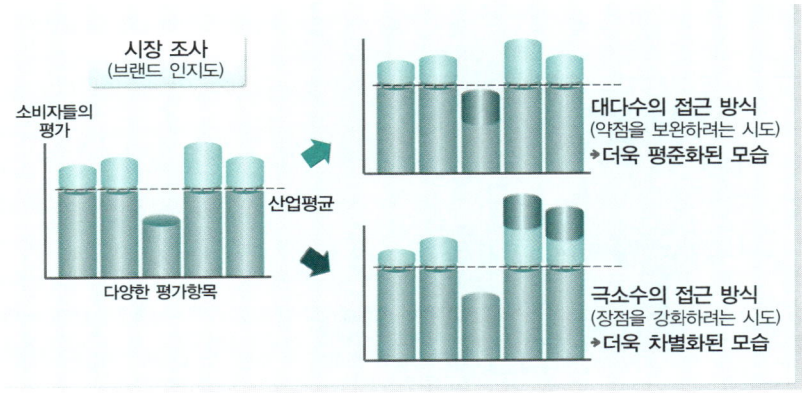

■ 두 가지 형태의 차별화 전략[4]

든 기업들이 점점 비슷한 형태로 닮아가는 기업 평준화가 조장된다는 것이다. 일반적으로 기업들은 소비자 조사를 통해 자신들의 브랜드가 가진 강약점을 찾아내고, 브랜드가 가진 약점을 동종업계 평균 수준 이상으로 끌어올리기 위해 노력한다. 그러나 이러한 노력이 오히려 여러 브랜드들 사이의 평준화를 조장하기 때문에, 소비자들은 각각의 브랜드가 지닌 차별적 특성을 전혀 인지하지 못한다는 것이다.[5]

그렇다면 진정한 차별화는 어떻게 달성할 수 있을까? 흥미로운 사실은 더more가 아닌 덜less 제공하는 것에서 기업의 차별화가 시작될 수 있다는 점이다. 문영미 박사는 이처럼 덜 제공함으로써 고객으로부터 사랑받는 브랜드를 '역 포지셔닝 브랜드reverse-positioned brand'라고 지칭한다. 매장 안에 쇼핑을 도와주는 친절한 직원도 없고, 심지어는 배송서비스나 조립서비스조차 제공하지 않는, 한마디로 불친절한 이케아IKEA는 오히려 매장을 다양한 제품들을 경험할 수 있는 공간으로 변신시킴으로서 '리테일테인먼트retailtainment'의 선두주자로 자리매김했다. 날씨·게임·쇼핑과 같은 부가서비스를 없애는 대신 빠른 검색 속도를 제공하는 구글은 세계적인 검색 포탈로 인정받고 있다. 이것저것 다 잘

인테리어 시장에서도 단순 명료하고 절제된 스칸디나비아식 디자인이 인기를 끌었다. 〈최고의 사랑〉, 〈지고는 못살아〉 등 유명 드라마 속 주인공의 집 역시 심플한 북유럽 스타일로 꾸며져 이 같은 트렌드를 반영했다.

하는 전략보다는 오히려 여백과 공백을 남겨둔 채 장점에만 집중하는 전략을 채택함으로써 완벽한 브랜드 차별화를 달성한 것이다.

과잉만족over-satisfied에 염증을 느끼고 있는 소비자들의 소비 행태는 디자인 측면에서도 나타난다. 그 동안 실내 장식 혹은 인테리어 디자인에서는 단연 프랑스의 프로방스 스타일이나 이탈리아의 화려하고 럭셔리한 스타일이 정석으로 통했다. 그러나 최근 디자인의 축이 북유럽 스타일로 이동하면서, '스칸디나비아식 디자인'이 급부상하고 있다. 시중에 북유럽 디자인을 주제로 한 책들이 쏟아져 나오고 있고, 북유럽 가구나 인테리어 소품을 전문적으로 판매하는 업체도 증가했다.[6] 북유럽식 혹은 스칸디나비아식 디자인은 '단순하고 명료하지만 기능적'이다. 이런저런 화려한 요소들을 최대한 절제하고 꼭 필요한 디자인만 남긴다. '단순함이 최선Simple is best'이라는 진리가 다시 한 번 빛을 발한 것이다.

## 여백을 채우는 위로와 공감, 반전 위트

〈Blank of my life〉 트렌드의 마지막 특징은 '위로와 공감, 그리고 위트'다. 2012년 소비자들은 비워진 여백이 '위로와 공감'으로 메워질 수 있기를 기대할 것이다. 2011년 출판 시장은 『아프니까 청춘이다』, 이해인 수녀의 『꽃이 지고 나면 잎이 보이듯이』, 정혜신 박사의 『홀가분』, 고도원 작가의 『사랑합니다, 감사합니다』 등과 같은 희망과 위로를 전하는 에세이 약진이 두

위로와 공감을 찾아 명사의 강연과 퍼포먼스가 어우러진 강연콘서트를 찾는 발길이 늘어나고 있다.

드러졌다. 이러한 '위로형 수필 열풍'은 2012년에도 지속될 것으로 전망된다. 방송에서도 시청자들이 삶의 스위치를 잠시 끄고 감정이입할 수 있는 프로그램이 인기를 얻을 것이다. KBS 〈남자의 자격〉 '청춘 합창단' 편에서 유년기 꿈을 이뤄가는 참가자들을 보면서 시청자들은 마치 자신의 꿈이 이뤄진 것 같은 대리만족을 느낀다. 철저하게 현실적인 프레임을 갖추되, 그 안에서 시청자의 공감을 얼마나 이끌어낼 수 있는가 하는 점이 2012년 방송 프로그램의 성패를 판가름할 중요한 요소가 될 것이다.

위로와 공감은 뜻밖의 곳에서도 발견될 것이다. 대중에게 연사의 지식을 일방적으로 전달하던 '강연'은 기존의 방식을 벗어던지고 '콘서트' 형식으로 거듭나고 있다. 명사의 강연, 콘서트, 퍼포먼스, 토크쇼가 결합된 이른바 '강연콘서트'는 '청춘콘서트'나 '북콘서트' 등으로 진화하고 있다. 청춘콘서트의 기획자인 오태양 씨의 "일방적으로 가르치고 배우는 관계가 아니라, 20·30대 젊은 세대와 40·50대 멘토들이 좋은 선후배처럼 대화하고 공감하는 자리를 만들고 싶었다"는 말처럼 대중들은 이제 일방적인 '교화'보다 상호적인 '공감'에서 더 큰 위로를 얻고 있다.[7] 특히 2012년은 중요한 선거를 앞두고 있는 해로, '정치콘서트'와 같이 유세자와 유권자가 함께 호흡할 수 있는 선거 운동이 주요한 유세방식으로 등장할 것으로 전망된다.

예상하지 못했던 반전 위트 역시 소비자의 스위치를 끄는 중요한 수단으로 작용할 것이다. 숨 막히는 완벽함이 아닌 약간 덜 떨어진 것이 주는 허술함의 매력은 일상 속에서 나타나는 '긴장과 완화'의 완급을 조절하는 중요한 포인트가 될 것이다. 발상의 전환을 꾀하는 **반전 패션**은 이러한 반전 위트를 보여주는 대표적인 사례다. 잘 차려입은 클래식 정장에 편안한 운동화를 착용한 모습이라든지, 청순한 이미지의 드레스인데 뒤는 깊게 파여 섹시함을 강조하는 등의 패션 형태는 미처 예상하지 못한 위트를 제

Blank of my life

---

### 반전反轉 패션

드레스와 스니커즈, 클래식 수트와 운동화 등 어울릴 것 같지 않은 패션 코드의 조합을 의미한다. 앞은 청순한데 뒤는 깊게 파여 섹시한 뒤태를 강조하는 '앞뒤반전'이 대표적인 사례다. 이러한 반전 패션은 답답하고 틀에 박힌 생각을 깬다는 의미에서 각광받고 있다.

공한다. 풀세트 정장에 10센티미터가 넘는 킬 힐을 신고 뛰어다녀야 했던 여성들에게, 반전 패션은 정장에 운동화를 신고서도 충분히 프로다울 수 있음을 보여 줬다. 실용성과 기능성, 스타일링의 세 마리 토끼를 한꺼번에 잡을 수 있는 반전 패션의 인기는 2012년에도 지속될 것이다.

딱딱하게만 보이던 전문가 집단도 이제는 위트를 중요하게 생각해야 할 때다. 현학적이고 일상과 동떨어져보이던 지식보다 '재미있고 유용한' 지식을 전달하는 것이 더 중요해지고 있다. 학문 중에서도 가장 지루하고 어렵다고 평가받는 과학 분야에서는 매년 '위트 있는 연구'에 대해 **IG 노벨상**을 시상하고 있다. 노벨상을 패러디한 이 상은 매년 '다시 할 수도 없고 해서도 안 될' 기발한 연구를 선정해 시상하는데, 시상식을 통해 과학에 대한 대중의 흥미를 불러일으키는 데 성공했다는 평을 듣고 있다. 이러한 반전 위트는 2012년 정치, 학문 등 그 동안 딱딱함과 고리타분함의 대명사로 인식됐던 분야에서 더욱 힘을 발휘할 것이다.

---

**IG 노벨상**

노벨상에 대한 풍자로 매년 수여되는 상이다. 미국 하버드대학교 유머 과학 잡지인 〈있을 법하지 않은 연구 연보Annals of Improbable Research〉가 '다시 할 수도 없고 해서도 안 될' 기발한 연구를 대상으로 수여한다. 1991년 제정되었으며, 노벨상을 풍자한 상답게 이름 역시 다이너마이트처럼 터지는 '소다 팝(병 속에 들어 있는 탄산음료)'을 발명한 가공 인물인 이그나시우스Ignacius 노벨에서 유래했다. 이 행사의 포스터에는 로댕의 생각하는 사람이 등을 바닥에 대고 누워 있는데, 이것 역시 발상의 전환을 상징한다.[8]

**기업이 넘치는 정보, 과도한 광고의 홍수 속에서**
**소비자가 느끼는 부담감과 짜증을 미리 알아채고, 이러한 부담을**
**경감시켜주는 방안을 먼저 제시한다면 그 기업에 대해 갖는**
**소비자의 호감도는 상승하게 될 것이다. 무작위적인 과잉 친절이**
**오히려 소비자를 귀찮게 할 수 있음을 기억하자.**

## 시사점

사회가 복잡해질수록, 일상이 소란스러워질수록, 아무것도 하지 않는 상태인 '공백'에 대한 소비자의 니즈는 오히려 증가한다. 기업 간 경쟁이 점점 더 가열되고 있는 현 시점에서, 소비자의 여백을 점령하는 기업이야말로 경쟁 없는 새로운 시장의 기회를 잡게 될 것이다. 〈Blank of my life〉 트렌드에서 새로운 기회를 포착하기 위해서는 '스위치를 끄는 소비자의 특징'을 주도면밀하게 이해하는 과정이 선행되어야 한다. 어떤 소비자들이, 어떠한 상황에서, 어떠한 형태로 스위치를 끄고 있는지 관찰하고, 이러한 결과가 기업 활동에 어떤 영향을 미치는가에 대한 다양한 시나리오를 작성해보는 작업이 필요하다.

소비자가 정녕 일상과 단절된, 어떠한 정보도 침투하지 않는 완벽한 공백을 원한다면 기업이 이를 적극적으로 지원하는 것도 한 방안이다. 만약 기업이 넘치는 정보, 과도한 광고의 홍수 속에서 소비자가 느끼는 부담감

Blank of my life

과 짜증을 미리 알아채고, 이러한 부담을 경감시켜주는 방안을 먼저 제시한다면 그 기업에 대해 갖는 소비자의 호감도는 상승하게 될 것이다. 무작위적인 과잉 친절이 오히려 소비자를 귀찮게 할 수 있음을 기억하자.

'여백을 통한 차별화'도 중요한 전략이 될 수 있다. '더'보다는 '덜'을 요구하는 소비자들에게 "우리 회사의 제품은 이런 점도 좋고, 저런 점도 좋다"고 커뮤니케이션하는 것은 비효율적이다. 해당 기업이 가지고 있는 핵심 역량core competence을 중심으로 차별화를 시도하는 편이 오히려 소비자의 인지 속에 확고하게 포지셔닝하는, 진정한 의미의 차별화가 될 것이다. 경쟁자들과 같은 방향으로 움직여야 하지 않을까 하는 걱정과 조바심을 버리고, 대담하게 새로운 방향으로 나아가는 용기가 필요한 시기다.

기술적 측면에서는 차가운 기술이 아닌, 소비자와 공감할 수 있는 기술을 개발하는 것이 중요하다. 세련되고 편리한 기술도 좋지만, '인간적이고 위트 있는 기술'이 더 매력적이다. 기술 자체는 차치하고라도, 그 기술을 제시하는 방법이나 기술이 적용되는 제품은 위트와 공감을 이끌어낼 수 있는 인간적인 감성을 지녀야 한다. 아무리 최첨단 기술이라 할지라도 그것의 이용자는 결국 사람이기 때문이다. 소비자들이 미처 눈치 채지 못한 여백을 발견하고, 이를 적절하게 조정하는 기업만이 과잉 공급에 '지친' 소비자의 마음을 사로잡을 수 있을 것이다.

# All by myself society

## 자생 · 자발 · 자족

●

기업과 소비자의 공생 관계가 변화하고 있다. 프로슈머로 불리는 현대 소비자는 날이 갈수록 적극적으로 변모하며 기업보다 앞서나가고 있다. 불만족한 소비자는 이제 더 이상 기업에게 목소리 높여 요구하지 않는다. 스스로 해결하면 그만이다. 세계 각지에서 원하는 제품을 구매하거나, 여차하면 직접 만들어 낸다. 이른바 자생적 소비자의 등장이다. 또한 최근의 소비자들은 자발적으로 자신의 신념을 표현하고 행동으로 옮기고 있다. 자기 신념에 맞는 선거 후보자를 위해 적극적으로 자원봉사하고, 가치관을 표현하기 위해 구매를 한다. 이러한 변화는 소비의 표준이 자기만족을 지향하는 자족성을 띠기에 가능한 것이다. 이처럼 스마트해지고 적극적인 소비자의 변화에 대응하기 위해서는 소비자에게 귀 기울여 벤치마킹하고, 다양한 경험을 제공하며, 자생 활동을 활발하게 지원하는 등의 변화된 전략이 필요할 것으로 보인다.

●

**DRAGON BALL**

놀랍도록 적극적인 소비자 집단이 몰려온다. 스스로 문제를 해결하는 〈All by myself society〉●에 살고 있는 소비자들은 이제 더 이상 무력하지 않다. 과거 소비자들은 불만족한 것이 있으면 기업에게 의견을 전달하고 문제를 해결해주기를 기다렸다. 하지만 앞으로 소비자들은 더 이상 기업에게 아쉬운 소리를 하지 않고 스스로 문제를 해결해나갈 것이다. 〈All by myself society〉에서는 자신의 니즈를 해결하기 위해 기업의 힘을 빌리지 않고 스스로 솔루션을 찾는 적극적인 소비자가 등장한다. 그 구체적인 양태는 직접 유통 채널을 개척하거나 해결책을 만들어내는 자생自生, 자기 가치관을 표현하기 위해 적극적으로 행동하는 자발自發, 소비의 기준을 자기만족에 맞추는 자족自足의 세 가지 형태를 띠게 될 것이다.


## 자생 : 스스로 해결한다

2012년 〈All by myself society〉 트렌드의 첫 번째 특징은 '자생'적인 소비자의 등장이다. 스스로 구하고, 스스로 창작하는 소비자가 등장한다.

　　지금까지 소비자들은 유통 매장에서 구색을 갖추어놓은 상품이 아니면 구매하기가 쉽지 않았다. 전화 주문이나 인터넷 쇼핑몰을 이용한다고 해도

---

● 'All by myself'는 동명의 노래도 있듯이 원래 홀로 외롭다는 의미다. 본서에서 All by myself society는 "외롭지만 혼자서 문제를 해결하는 사회"라는 의미로 사용했다.

똑똑한 소비자들은 스스로 판단하고
그 판단이 옳다고 생각하면 적극적으로 표현한다.
또한 더 이상 대중 앞에 나서는 것을 부끄러워하지 않는다.

해당 업체가 유통하는 제품이 아니면 아예 그런 제품이 있는지 알기조차
어려웠던 것이다. 그러나 최근 소비 시장이 범세계화되고 소비자 역시 글
로벌 컨슈머로 거듭나면서, 소비자들은 원하는 것을 찾아 직접 세계 시장
으로 눈을 돌리고 있다. 국내 기업이 미처 소비자의 니즈를 알아채지 못했
거나 혹은 알아차렸다 하더라도 독점 시장의 구조가 무너질까 두려워 제품
과 서비스 공급을 망설이고 있을 때, 소비자는 미련 없이 나의 니즈를 충족
시켜줄 글로벌 제품을 찾아 유유히 발길을 돌린다. 국내 기업이 내 이야기
를 들어주지 않아도, 해외 시장을 살펴보면 내 니즈를 만족시켜줄 제품을
하나쯤은 찾을 수 있다는 것이다.

이제 열혈 소비자들은 원하는 제품을 국내에서 구할 수 없는 경우, 직접
해외 사이트에 들어가 제품을 공수해온다. 한국에 발매되기 전에 외국에서
구입한 아이폰을 국내에서 사용하기 위해 직접 전파승인 신청을 한 소비자
도 있었다. 일명 해외직구(직접구매)도 크게 늘고 있다. 만약 해외 사이트가
한국 배송을 하지 않는다면, 배송대행 서비스나 구매대행 서비스를 이용하
기도 한다. 이미 해외직구를 이용하는 소비자들의 특송화물 통관 건수는
2006년 590만 1천 건에서 2010년 877만 7천 건으로 약 48.7% 증가했으며,

**A**ll by myself society

이러한 추세는 더 급속도로 증가할 것으로 예상된다.[1]

기업의 힘을 빌리지 않고 스스로 니즈를 해결하려는 소비자들이 증가함에 따라, 그런 서비스를 제공할 수 있는 소비자와 그것을 이용하고자 하는 소비자를 매개해주는 서비스도 각광받고 있다. 급속하게 일반화되고 있는 소셜 네트워크는 이를 가능하게 만드는 중요한 통로이다. 네덜란드의 'Tweetjemee'란 사이트는 아마추어 요리사들이 만든 음식을 주변 이웃들에게 팔 수 있도록 도와주는데, 일반인이 자신이 만든 음식 사진과 가격 등을 사이트에 업로드하고 픽업 장소와 시간을 알려주면, 원하는 소비자가 해당 장소에서 약속된 시간에 음식을 구매하는 방식이다. 미국의 'BookOf Cooks' 사이트도 이와 유사한 시스템이다. 이 사이트는 미국 지역별로 아마추어 요리사들의 홈메이드 음식을 실시간으로 소개하고 요리사 정보와 구매 가능한 장소에 대한 정보를 제공한다.[2] 우리나라에도 이와 유사한 중개 서비스가 다양하게 선보일 것으로 예상된다.

2012년 〈All by myself society〉 트렌드에서 '자생'의 두 번째 특징은 자신이 원하는 것을 취향에 따라 직접 만들어 쓰던 '창조형 프로슈머'로서의 역할을 적극적으로 수행한다는 것이다. 전술한 바와 같은 해외구매가 여의치 않을 경우, 이제 소비자는 스스로 만들어낼 방안을 강구한다. 시대적으로도 다양한 유형의 프로슈머prosumer 개념이 등장하면서 소비자가 제품 생산과정에 아이디어를 제공하거나 물건을 만들고 생산자의 역할을 수행하는 등 보다 적극적인 소비자의 참여가 늘어나고 있다. 스스로 문제를 해결하는 프로슈머적 행위는 소비자들이 생산에 간여하는 대상의 형태가 물리

■ 프로슈머적 행위 구분

| 형태 이윤추구 | 이윤 동기 없음 | 수익 추구 |
| --- | --- | --- |
| 물리적 상품 | 넓은 의미의 DIY | Mini-preneur |
| 디지털 콘텐츠 · 프로그램 | UCC 업로드 | 앱 개발 |

적 상품인가 디지털 콘텐츠나 프로그램인가, 그리고 이윤의 동기를 가지고 있는가의 여부를 기준으로 위의 표와 같이 4가지 유형으로 나누어 생각할 수 있다(『트렌드 코리아 2010』〈Ready-made to order-made〉 키워드 참조).

먼저 물리적 상품을 이윤 동기 없이 스스로 만드는 행위는 DIYDo-It-Yourself라고 한다. 일반적으로 DIY는 매장에서 판매하는 제품을 소비자가 조립하는 것을 의미하지만 이는 매우 좁은 의미이며, 넓은 의미의 DIY는 다양한 활동을 포함한다. 먼저 장식한다는 의미의 Decorate를 사용하는 DIYDecorate-It-Yourself가 있다. 예를 들어 크록스 신발 구멍에 자신이 직접 만든 구슬장식을 끼워 예쁘게 만드는 경우가 여기에 해당된다. 이어 RIY Repair-It-Yourself라고 해서 기존의 제품을 튜닝하는 단계가 있다. 현대자동차의 투스카니는 옵션이 적은 차가 오히려 인기라고 한다. 그 편이 튜닝하기에 더 적합하기 때문이다. 더 적극적인 DIY로는 MIYMake-It-Yourself가 있다. 아예 스스로 필요한 물건을 만들어 쓰는 것이다.

자신이 만든 물건을 판매하기 시작하면 이제는 작은 사업가라고 부를 수 있다. 이들을 작다는 의미의 mini와 사업가라는 의미의 entrepreneur라

All by myself society

는 단어를 합쳐 Mini-preneur라고 표현한다. 전술한 크록스 신발의 구슬장식을 사업화한 '지비츠Jibbitz'가 가장 재미난 사례다. 평범한 가정주부로 세 아이를 키우던 미국의 셰리 슈멜저는 구멍이 숭숭 뚫린 크록스 신발의 평범한 사용자였다. 2005년 어느 날, 여기저기 굴러다니는 아이들의 신발 구멍에 별 생각 없이 단추나 나비매듭 같은 자잘한 물건들을 끼워 장식했는데 귀여운 액세서리로 장식된 신발을 신은 아이들은 무척이나 좋아했다. 이에 영감을 받은 그녀는 남편과 함께 집 지하실에서 본격적으로 액세서리를 만들기 시작해 마침내 크록스용 액세서리 생산 업체인 지비츠를 탄생시켰던 것이다. 현재 지비츠는 디즈니, NFL, NHL 등과 같은 로고나 엠블럼 라이선스를 취득한 상태이며 전 세계적으로 1,100여 개가 넘는 다양한 크록스 액세서리를 판매하고 있다.[3]

디지털 콘텐츠나 소프트웨어 영역은 소비자들의 참여가 더 활발하다. 유튜브를 비롯한 인터넷 공간에는 소비자들이 직접 제작한 엄청나게 다양한 UCCUser Created Contents가 올라와 있다. 대부분은 이윤을 추구한다기보다는 재미와 명예심으로 올린 것들이다. 스마

자생적으로 탄생한 크록스 액세서리 브랜드 지비츠. 평범한 가정주부가 구멍이 숭숭 뚫린 크록스 신발에 구슬을 끼워 장식한다는 생활 속 아이디어를 사업으로 확장시켜 성공을 거뒀다.

트폰 애플리케이션 제작의 경우에는 수익을 추구하는 경우도 자주 볼 수 있다. 요즘 애플리케이션 제작으로 대박을 꿈꾸는 일반인들이 많은데, 대개의 경우 기본 기능을 무료 버전에서 수행하고 고급 기능은 유료로 판매하는 비즈니스 모델을 채택하고 있다.

자생적인 소비자들의 활동은 이제 개인적인 영역에만 국한되지 않는다. 소비자들은 소셜 네트워크를 기반으로 한 '공동 창작'으로까지 활동 영역을 넓히고 있다. 가상 합창단의 작곡가 겸 지휘자인 에릭 휘테커가 12개 나라 185명의 합창단원과 함께 만든 가상 합창곡 '빛과 금Lux Aurumque'은 유튜브에서 2개월 만에 1백만 명 이상이 다운로드받는 신기록을 세웠다. 에릭 휘테커가 원곡을 유튜브에 올리면, 각 나라에 흩어져 있는 개인들이 자신이 담당한 파트를 노래해 다시 유튜브에 올리고, 이를 합쳐서 하나의 합창곡으로 완성하는 것이다. 미국의 베스트셀러 작가인 닐 스티븐슨과 그렉 베어는 '소셜 북 플랫폼social book platform'을 활용한 최초의 소셜 책인 『몽골리아드The Mongoliad』를 출간하기도 했다.[4] 독창적인 협업 출판 플랫폼을 활용해 작가와 독자들이 공동 창작 소설을 완성한 것이다.

## 자발 : 신념을 표현한다

2012년 〈All by myself society〉 트렌드의 두 번째 키워드는 소비자들이 꼭 필요하다고 생각하면 누가 시키지 않아도 적극적으로 행동에 옮기는 '자발' 이다. 현대 소비자는 똑똑하다. 인터넷에는 무궁무진한 정보가 있고, 언제 어디서나 인터넷에 접속 가능한 유비쿼터스 환경은 소비자와 정보 사이의 거리를 좁혀준다. 소비자들은 이제 그 정보들 사이에서 자신에게 필요한 정보를 가려내어 어떻게 활용해야 할지 잘 알고 있다. 한걸음 더 나아가, 똑똑한 소비자들은 스스로 판단하고 그 판단이 옳다고 생각하면 적극적으로 표현한다. 또한 더 이상 대중 앞에 나서는 것을 부끄러워하지 않는다.

서울시장 선거를 비롯한 2011년에 치러진 재보선에서는 매우 달라진 선거 유세 모습이 등장했다. 후보자의 이름과 기호가 새겨진 어깨띠를 두르고 길거리에서 인사를 하고 구호를 외치는 동원된 선거운동원의 모습이 줄어든 것이다. 최근의 선거운동은 대대적인 동원이 아니라 출마자 본인과 자원봉사자들이 현장을 찾아다니며 봉사하는 방식으로, 거리에서는 비교적 조용하게 치러지는 것이 특징이다. 대신 자발적인 지지자들이 SNS 공간을 왁자지껄 뜨겁게 달군다. 이제 선거를 통해 공직에 나서려는 사람들에게는 운동원을 동원할 수 있는 자금력보다 열성적인 자원봉사자를 불러 모을 수 있는 '매력'이 더 필수적인 덕목이 될 것이다.

매달 일정 금액을 사회봉사 단체에 기부하거나 직접 봉사 활동에 나서는 것은 내가 원하는 방향으로 우리 사회를 변화시키기 위해 개인이 할 수 있는 가장 적극적인 사회참여 활동이다. 공정무역 제품을 구매하거나 친환경 소비를 하는 것은 비록 직접 행동하는 만큼의 적극적인 사회참여는 아니지만, 소비를 통해 자신의 목소리를 낼 수 있는 표현 수단이 된다는 점에서 중요하다. 이러한 소비 행동은 개인적인 안전을 보장하는 동시에, '나는

소비자들이 해외직구에 관심을 가지는 이유는
이를 통해 새로운 상품을 이용할 수 있는 기회를 얻을 수 있을 뿐만 아니라,
해외 배송과 통관이라는 다소 낯선 구매 상황을
흥미로운 도전거리로 인식하기 때문이다. 이제 소비의 의미는
필요한 제품을 획득하는 목적 지향적 활동에만 국한되지 않는다.
소비의 전 과정이 자발성을 띤 놀이의 일부가 될 수 있다.

사회적 문제에 대해 관심을 갖고 있는 사람'이라는 '신념 표현'의 의미도 가진다.

그동안 우리 사회에서 사회 문제에 적극적으로 참여하는 것은 '튀는 것' 혹은 '남들과 다르게 행동하는 것'의 부정적인 이미지가 있었던 것이 사실이다. 하지만 이제는 '정당한 권리를 주장하는 것', '내 생각을 표현하는 것' 등의 긍정적인 이미지로 바뀌고 있다. 지금의 소비자들은 시간이 없거나 여유가 없어서 직접 행동하지 못하는 경우, 자발적으로 활동하는 소비자들을 금전적으로 후원하거나 짧은 SNS 메시지로라도 적극적인 지지를 보낸다. 연예인과 같은 셀레브리티들 역시 이러한 트렌드를 견인한다. 정치적 목소리를 내거나 모피 반대, 유기견 보호와 같은 사회 활동에 적극적으로 참여함으로써 일반인들의 자발적인 신념 표현을 견인하고 있다 (〈Tell me, celeb〉 키워드 참조).

자발적인 소비자들에게는 바이콧buycott 역시 신념 표현의 방식이다. 불

매운동인 보이콧boycott과 달리 바이콧은 윤리적이고 도덕적인 제품을 구매하는 운동으로, 윤리적 제품의 구매가 '나는 윤리적 문제에 관심을 가지는 소비자'라는 사실을 표현하는 수단이 되는 것이다. 단지 윤리적 제품이 '착해서' 구매하는 것이 아니라 윤리적 제품을 구매함으로써 '배운 사람'으로서의 윤리적 소양을 가장 쿨하게 표현할 수 있다는 것이다.

비록 이러한 활동들이 신념 표현이라는 개인적 바람에서 출발한 것이기는 하지만, 이제는 사회 전반적인 생산 시스템에 영향을 미칠 정도로 그 파급력은 커지고 있다. 네덜란드 · 프랑스 · 영국 등 유럽에서 불고 있는 **윤리적 패션**의 유행은 자발적인 소비자들의 신념 표현 트렌드를 기반으로 성장한 것인데, 이제는 메이저 패션 기업을 위협할 만큼 그 규모가 커지고 있다. 여러 산업 부문 중에서도 '자기 표현적' 특성이 가장 강하게 나타나는 패션 산업에서 이러한 자발적인 신념 표현 현상이 나타나고 있다는 것은 대단히 인상적인 일이다. 이제 옷의 '색상과 디자인' 뿐만 아니라, 옷이 생산되는 과정에서 '환경에 미치는 영향력' 과 '지역사회 발전에 미치는 영향력' 까지도 개인의 아이덴티티identity를 표현해주는 중요한 속성으로 부상

---

**윤리적 패션**ethical fashion

윤리적 패션이란 디자인 · 생산 · 리테일 · 구매를 윤리적으로 다루어야 한다는 포괄적 용어로, 작업 환경 · 노동 착취 · 공정거래 · 환경친화적 생산 · 동물 복지에 관련되어 기존 패션업계가 간과하고 있는 문제들에 대해 해결책을 찾고 친환경적 패션을 창조하는 데 목적을 두고 있다.[5]

하고 있다.

자발적인 소비자들은 스스로 옳다고 생각하면, 그리고 나의 신념을 표현하기 위해서라면 과감하게 행동에 옮기며 '누군가에 의한 강제성' 에는 엄청난 거부감을 나타낸다. 그 강제성에는 금전적인 대가를 받고 활동하는 것이나 어떤 목적이나 의도성으로 행해지는 활동들이 모두 포함된다. 예를 들어, 기업체로부터 협찬을 받고 좋은 후기를 남기는 댓글 알바에 대해서는 지독한 혐오를 나타낸다. 즉, 자발적 활동이 순수성을 띠지 않는 경우 그것을 귀신같이 포착해내고 무서울 만큼 잔인하게 응징한다. 따라서 기업은 자발적 소비자의 표현력이 겉으로 나타나지 않을 만큼 작아보일지라도 그 영향력만큼은 무시해서는 안 될 것이다. 최근 중요해진 인터넷과 SNS 마케팅을 수행할 때 특히 유의해야 할 사항이다.

## 자족 : 자기만족이 중요하다

〈All by myself society〉 트렌드의 세 번째 특징은 타인들의 평가보다는 나만의 기준을 중시하고, 그것이 충족되면 곧 만족하는 '자족' 이다. 한국 사회는 유난히 동질성을 강조하는 문화적 토양을 지니고 있다. 현대 소비사회의 특징은 개성화와 차별화라고 얘기하지만, 이는 어디까지나 동질성을 기반으로 한 차별화였다. 프랑스의 사회학자 보들리야르가 1970년 출간된 『소비의 사회』에서 말하고 있듯이 개성화는 특정 집단이 동일한 코드를 공유하고, 다른 집단의 사람들과는 구별되는 기호를 나눠 갖는 것에서부터 비롯되기 때문이다. 그런데 타인의 시선이 특히 중요했던 한국 사회에서 변화의 조짐이 관찰되고 있다. 차츰 소비자들 각자가 가지고 있는 '자신만의 기준'이 자리를 잡고 있는 것이다.

2012년 〈All by myself society〉 트렌드에서는 이러한 차별화의 목표가 다른 사람과 '구별'되는 것에서 더 발전하여 스스로 만족하는 '자족'의 형태로 변화한다. 이탈리안 패션 거장 알바자 리노Al bazar lino는 "한국과 같은 동양인들은 남을 의식해 자기만의 개성을 자신감 없어하고 부끄러워하는 경향이 있다"고 말하며, "남의 눈을 의식하지 말고 자신이 입고 싶은 대로 마음껏 자기 스타일을 고수하라"며 독려했다. 그의 표현에 의하면 스타일은 "유행이 아니라 우리가 내면에 가지고 있는 무엇"이라는 것이다.[6]

자족하는 소비자들의 특징은 다른 사람의 시선으로부터 자유롭다는 것이다. 과거의 차별화는 타인의 시선에 좋게 보이는 것이 중요했다. 유독 우리 사회에서 소위 명품이라는 사치품이 인기 있는 것도 비슷한 이유에서다. 하지만 이제 타인의 시선보다는 나의 시선으로 그 방향이 전환되고 있다. 전형적인 명품보다는 개성 있고 실력 있는 마이너 제품이 소비자들의 마음을 사로잡고 있는 것이다(〈Neo-minorism〉 키워드 참조). 명품 시장의 규모 면에서 우리나라를 훨씬 앞질렀던 일본에서 이제 소비자가 그러한 명품 열풍을 잠재우는 주역이 되고 있다는 점도 주목할 만하다.[7] 한때 세계 최대 규모의 명품 시장임을 자랑했던 일본에서 명품의 존재감이 사라지고 있는 이유는 명품이 지니고 있는 '과시성'이 더 이상 일본 소비자들에게 '자기

만족적 위안'을 주지 못하기 때문이다.

소비자들의 자기만족적 선택은 '소비하지 않는' 형태까지 발현될 수 있다. 자발적으로 검소함을 선택하는 **'자발적 검소함'**은 타인을 의식해 계속해서 무엇인가를 소비하는 대신, 스스로의 선택에 따라 소비하기를 거부하는 자유를 선택하는 단계를 말한다. '화려하고 세련된' 사람이 되고자 욕망하는 이유가 보이지 않는 타율적인 힘에 의한 것이라는 것을 깨닫기 시작한 것이다. 이제 소비자들은 선택을 하든 하지 않든, 그것이 진정한 내면으로부터 태동된 것이어야만 인정하고 따른다.

## 자생 · 자발 · 자족의 동력

2012년 〈All by myself society〉 트렌드의 세 가지 방향인 소비자의 자생 · 자발 · 자족적 성향이 이토록 강해지는 이유는 무엇일까? 우선, 소비자들의 욕망이 다양한 방향으로 분화되고 있는데 시장은 그 속도를 따라가지 못하는 데에서 간극이 발생하기 때문이다. 기업이 생산해내는 제품의 범위

**자발적 검소함** voluntary simplicity

스스로의 의지로 확립된 간소한 라이프스타일(생활양식)을 의미한다. 물건이 넘쳐 풍요로운 생활을 영위하는 가운데서도 자기에게 정말로 필요한 물건을 신중하게 골라, 누구도 흉내 낼 수 없는 자주적인 생활을 완성시키려는 태도이다.[8]

최근의 선거운동은 대대적인 동원이 아니라 출마자 본인과
자원봉사자들이 현장을 찾아다니며 봉사하는 방식으로,
거리에서는 비교적 조용하게 치러지는 것이 특징이다.
이제 선거를 통해 공직에 나서려는 사람들에게는
운동원을 동원할 수 있는 자금력보다 열성적인 자원봉사자를
불러 모을 수 있는 '매력'이 더 필수적인 덕목이 될 것이다.

는 한정되어 있다. 신제품을 개발하는 데에는 시간이 많이 걸릴 뿐만 아니라, 설사 다양한 제품을 생산한다 하더라도 기업은 실패할 가능성을 고려해 여러 가지 가능성을 타진해야만 한다. 반면 소비자들은 매일 사용하던 제품들에 쉽게 싫증을 낸다. 더 다양한 제품과 더 낯선 제품을 사용해보고자 하는 소비자의 욕망은 날로 커지고 있다. 올리브영에서 버츠비나 EVER PURE와 같은 브랜드를 단독 론칭해 성공한 사례, 코스트코에서만 살 수 있는 독특한 미국 제품들이 인기를 끄는 사례, 국내에서 판매되지 않는 제품을 작은 유통회사가 들여와 성공하는 사례 등은 다양하고 낯선 제품에 대한 소비자의 요구가 있었기 때문에 가능한 것이었다.

다음으로, 소비자들이 똑똑해지는 동시에 소비자의 활동을 뒷받침하는 환경적 제반 조건이 갖추어진 것이 소비자의 자생·자발·자족적 성향을 강하게 만든 요인으로 작용했다. 스마트해진 소비자들은 제품을 사용하다가 가려운 부분이 있을 때, 기업에 요청해도 쉽게 받아들여지지 않을 것을

알기에 '내가 해결하지 뭐' 하는 적극적 자세로 문제 해결에 임한다. 소비자에게 인터넷 접속의 자유를 제공해준 스마트폰 역시 초기에는 여러 가지 제한 조건이 많았다. 소비자들이 불편한 점과 원하는 기능을 토로했지만, 스마트폰 제조사들은 묵묵부답으로 일관했다. "목마른 사람이 우물 판다"고, 아쉬운 소비자들은 직접 **탈옥**을 시도해 원하는 기능을 스스로 개발하기 시작했다. 이에 스마트폰 제조사는 탈옥한 스마트폰과 동일한 기능을 보유한 운영체제 업그레이드 버전을 내놓으며 소비자들이 더 이상 탈옥하지 않아도 되는 환경을 제공하기 시작했다. 이처럼 소비자 사이의 네트워크가 강화되고, 기기들 사이의 네트워크가 더욱 확산되는 환경이 구축되면 이를 자유롭게 활용하고자 하는 소비자들의 의지 역시 더욱 강해질 것이다.

마지막으로, 현대 소비자들은 통제받는 것을 대단히 싫어한다. 과거에는 생산자가 소비자에게 일방향적으로 패션과 유행을 전달했지만, 현대 소비자들은 생산자의 일방적인 지시를 거부한다. 매년 S/S, F/W 패션쇼가 열리지만 슬쩍 보고 참고만 할 뿐 따라해야 할 필요성을 느끼지 못한다. 미국의 유명 블로거이자 뉴욕 시립대학교 교수인 제프 자비스는 '통제권을 사

All by myself society

> **탈옥** jailbreak
>
> 애플사의 아이폰 잠금장치를 해제(해킹)하는 것을 뜻한다. 애플이 아이폰의 완성도를 높이기 위해 하드웨어와 소프트웨어에 여러 가지 잠금장치를 만들자, 일부 소비자들이 이를 해제하는 방법을 고안해냈고, 소비자들이 고안한 방법대로 아이폰의 잠금을 해제하는 것을 탈옥한다고 말한다. 단, 탈옥한 아이폰은 AS를 받을 수 없다.

람들에게 넘겨라' 라고 주장한다.[9] 현대 소비자들은 '이런 선택이 더 좋다' 고 설득 당하는 것 자체를 거부한다. 이제 소비자가 주도권을 가지고 스스로 선택할 수 있는, 자발적인 선택이 가능한 상황이 점점 더 늘어날 것이다.

## 시사점

2012년 〈All by myself society〉 트렌드가 기업에게 주는 함의는 분명하다.

첫째, 소비자를 벤치마킹하라. 이제 기업의 경쟁자는 동종 업계 기업도, 이업종 기업도 아닌 소비자다. 소비자들이 스스로 필요한 제품을 조달한다면 기업은 그 만큼 수요를 잃게 된다. 하지만 소비자들이 무엇을 구하는지 자세히 들여다보면 소비자가 원하는 것을 알아낼 수 있다. 이를 위해서는 소비자들이 자기들끼리 떠들고 이야기하는 것을 면밀히 듣고 관찰해야 한다. SNS는 소비자의 목소리를 들을 수 있는 최적의 창구가 될 수 있다. 글로벌 500대 기업의 86%가 SNS 계정을 보유하고 있고, 그중 63%는 3개 이상의 복수 채널을 운용하고 있다는 사실이 이를 반증한다.[10] 이제 기업은 소셜 미디어를 단순히 광고 목적이 아닌, 소비자들이 무엇을 원하는지 그 목소리를 듣고 피드백할 수 있는 수단으로 활용해야 할 것이다.

둘째, 소비자에게 다양한 경험을 제공하라. 현대 소비자들은 복잡한 노동은 단순화시키기를, 소비는 놀이로서 다양화시키기를 원한다. 조금 복잡하더라도 재미있다면 기꺼이 도전한다는 식이다. 소비자의 경험은 다양한 방면으로 확대될 수 있다. 가장 손쉬운 방법은 상품 구색을 다양화함으로써 소비자가 새로운 제품을 사용할 수 있는 기회를 제공하는 것이다. 소비자가 상품을 구매하는 유통 경로를 다양화하는 방법도 있다. 소비자들이 해외직구에 관심을 가지는 이유는 이를 통해 새로운 상품을 이용할 수 있는 기회를 얻을 수 있을 뿐만 아니라, 해외 배송과 통관이라는 다소 낯선 구매 상황을 흥미로운 도전거리로 인식하기 때문이다. 이제 소비의 의미는 필요한 제품을 획득하는 목적 지향적 활동에만 국한되지 않는다. 소비의 전 과정이 자발성을 띤 놀이의 일부가 될 수 있다.

셋째, 소비자의 자생 활동을 적극적으로 도와라. 기업은 소비자들이 자신들이 예측한 대로 움직이지 않으면 곧 실패라는 잘못된 인식을 가지고 있다. 소비자들이 제멋대로 움직이는 것을 두려워하지 말고 그것을 오히려 지원하라. 소비자의 활동을 막고 통제한다면 소비자들은 기업을 떠나 더욱 더 자생하고자 할 것이다. 소비자의 자생을 도와 성공한 기업들의 사례는 이미 주위에서 흔히 발견할 수 있다. 스마트폰의 애플리케이션 마켓이나 소셜 커머스의 성공은 모두 소비자들의 자발적인 움직임을 지원함으로써 가능했다. 세계적인 경제학자 오마에 겐이치는 "21세기 부富는 플랫폼에서 나온다"고 말했다. 플랫폼이란 어렵고 복잡한 것이 아니다. 필요가 있는 집단을 연결하는 계係를 만들고 그들이 충분히 뛰놀 수 있는 장場을 개설해줘라. 그러고 나서 할 일이란 그저 소비자들의 자발적인 움직임을 가만히 지켜보는 일일 것이다.

진실로 "소비자가 주인 되는 세상"이 다가오고 있다.

All by myself society

# Let's 'plan B'
## 차선, 최선이 되다

최선이 어렵다면 차선을 취하라. 누적된 경제적 피로의 제약 앞에서 최선보다 나은 차선책을 만들어가고 있는 소비자들, 실용적이고 실현 가능한 대안 plan B이 소비의 왕도가 되고 있다. 경제위기가 상시화된 현대 시장에서 '저렴하면서도 시크cheap chic' 하지 못하면 살아남기 힘들다. '고가 아니면 저가'라는 이분법적 기준보다 소비자가 직접 효용을 느낄 수 있는 실용적인 대안이 인기를 얻는다. 정치 · 사회의 영역에서도 이념으로 양극화된 극단에 서서 카리스마를 발휘하는 플랜 A형 리더보다는 합리적인 제3의 대안을 제시하며 유권자와 공감을 도모할 수 있는 플랜 B 리더십이 부상할 것으로 보인다. 소비자의 선택을 받기 위해서는 소비자가 왜 플랜 B를 선택하는지에 대한 소비 가치를 적확하게 파악해야 한다. 불안한 경제 상황 아래에서 이제 소비자들은 '불확실하지만 완벽한' 플랜 A가 아니라 '불완전하지만 실천 가능한' 플랜 B를 추구한다. 바야흐로 차선의 시대가 왔다.

**DRAGON BALL**

"꿩 대신 닭." 원하는 것에 딱 맞춤한 것을 찾지 못해 그보다 못한 것으로 대신하는 경우를 비유하는 속담이다. 이론적으로 생각하면 덜 합리적인 선택이다. 경제학에서는 소비자란 언제나 주어진 제약 속에서 만족을 최대화하는 선택을 한다는 가정을 한다. 최적의 선택 안을 버젓이 놔두고 그보다 못한 차선책을 선택하는 사람은 없다. 하지만 '주어진 제약'에 주목해야 한다. 제약이 있는 경우 그것은 소비자가 최적의 선택을 하지 못하는 결정적인 이유가 된다. 예산의 범위를 넘어선 제품을 구매하거나 혹은 목표를 실현하는 데 시간과 노력이 너무 많이 투입되는 상황이라면, 만족을 최적화시켜주는 선택이 어려워진다.

2012년, 합리적인 소비자들은 이상적인ideal 대안, 즉 '플랜 A' 보다는 실속 있으면서도 매력적인 차선의 대안, 즉 '플랜 B'에 눈을 돌린다. 차선이 곧 최선이 되는 시대, 차선이 선택의 새로운 기준으로 부상할 것이다. 플랜 B의 특징은 '현실적으로 실현가능하면서도, 매력적이고 힙hip하다'는 데 있다. 매력적인 것들은 대부분 비싸다. 또 그것을 찾기 위해 시간과 노력을 많이 투입해야 한다. 소비자들은 이처럼 달성이 어려운 목표보다는 큰 힘들이지 않고도 사용할 만하고 실용적이면서 매력적인 것들을 찾게 될 것이다. 이제 차선이 최선이 된다.

그렇다면 이러한 플랜 B 경제가 주목받는 이유는 무엇일까? 첫째, 글로벌 경제 환경이 불확실해지면서 소비자들은 많은 금전적·시간적 투자를 필요로 하는 플랜 A보다는 다소 부족하지만 당장 실현가능한 플랜 B에서 심리적 안정감을 느끼기 때문이다. 달콤하지만 허황된 약속보다는 규모는 작더라도 눈으로 확인할 수 있는 현실적인 보상이 더욱 더 매력적으로 다가오는 것이다. 이는 수차례 경제 위기를 경험한 소비자들이 발생 가능한 위험을 사전에 회피하고자 하는 것과도 일맥상통한다. 추락의 경험이 있는 소비자들은 최선의 플랜 A보다는 '최악을 피하기 위한' 플랜 B, 플랜 C를 선택하는 편이 더 이롭다는 것을 이미 학습한 것이다.

둘째, 소비자 정보가 전례 없이 풍부해지기 시작했다는 점이다. 생산자와 소비자 간의 정보 비대칭information asymmetry이 심한 상황에서는 최선이라고 광고되는 제품이나 시장을 선도하는 제품을 구매하는 것이 소비자로서는 가장 안전한 선택이었다. 하지만 이제 인터넷과 스마트폰을 통해 상품에 대한 동료 소비자들의 풍부하고 객관적인 경험담을 공유할 수 있게 됐다. 저렴하면서도 꽤 괜찮다는 정보적 확신을 가질 수 있다면 구매하지 않을 이유가 없을 것이다.

마지막으로, 특히 기술의 진보가 빠른 제품에 대해 소비자들이 현실과 이상 사이에서 타협하는 법을 배워가기 시작했기 때문이다. 기술이 발달할수록 소비자들이 제품과 서비스에 대해 요구하는 기준은 점점 더 까다로워진다. 기술이 발달하고 소비자의 요구 수준이 높아짐에 따라 소비자들이

Let's 'plan B'

누릴 수 있는 혜택과 효용 역시 상승 곡선을 그린다. 그러나 이와 동시에 고려해야 할 점은, 이러한 혜택을 향유하기 위해서는 소비자들 역시 복잡한 기술에 익숙해져야 하고, 더 많은 시간과 돈을 투입해야 한다는 사실이다. 결국 소비자들은 여러 선택 안들 중에서 취사선택을 할 수밖에 없다. 고민이 늘어날수록 아예 시도조차 하지 않을 유혹을 느낀다. 이 때 소비자들은 플랜 B를 생각한다. "아무것도 하지 않는 것보다는 플랜 B라도 하는 게 낫다"고.

## 불안한 경제가 플랜 B 패러다임의 배경

가격은 소비자가 가장 중요하게 생각하는 제약 조건이다. 물론 우리가 무한한 자원을 가지고 있다면 항상 고가의 제품을 구매하는 것이야말로 만족을 극대화할 수 있는 최고의 선택이 될 것이다. 패션 아이템에서부터 식품에 이르기까지 다양한 상품군에서 고급화 전략이 유효하게 작용하는 이유는 대다수의 소비자들이 가격을 곧 품질의 대리 지표로 사용하기 때문이다. 이를 가격-품질 연상효과price-quality association라고 하는데, "가격이 비싸면 그만큼 품질도 좋다"는 믿음이 일반적으로 통용되는 것도 이 때문이다.

그러나 경기 침체와 고용 불안이 상시화되는 차선경제의 시대에는 가격을 보는 소비자들의 시각이 달라진다. '가격과 품질은 별개'일 수 있다고 여긴다는 것이다. 일반적으로 상품의 질이 상승하면 가격도 따라 올라가는 데 그 비율은 대체로 지수함수적이다. 다시 말해서 어느 수준 이상에서는 퀄리티를 약간만 올리는데 가격은 큰 폭으로 상승하는 것이다. 소위 '명품'의 가격이 매우 높은 것은 이런 측면에도 그 원인이 있다.

이러한 사실을 뒤집어 생각하면, 약간만 기대 수준을 낮춘다면 훨씬 저렴한 가격으로 원하는 상품을 대안적으로 구매할 수 있다는 의미가 된다. 다시 말해서 비싸지만 품질이 아주 조금 더 나은 플랜 A 제품보다는, 값도 싸고 품질도 괜찮은 플랜 B 제품을 선택하는 편이 더 현명한 선택이라는 것이다. 플랜 B를 선택하는 행동은 이제 '현명한 선택'을 넘어 '매력'과 '시크함'을 상징하는 의미로 진화하고 있다.

화장품 산업이야말로 플랜 B의 특성이 가장 빠르게 확산되고 있는 분야다. 화장품 회사는 아름다워지고 싶은 여성의 욕망을 상품과 더불어 판매하기에, 그 동안 고급화 전략이 어떤 분야에서보다도 주요하게 작용했다. 화장품의 성분뿐만 아니라 포장용기와 같은 디테일한 부분, 나아가 브랜딩에 이르기까지 고급화된 이미지가 통합적으로 구현되는 것이 무엇보다 중요했다. 그러나 최근 이러한 고급화 전략 사이에서 값도 싸고 품질도 좋은 이른바 '저렴이 버전' 시장이 급속한 속도로 성장하고 있다. 뷰티 전문 케이블 방송에서 실시한 블라인드 테스트에서 저렴한 가격의 화장품들이 고가 제품을 물리치고 당당하게 1, 2위를 차지하기도 한다. '저가 제품 B가 고가 제품인 A와 비슷한 효능을 보임에도 불구하고 값은 훨씬 싸다'는 식으로 소비자들이 직접 작성한 이른바 '고렴이와 저렴이' 매칭 포스팅이 블로거들 사이에서 급속도로 확산되면서 자발적인 입소문 효과를 내기도 한

다. 이제 소비자들은 "고가의 플랜 A 제품을 비싸서 못 산 것이 아니라, 저가의 플랜 B 제품이 더 매력적이어서 구매한 것"이라고 자신 있게 이야기할 수 있게 됐다.

가격적인 측면에서 플랜 B를 찾아나서는 경향은 '현실에서는 도저히 실현 불가능한 목표를 실현가능한 것으로 만들고자 하는 노력'으로도 나타나고 있다. 집값이 천정부지로 치솟고 전국적인 전세대란으로 국민들의 고충이 날로 심각해지고 있는 가운데, 평생 일해도 대한민국 하늘 아래 내 집 한 칸 마련하기 힘들겠다는 좌절감은 이제 점점 현실로 다가오고 있다. 이러한 상황에서 금전적 제약과 내 집 마련이라는 목표를 조율하는 매력적인 대안으로 떠오르고 있는 것이 바로 '땅콩 주택'이다.

### 땅콩 주택

하나의 대지에 두 채의 집을 지은 모습이 마치 땅콩 껍질 속에 땅콩이 붙어있는 것과 유사해 붙여진 이름으로, 이미 미국 등지에선 두 세대용 집을 뜻하는 듀플렉스 duplex라는 명칭으로 보편화됐다. 한 개의 땅에 두 가구가 분담해 집을 짓는 만큼 비용이 저렴하고, 마당과 다락방까지 갖춘 단독주택을 소유할 수 있는 이점이 있다.

땅콩 주택은 하나의 대지 위에 두 개 이상의 가구가 각각 독립적인 주거 공간을 갖는 개념의 건축으로, 개인의 취향을 반영할 수 있는 단독주택이면서도 공간적 측면과 금전적 측면에서 효율성을 지닌다. 특히 땅콩 주택은 대부분 목조 구조물로 구성된 까닭에 일반 건물에 비해 건설 기간도 짧아 손쉬운 내 집 마련의 대안으로 급부상하고 있다.[1] 물론 땅콩 주택이 아파트를 완전히 대체할 주거 형태라고 할 수는 없다. 그러나 삭막한 도시의 아파트를 떠나 여유로운 삶을 즐기려는, 보다 실현가능한 형태의 플랜 B 주거문화가 등장하고 있다는 것은 '플랜 A가 불가능하다면 그것에 목숨 걸지 않고 차라리 플랜 B를 찾겠다'는 소비자의 적극적인 의지의 표출로 볼 수 있다.

값싸게 개성을 표현하는 플랜 B족들도 등장하고 있다. **힙스터족**은 전형적인 소비에 대한 반문화counter-culture적 특성을 패션과 라이프스타일, 그리고 소비로 표현하는 집단이다. 이들은 기존의 값비싼 물건은 더 이상 힙hip하지 않다고 생각한다. 대신 값싼 최신 아이템들로 일반인들의 유행보다 반걸음 정도 앞서나가다, 그들의 패션이 대중화되면 다시 새로운 플랜 B를

**L**et's 'plan B'

---

**힙스터**hipster **족**

하위문화(보헤미안, 히피 등)의 생활양식을 따르는 사람들을 일컫는 말로, 1999년에서 2003년까지 북미와 뉴욕을 중심으로 짧은 시간 동안에 왕성하게 태동한 하위문화를 따른다. 2003년 후 널리 대중화되어 지금에 이르렀다. 복고풍의 커다란 뿔테 안경, 아메리칸 어패럴의 브이넥 티셔츠, 스키니 진이 대중화된 전형적인 힙스터 스타일이다.[2]

찾아 나선다. 즉, 힙스터들은 플랜 A에 가려 주목받지 못한 플랜 B를 남다른 안목으로 발굴해내고, 그것을 소비하며, 그것이 주류로 부상하면 또 다른 플랜 B로 자리를 옮긴다.[3] 이들은 마치 값싸지만 시크한 하위문화를 좇는 사냥꾼과도 같다. 이들의 관심은 '비싼 가격'과는 별개로, 오로지 '접근 가능하고 매력적인 플랜 B'에 있다.

'플랜 B' 경제의 대표적인 사례인 칩 시크cheap chic는 "값싸지만 매력 있다"는 의미의 용어로 미국에서 1970년대 후반에 불었던 패션 트렌드이다. 그런데 2011년 한국에서 칩 시크의 바람이 감지됐다. 칩 시크의 핵심은 단지 저렴한 가격에만 있는 것이 아니라, 저렴하면서도 심지어는 저렴하기 때문에 개성 있고 세련된 취향을 보여줄 수 있다는 점에 있다. 또한 이제는 패션에서뿐만 아니라, 식품·건강·외식·유통 등 다양한 영역에서 칩 시크 개념이 적용되고 있다.


## 실천 가능한 플랜 B

현대 소비자들은 바쁘다. 바쁜 가운데에서도 늘 최고가 되고자 한다. 맞벌이를 하는 주부라면, 직장에서도 잘 나가야 하고 집안일도 완벽하게 해야 한다. 다이어트와 건강을 위해서라면 일주일에 세 번씩 헬스장을 가고, 거기서도 개인 트레이너와 함께 2시간을 꼬박 채워 운동하는 정도의 수고는 감수해야 한다. 하지만 현실은 어떤가? 이 모든 것을 하기에는 너무나도 바

서울대학교 사회학과 송호근 교수에 의하면 그동안 "나를 따르라"는 식의 발전 연대의 지시적이고 독선적인 카리스마형 리더십이 대세였다면, 이제는 섬세하게 위로하고 설득하는 공감형 리더십이 요구되고 있다. 특히 국회의원을 선출하는 총선에서는, 전통적인 메이저 브랜드의 영향력이 현저하게 감소하면서 마이너가 대거 등장하는 트렌드와 함께 '플랜 B 리더십'을 요구하는 사회적 트렌드가 영향을 미칠 것으로 보인다.

쁘다. 자칫하다간 모든 계획이 작심삼일로 끝나기 십상이다. 작심삼일을 여러 번 경험한 대중들이 이제는 '진짜 할 수 있는 것'을 찾기 시작했다. 훈련소 들어가서 두 달 만에 30킬로그램을 빼는 다이어트보다, 집에서 15분 투자로 8주에 5킬로그램을 빼는 다이어트가 실현 가능성이 더 높다면, 그게 더 매력적이다. 시간을 내기 힘든 직장인이나 수험생들에게 하루 몇 시간씩 투자해 운동하라는 퍼스널 트레이너들의 이상적인 코칭보다는 자투리 시간만 활용해도 몸매가 달라질 수 있다는 플랜 B식 코칭이 훨씬 더 설득력 있다.

　일반인들이 간단하게 따라할 수 있는 뷰티 비법도 인기다. 케이블 채널뿐만 아니라 일반 공중파 채널의 방송에서도 '집에서 하는 동안 메이크업, 동안 헤어 연출하기'처럼 '내가 집에서 쉽고 빠르게 할 수 있는' 실용적인 화장법을 제안하기 시작했다. A에서 Z까지 화장 순서를 모두 지키지 않고

Let's 'plan B'

도 전문가 못지않은 화장 실력을 뽐낼 수 있다는 것이다. 화장뿐만 아니라, 일상생활에 지장을 주지 않는 '쁘띠 성형'도 인기다. 쁘띠petit는 '작은', '귀여운'이라는 뜻을 가진 프랑스어로, 쁘띠 성형은 기존 성형 수술과는 달리 얼굴에 칼을 대지 않고 간단한 시술만으로 성형 효과를 얻을 수 있어 인기를 끌고 있다. 완벽한 화장을 하고는 싶지만 할 줄 몰라 부담스러워했던 소비자들, 성형 수술을 하고 싶어도 시간 내기가 힘들었던 소비자들에게 쁘띠 성형은 쉽고 간편하게 여겨지는 플랜 B라고 할 수 있다.

실현 불가능한 플랜 A를 실천 가능한 플랜 B로 바꿔주는 것도 중요하다. 7첩 반상의 진수성찬을 꿈꾸지만 막상 현실에서는 그것을 실현할 돈도 시간도 없는 소비자들은 간편한 조리법에 열광한다. '나물이'라는 닉네임을 사용하는 40세 노총각 개인 홈페이지에 주부들의 방문이 끊이지 않는 것도 그런 이유다. 그가 소개한 것은 '요리 선생님'의 거창한 요리가 아니라 쉬운 '밥상 차리기'용 반찬들이다. 오랫동안 냉장고 구석을 차지하고 있는 처치 곤란 식재료를 일순에 훌륭한 요리 재료로 둔갑시키는 그만의 간편 비법에 초보 주부들은 열광했다. 그의 요리 책은 베스트셀러가 됐고 일본에서도 번역돼 지난 7월부터 일본 후지TV에서 '나물이표 요리'를 직접 만들어보는 〈K-쿡〉이란 프로그램이 생겼을 정도이다.[4]

직접 요리를 차리기 어려운 주부들은 **간편가정식**(HMR) 시장으로 눈을 돌리고 있다. 물론 집에서 직접 요리를 해 먹는 편이 맛과 영양 측면에서 최고의 선택이겠지만, 바빠서 배를 곯느니 차라리 차선의 선택이라도 하는 편이 낫다는 것이다. 개봉 후 간단히 먹을 수 있는 HMR 시장 규모는 2011년에만 약 2천억 원에 달할 것으로 예상된다.[5] 대형마트나 편의점에서도 경쟁적으로 HMR 상품을 출시하고 있다. 이러한 HMR 관련 제품이 다양해짐에 따라, 맛과 영양 측면에서 집에서 해먹는 요리와의 간극이 점점 줄어들고 있고, 직접 요리할 때보다 비용도 적게 들어 고물가를 잡는 대안으로 각광받고 있다.

## 플랜 B 리더십의 부상

사회적 목소리를 내는 데에서도 플랜 B가 등장하고 있다. 다양한 정치 행사가 계획된 2012년은 여느 해와는 달리 사회적 참여 활동과 소비 활동 사이의 교집합이 유난히 부각되는 한 해가 될 것으로 보인다. 다시 말해서 정치적 리더십을 선택하는 데 있어서도 유권자들은 좀 더 적극적으로 플랜 B를 고려하게 될 것이라는 의미다.

미국의 케이토연구소는 지난 2008년 미국 대선 때 주목해야 할 집단으로 '**리버테리언**'을 꼽은 바 있다. 이들은 제2차 세계대전 후 태어난 '베이

**HMR**Home Meal Replacement

개봉 후 바로 먹거나 간단히 조리해 먹는 '간편가정식'을 일컫는 말로, 최근 싱글족이나 맞벌이 부부의 증가로 큰 호응을 얻고 있다. HMR은 하루가 다르게 상승하는 물가에 외식이 부담스러운 소비자들에게 외식의 대안으로 받아들여지고 있다.

비부머'의 자녀 세대로, 1970~1980년대에 태어난 이른바 'X세대'에 널리 포진해 있다. 리버테리언들은 인터넷을 통해 자유롭게 의사소통을 하고, 개인주의와 세계화라는 양극단적 가치 모두에 호의적인 태도를 보인다.[6] 리버테리언은 기존의 보수 대 진보라는 양극 정치 구도를 뛰어넘는 제3의 정치 세력으로서 스스로 새로운 대안인 플랜 B를 자처한다. 이들은 무조건적인 반대와 무조건적인 지지를 지양하는 대신, 현실적이고 실현가능한 대안에 대해 고민하고 적극적으로 의사를 표시한다.

특히 이들이 의사를 표시하는 방법은 단지 정치적으로 발언하는 것에만 국한되지 않는다. 이들은 자신들과 견해를 같이하는 기업의 제품을 구입하는 등 상당히 소비지향적인 전략을 사용해 의사를 표출하고 있다. 예를 들어 특정 기업이 자신들이 지지하는 신문사나 잡지사에 광고를 실을 경우, 그 기업의 이름을 서로 공유하면서 해당 기업 제품의 구매를 독려하는 운동을 자발적으로 벌인다. 기업의 고객 게시판에 들어가 칭찬 릴레이를 벌이는가 하면, 심지어는 직접 만든 음식이나 감사의 의미를 담은 선물을 기업에 익명으로 배달하기도 한다.

한국의 리버테리언들 역시 베이비부머의 자녀 세대인 70년대 후반~80

---

**리버테리언**libertarian

새로운 제3의 정치세력으로, 경제적 이슈에서는 보수적이면서도 개인적 자유에 대해서는 진보적인 색채를 띤다. 자유의지론자, 자유지상주의자, 자유방임주의자들의 계층을 아우르며, 미국 유권자의 10~20% 정도가 여기에 속한다고 할 수 있다.

년대생들로, 대부분 부모의 높은 교육열로 인해 고등 교육을 받았으며, 세계화에 익숙하고, 인터넷과 SNS를 이용해 활발하게 소통하는 20대와 30대들이다. 이들은 앞 세대 투표 행태의 중요한 기준이었던 지역이나 이념에서 비교적 자유로우며, 자신만의 '상식과 합리'를 기반으로 목소리 내는 것을 중요하게 생각한다. 언제든 자신의 불만을 해소해줄 수 있는 플랜 B를 적극 밀어줄 태세가 되어있는 것이다. 정치의 해인 2012년, 한국에서는 이러한 리버테리언 세대가 어떠한 가치관을 가지고 어떠한 역할을 하게 될지 귀추가 주목된다.

조직 내 리더십에서도 플랜 A보다는 플랜 B가 주목받게 될 것이다. 플랜 A형 리더는 공동체의 일인자로서 큰 목소리로 집단을 하나로 모으고, 집단의 나아갈 방향과 비전을 제시하는 지도자형 리더를 말한다. 반면 플랜 B형 리더는 윗사람을 보좌하고 조직을 아우를 수 있도록 보살피는 보조자형 리더이다. 예를 들어, 애플의 스티브 잡스는 청중을 휘어잡는 프레젠테이션으로 대중을 견인할 수 있는 카리스마와 미래 비전을 제시하는 능력을 갖췄다는 점에서 전형적인 플랜 A형 리더이다. 하지만 애플의 새로운 CEO인 팀 쿡은 탁월한 경영 노하

카리스마로 대중을 압도한 플랜 A형 리더, 스티브 잡스의 뒤를 이어 애플의 수장이 된 팀 쿡. 온화하고 현실적인 플랜 B형 리더가 주목받고 있다.

L et's 'plan B'

우를 가지고 잡스를 그림자처럼 보좌했던 전형적인 플랜 B형 리더이다. 이제 시대의 천재인 스티브 잡스가 내놓았던 최선책 대신 그동안 성공적인 **헬퍼십**을 보여주었던 팀 쿡이 등장함에 따라 그의 플랜 B 리더십에 사람들의 이목이 모아지고 있다.

애플과 같은 기업에서뿐만 아니라 2012년 우리 사회 전반에 걸쳐 보다 실천적이고 현실적인 플랜 B형 리더에 대한 국민들의 갈망이 점차 강해질 것으로 보인다. 서울대학교 사회학과 송호근 교수에 의하면 그동안 "나를 따르라"는 식의 발전 연대의 지시적이고 독선적인 카리스마형 리더십이 대세였다면, 이제는 섬세하게 위로하고 설득하는 공감형 리더십이 요구되고 있다.[7] 특히 국회의원을 선출하는 총선에서는, 전통적인 메이저 브랜드의 영향력이 현저하게 감소하면서 마이너가 대거 등장하는 트렌드(⟨Neo-minorism⟩ 키워드 참조)와 함께 '플랜 B 리더십'을 요구하는 사회적 트렌드가 영향을 미칠 것으로 보인다. 공감 능력을 갖추고 대안적 매체인 SNS 등을 효과적으로 사용할 수 있는 정치 신인들의 선전을 조심스럽게 예상한다.

**헬퍼십**helpership

집단의 일인자로서 큰 목소리로 집단을 하나로 모으고 집단의 나아갈 방향과 비전을 제시하는 지도자형 리더십이 아니라, 윗사람을 훌륭하게 보좌하고 조직원이 하나의 목표를 향해 나아갈 수 있도록 도와주는 리더십을 지칭한다. 헬퍼는 '맨 앞에 나서는 리더는 아니지만 리더의 약한 모습을 섬김으로 채우며 리더의 뒷자리를 지키는 사람'이다. 미국의 전 부통령 엘 고어, 빌 게이츠의 파트너인 스티브 발머 등이 헬퍼십의 전형적인 인물이라 할 수 있다.

# 시사점

2012년 〈Let's 'plan B'〉 트렌드를 통해 제품 기획, 마케팅, 그리고 유통 판매의 세 측면에서 기업은 어떠한 기회를 포착할 수 있을까? 무엇보다도 먼저, 기업은 소비자의 행동을 세밀하게 관찰하고, 이 가운데에서 플랜 B가 가능한 영역을 발굴하는 것에서 출발해야 한다. 그리고 발굴한 것을 바탕으로 다각적인 제품군의 포트폴리오를 구성해 플랜 B시장을 겨냥한 제품을 기획해야 한다. 국내 가구업체들은 아파트 시장 경기가 침체되는 등 계속해서 시장 상황이 어려워질 것으로 예상하고, 발 빠르게 병원·도서관·군부대 등에 납품하는 가구를 개발하는 등 자신들의 주력 상품 외에 특화된 상품 라인업을 구축하는 '플랜 B'를 적극적으로 가동하고 있다.

광고와 마케팅 활동에서도 적극적으로 플랜 B를 실천하는 노력이 필요하다. TV 광고와 신문 광고 같은 전형적인 플랜 A 마케팅 전략은 힘을 잃는 대신, 페이스북 등 SNS를 포함한 디지털 매체가 상업 광고의 핵심으로 부상하고 있다. 네덜란드의 맥주회사 하이네켄은 최근 제작한 '데이트Date'라는 타이틀의 광고를 TV나 신문과 같은 전통 매체가 아닌 유튜브 등 디지털 매체에서 먼저 공개했다. 하이네켄의 이 같은 도전에 대해 일부에서는 우려의 시각을 보이기도 했으나 디지털 매체를 즐겨 찾는 젊은 소비자들의 성향을 잘 반영한 플랜 B 전략은 오히려 큰 성공을 거뒀다.[8]

유통 측면에서도 기업들은 적극적으로 차선책을 최선책으로 활용하는 시도를 계속해야 한다. LG경제연구원은 사업 초기부터 해외로 진출하는 국내 기업의 수가 눈에 띄게 증가하고 있다는 보고서를 발표한 바 있다. 국내 시장이 얼어붙어 해외로 진출하는 것이 아니라, 처음부터 차선책이라 할 수 있는 해외 진출을 염두에 두고 적극적으로 해외 판로를 개척하고 있다는 것이다.[9] 만약 이러한 기업들이 국내 시장 1위를 최우선 목표로 삼았다면 지금과 같은 해외 시장에서의 성공을 달성하기는 어려웠을 것이다. 오히려 플랜 B였던 해외 시장에서의 기회를 정확하게 포착하고 그 기회를 충분히 활용했기에 지금과 같은 성공을 거두었다고 할 수 있다.

차선경제 시대로의 패러다임 전환은 기업의 입장에서는 위기이자 기회다. 소비자들의 새로운 요구가 수요를 만들어내기 때문이다. 이러한 새로운 기회를 먼저 선점하는 것이 곧 기업의 성패를 결정한다. 소비자들이 왜 플랜 B를 선택할 수밖에 없었는지에 대한 소비 가치의 변화를 이해해야 한다. 나아가 소비자들이 원하는 플랜 B의 대안이 무엇인지 치열하게 고민해야 한다. 경제와 소비자의 요구가 전례 없이 변화하는 변혁의 시점에서 우리는 어떠한 차선책을 제공할 수 있을 것인가? 성패는 그 해답에 달려 있다.

# Lessen your risk
## 위기를 관리하라

확실성의 시대는 갔다. 이제 우리는 불확실성을 일상으로 받아들여야 하는 시대에 살고 있다. "피할 수 없으면 즐겨라"라는 유행어처럼 위기를 피할 수 없다면 가능한 한 잘 대비하여 그 피해를 줄이는 것이 중요하다. 위기의 시대에 소비자는 스스로 느끼는 통제감을 높여주고, 신속하고 책임 있는 문제해결 능력을 보여주며, 고객과의 소통을 강화하고, 사회적 고통을 분담하는 기업의 모습을 원한다. 이러한 상황에 제대로 대처하기 위해서는 기업 내부의 위기관리 능력을 강화하고 대외적으로 소통과 공감 능력을 키우는 것이 필요하다. 돌발하는 각종 위기에 스마트하고 신속하게 대처하는 작업이 경영의 핵심적인 과제로 대두하고 있다. 그동안 사회적으로 소외되어 위기의 시각지대에 놓여 있던 개인과 날로 늘어가는 가정의 위기에도 적극적으로 도움의 손길을 내밀 필요가 있다. 소비자와 기업의 작지만 실현가능한 새로운 유형의 협력과 공생 방안 마련이 시급하다.

**DRAGON BALL**

TREND KOREA

현대는 불확실성의 시대다. 내일 당장 무슨 일이 일어날지, 몇 시간 아니 몇 분 후에 무슨 일이 일어날지 알 수 없는 세상이다. 충격적인 사건과 사고가 일상다반사가 되다 보니, 아무 일도 일어나지 않는 날이 오히려 이상하게 느껴질 정도다. 이렇게 불확실성이 커지면서 우리 사회 전체가 예측할 수 없는 상시적 위기에 노출되고 있다.

최근 몇 해 동안 대한민국은 우리가 얼마나 위기가 상시화된 사회를 살고 있는지 체감케 하는 사건들을 경험하고 있다. 매년 "기상관측 이후 최대"라는 수식어를 갈아치우는 이상기후를 비롯하여 구제역, KTX 탈선 사고, 정전 사고, 각종 개인정보 유출 사고, 신종 신용 사기 등에서 보듯이 한국인의 2011년은 매일 매일이 갖가지 위기의 연속이나 다름없었다. 울리히 벡Ulrich Beck이 설파했던 '위험 사회'에 살게 된 것이다.

위험의 증가가 현대사회의 일반화된 특징이라는 점에는 동의하지 못하

### 위험 사회risk society

독일의 사회학자 울리히 벡이 현대사회의 특징을 분석하면서 제시한 개념이다. 현대사회의 과학적·기술적 발전에 힘입어 탄생된 많은 시스템은 효율성과 합리성을 높여주었으나, 시스템 자체의 불완전성이나 시스템 외부의 보이지 않는 구조적 문제에 대한 인간의 예측력과 통제력은 극히 제한적이다. 뿐만 아니라 위험에 대한 자극적이고 불확실한 정보가 대중매체에 의해 확대재생산된다. 이러한 상황이 실체를 알 수 없는 위험에 대한 불안을 증폭시키고 사회와 개인의 선택권을 제약한다. 벡은 전통 사회에는 존재하지 않았던 유형의 이러한 위험과 불안은 과학기술이 지배하는 합리적 사회에 대한 신봉이 낳은 결과로서, 사회적 공론화와 합의를 위한 협상을 통해서만 이를 극복할 수 있다고 주장한다.

> 이미 현실화된 위기를 극복하기 위해서는
> 자신감과 희망이 무엇보다 중요하다.
> 무의미하고 형식적인 응원이 아닌 개개인의 상황에 맞는
> 위로와 구체적인 코칭이 필요하다.

더라도, 2012년은 예기치 못한 위험이 발생할 가능성이 그 어느 때보다도 높다고 예측할 수 있다. 앞서 '2012년 전망'에서 설명한 바와 같이 올해는 우리나라를 비롯해 세계 29개국이 대권을 교체하는 해다. 이러한 사실은 두 가지 이유에서 불확실성을 늘린다. 첫째, 세계 각국 정상들이 선거의 논리에 빠진 자국 이기주의를 앞세우면서 글로벌 정치·경제에 대한 통제가능성이 현저하게 낮아질 우려가 있다. 둘째, 강대국의 선거에 영향을 주기 위한 테러가 발생할 가능성도 한층 커진다. 특히 2012년은 김일성 출생 100년이 되는 해로 북한이 오랫동안 '강성대국의 해'로 선전해왔던 시기다. 김정은에 대한 권력 이양이 본격화되면서 내부적인 권력투쟁이나 주민의 동요가 커질 가능성도 함께 늘어난다. 한반도에 돌발 상황이 발생할 우려도 함께 커지는 것이다.

이렇듯 위기가 상시화된 배경에서 한층 불안해진 2012년을 맞으며, 리스크에 대한 대비가 핵심적인 과제로 대두하고 있다. 향후 한국 사회를 관통할 〈Lessen your risk〉 트렌드는 시시각각 사방에서 감지되는 사회적·개인적 위기에 대한 준비를 철저히 하여 예측 불가능한 피해를 통제 가능

한 변수로 만들어야 한다는 키워드다.

## 위기의 속성

지난 3월 일본에서 발생한 대지진은 최악의 원전 사고로 번지면서 일본뿐
아니라 인접국인 우리나라를 포함한 세계 각국의 경제 전반에 타격을 준
것은 물론이고, 기본적인 안전에 대한 공포와 불안에 휩싸이게 만들었다.
통제 불능 상태에 빠진 후쿠시마 원전에서 누출된 방사성 물질이 대기와
해류를 타고 전 세계로 확산되면서 사람들의 불안감은 증폭됐고, 원전 정
책의 전면 수정을 요구하는 목소리가 세계 각국에서 빗발쳤다. 일본 정부
의 원전에 대한 통제력이 회복되면서 원전 사고의 충격은 서서히 가시고
있으나, 일본은 여전히 원전 누출의 후유증으로 몸살을 앓고 있다. 세계 최
고의 '매뉴얼 국가'로 불리는 일본마저도 이러한 규모의 지진 발생과 그로
인한 원전 사고를 예측·대비하지 못했고, 그 대가는 실로 엄청났다.

　아무도 예측하지 못한 이례적인 사건을 일컬어 '블랙스완'이라고 한다.
예측하지 못했기 때문에 당연히 대비책 마련도 제대로 될 리가 없다. 블랙
스완의 실체가 무엇인지 파악하는 데만도 상당한 시일이 소요될 수 있고,
문제를 파악하는 동안 블랙스완으로 인해 야기된 제2, 제3차의 피해가 엄
청나게 불어날 수 있다. 현대사회는 예전과 달리 모든 구성원들이 유기적
으로 연결되어 있기 때문에 한 곳에서 발생한 작은 위기가 삽시간에 모두

를 위기 상태에 빠뜨릴 수 있다.

예측할 수 없다고 위기에 속수무책으로 당할 수만은 없다. **하인리히 법칙**에 따르면 길이 아주 없는 것은 아니다. 하인리히는 축적된 산업재해 통계를 분석해 대형 재해, 작은 재해, 사소한 사고가 1 : 29 : 300의 일정한 비율로 발생한다는 사실을 밝혀냈다. 하인리히 법칙에 의하면, 어떤 원인으로 1명의 중상자가 발생했다면, 동일 원인으로 이미 29명의 경상자가 발생했고, 300명의 부상당할 뻔한 사람이 있었다는 것이다. 하인리히 법칙의 의의는 대형사고 이전에는 반드시 작지만 많은 징후가 선행한다는 사실에 있다. 다시 말해서 위기가 언제 어떻게 닥칠지 정확하게 예측할 수는 없더라도, 확률적으로는 그 가능성을 점칠 수 있다는 것이다.

### 블랙스완 black swan

18세기 호주 남부에서 검은 백조가 발견되면서 모든 백조는 희다는 통념이 깨졌다. 이후 경험적으로 발생 가능성이 전혀 없어 보이는 예외적인 사건이 실제로 발생했을 때, 이를 블랙스완이라 지칭하게 됐다. 2008년 리먼 브라더스 파산과 2011년의 그리스 · 이탈리아 등의 국가부도 위기에 의해 촉발된 세계경제 위기 이후, 주로 예기치 못한 경제 위기를 뜻하는 의미로 자주 사용되고 있다.

### 하인리히 법칙 Heinrich's law

일반적으로 대형 재해, 작은 재해, 사소한 사고가 1 : 29 : 300의 일정한 비율로 발생한다는 법칙. 산업재해를 연구한 하인리히에 의해 1931년 발견된 것으로, 산업뿐만 아니라 다양한 분야의 위기 발생 과정을 설명하는 원리로 적용된다.

Lessen your risk

구제역, 원전 사고, 이상기후로 인한 재해, 국가부도, 개인정보 유출……. 우리는 언제 블랙스완이 나타날지 모르는 위기의 시대를 살고 있다.

하인리히 법칙은 사소한 징후를 방치하면 결국 대형 참사로 이어진다는 경고다. 문제는 사소한 징후를 방치하지 '않는' 것이 무척 어렵다는 데 있다. 지금도 어딘가에선 대형 참사로 이어질 수 있는 사소한 사고를 귀찮다는 이유로, 또는 별일 아닐 것이라는 안이한 태도로 무시하고 있을지도 모른다. 또한 징후 자체를 잘 알아보기 어렵다는 점도 큰 문제다. 위기는 어느 정도 커지기 전까지는 잠재적이기 때문에 경험 많은 전문가가 아니면 감지하기가 쉽지 않다. 특히 관계자들 모두가 심각성을 느낄 만큼 위기가 크지 않으면 위기 예방을 위한 과감한 투자 의사 결정은 거의 이루어지지 않는다. 조직이 아닌 개인이 위기의 당사자일 경우는 훨씬 더 심각하다. 당장 닥친 문제를 해결하는 데 사용할 자원도 부족한데 하물며 일어날지조차 확실치 않은 일에 자원을 투입한다는 것 자체가 사실상 거의 불가능하다. 우리 국민 다수의 노후 준비가 미흡한 것도 어찌보면 당장에 해결해야 할 문제들이 눈앞에 산적해 있기 때문이다.

## 위기의 유형

지금 한국 사회를 살고 있는 개인들은 힘들다. 특히 청춘들의 아픔이 크다. 청년들은 무한 스펙 경쟁에 내몰리고 있고, 그들에게 취업은 낙타가 바늘구멍 통과하기보다 어려운 도전이 된 지 오래다. 등록금 1천만 원 시대에 대학생들은 과도한 학자금 대출로 취업하기 전부터 신용불량자로 전락하기도 한다. 취직·결혼·출산을 모두 포기했다는 '삼포세대'라는 신조어를 가벼이 넘길 수 없는 건 그 안에 담긴 젊음의 애환이 그 어느 때보다도 커졌기 때문이다.

장년층의 어깨도 무겁다. 2011년 가계 부채는 사상 최대치를 기록했다. 물가는 연일 치솟는데 월급은 제자리고, 주택자금·교육비·의료비·공과금·통신비 등 필수 지출은 갈수록 늘어 허리띠를 졸라매는 게 아니라 아예 허리가 없어질 지경이다. 신종 사기, 개인정보 유출, 성범죄는 갈수록 기승을 부리고 기후 재난이나 정전 사고 같은 후진국형 재난도 자주 발행한다.

지금 소비자들이 체감하는 위기는 과거 숭례문 화재나 태안 기름 유출 사고 같은 국가적 위기 당시 국민 전체가 느꼈던 충격과 안타까움과는 본질적으로 다르다. 당시의 충격과 안타까움이 '한국인'이라는 공동체적 정체성에서 발현된 추상적인 감정이라면, 지금의 위기는 누구나 체감하는 구체적이고 현실적인 문제다. 속출하는 위기가 어떤 거창하고 대단한 이상을 침해해서가 아니라 적당한 수준의 경제적 안정·신체적 안전·평안한 일

Lessen your risk

상·소박한 만족 등과 같은, 대부분의 소비자가 지향하는 보편적이고 기본적인 가치를 해치고 있기 때문에 위기에 대한 공감대가 클 수밖에 없다.

개인이 경험하는 위기는 크게 '고통전가형' 위기와 '개인적' 위기로 나눌 수 있다. 고통전가형 위기는 개인은 안정적이고 건전한 상태를 유지하고 있음에도 불구하고 갑작스럽게 발생한 사회적·구조적 위기의 충격이 개개인에게 전가되는 것을 뜻한다. 경영난으로 인한 정리해고, 부실저축은행 영업정지 직후 발생한 엄청난 뱅크런 사태, 정전 사고로 인한 피해 등이 고통전가형 위기의 대표적인 예이다. 이러한 위기는 개인의 실책이 아닌 사회구조적 문제로 인한 것이지만 개인이 희생을 분담할 수밖에 없다. 그래서 전 국민 혹은 불특정 다수가 동일한 위기를 겪게 된다. 고통전가형 위기의 근본 원인은 개인이 통제하기 어려운 사회적·시스템적 차원의 모순과 허점에 있기 때문에 위기의 해소는 개인적 차원이 아닌 사회적 차원에서 이루어져야 한다.

한편 개인적 위기는 사회구조적 문제와는 직접적인 관련이 적더라도 개인적 역량이나 개인이 동원할 수 있는 자원의 부족 또는 예기치 못한 불운이 주된 원인이 되어 건전하고 안정적인 상태를 유지할 수 없게 된 경우다. 주로 가족 문제·인간관계·건강 문제·부채·정신적 문제와 더불어 임의의 사건 사고로 인한 피해가 이에 해당된다. 개인적 위기의 주원인이 개인에게 있기 때문에 위기의 극복은 일차적으로 개인의 몫이다. 그러나 이경우에도 위기 극복 능력이 부족한 사람들에 대해서는 외적인 원조가 요구된다. 이 경우에도 사람마다 위기의 구조가 다르기 때문에 어떤 표준적이고 일괄적인 처방보다는 맞춤형 원조가 필요하다.

## 위기의 시대, 소비자는 무엇을 원하는가

언제 어디서 블랙스완이 나타날지 모르는 위기의 시대를 살고 있는 시민들의 불안을 해소하는 것은 기본적으로 사회 전체의 몫일 것이다. 그렇다면 위기의 시대에 소비자들이 기업에게 원하는 것은 과연 무엇일까? ▲ 소비자 스스로의 통제감을 높여주고, ▲ 신속하고 책임 있는 문제 해결 능력을 보여주며, ▲ 고객과의 소통을 강화하고, ▲ 사회적 고통을 함께 분담하는 모습을 보여주는 네 가지로 설명할 수 있다.

우선, 소비자는 기업이 소비자의 직접적인 통제감을 높여 주기를 원한다. 제품 출시 전 소비자가 신뢰하지 못하는 요소들을 제거해 불안을 감소시켜 주길 원한다. 2009년부터 시작된 서울우유의 제조일자 표기는 이런 소비자의 요구를 반영하여 성공을 거둔 사례이다. 제품에 의무적으로 표기해야 하는 유통기한은 소비자에게 제품을 판매할 수 있는 기한을 말하는 것으로, 소비할 수 있는 기한을 의미하는 소비기한과는 다르다. 우리나라의 경우, 유통기한만을 표시 의무사항으로 정하고 있어 유통기한이 지난 제품을 어떻게 해야 할지 난감해 하는 소비자들이 많다. 또한 현재로서는 유통기한만을 가지고 소비자가 제품이 언제 만들어졌는지를 아는 것은 거의 불가능하다. 이런 상황에서 서울우유가 제조일자를 표기하기로 함으로써 소비자의 신선도에 대한 통제가능성을 한층 높여주어 환영을 받았다. 이제 소비자들은 진열된 우유 중에서 제조일자가 가장 최근인 것을 고르기만 하면 적어도 우유의 신선도에 대해서는 안심할 수 있게 되었다. 생산 공정에서 발생할 수 있는 위험요소를 철저히 관리하는 것도 중요하지만, 소비자 입장에서 제품 구매에 있어 결정적이지만 불확실한 요소를 통제 가능하게끔 바꿔주는 것이 더 효과적이다.

둘째, 소비자는 기업에게 신속하고 책임 있는 문제 해결 능력을 원한다. 소비자도 지금의 위기가 간단히 해결될 수 없다는 데에는 동의하고 있다. 하지만 소비자는 어려운 상황 속에서도 그들을 안심시키고 주어진 상황에 합리적인 대안을 제시하는 기업의 프로페셔널리즘과 리더십을 원한다. 최근 금융권에서 발생한 정보 보안 사건에 대한 두 기업의 대조적인 모습은 이러한 기업의 위기 대처 능력의 중요성을 보여줬다. 지난 4월 발생한 농협 전산망 해킹 사건은 업무 정상화까지 무려 18일이나 걸린 사상 초유의 전산 장애였다. 농협은 해킹 사건 발생 직후 초기대응에 미숙했을 뿐만 아니라 사건을 축소·은폐하려는 듯한 행보를 보였고, 피해 고객에 대한 조치도 매끄럽지 못했다. 농협 고객은 제대로 된 상황 설명도 듣지 못한 채 전산망이 복구될 때까지 발만 동동 굴러야 했다. 반면 며칠 앞서 비슷한 해킹 사고를 겪은 현대캐피탈은 농협과는 완전히 대조되는 행보를 보였다.[1] 출장 중이던 CEO가 급히 귀국해 기자회견을 열어 책임감 있는 태도를 보였고 정보가 유출된 고객에게 일일이 위험을 알려 추가 피해를 막았다. 진정 책임 있는 기업의 모습이 어떠한지는 위기상황에서 더 잘 나타난다. 위기

상황에서 소비자는 진정한 전문가를 원하고, 이에 부응할 수 있는 기업만이 소비자의 선택을 받게 된다.

셋째, 소비자는 더 진심 어린 소통을 원한다. 한 신문사의 조사에 따르면 2011년 대한민국 국민의 행복지수(100점 만점)는 52.86점으로, 2003년의 64.14점에 비해 대폭 하락했다.[2] 놀라운 사실은 소득과 무관하게 모든 계층에서 자신이 8년 전보다 불행하다고 느낀다고 응답했다는 점이다. 우리 사회는 총체적인 우울감에 빠져 있다. 자신의 불행을 어루만져줄 동반자를 필요로 하는 소비자들에게 기업은 소비자들이 처한 위기가 무엇인지 알기 위해 노력해야 할 뿐만 아니라 진심으로 공감하는 마음을 전달해야 한다. 위기는 여러 가지 심리적 욕구를 불러온다. 우선 불안감을 줄이는 것이 시급하다. 불확실성 자체를 제거할 수 없는 상황에서는 불확실성이 나만의 문제가 아니라 모두의 문제임을 확인받음으로써 불안을 완화할 수 있다. 특히 고통전가형 위기의 경우, 모두의 문제이기 때문에 당연히 보호받을 수 있다는 확신이 필요하다. 위기 상황에서 공감이 구체적인 실천으로 전달될 때 그 울림은 더욱 커진다. 신세계는 2011년부터 장기근속한 퇴직 임직원에 대한 파격적인 학비 지원 제도를 시행해 자사 퇴직자뿐만 아니라 뭇 사람들에게 큰 감동을 줬다.[3] 2002년 이후 퇴직한 임직원까지 소급해 지원함으로써 퇴직자들의 감사 전화가 쇄도하는 보기 드문 미담을 낳았다. 이처럼 진심과 의리는 위기 상황에서 더 빛나게 마련이다.

넷째, 위기의 시대일수록 소비자는 고통을 분담하는 가진 자의 모습을 원한다. 누군가는 나락으로 떨어져야 하는 승자 독식의 제로섬 게임보다는 함께 가자는 동행의 메시지를 갈구하는 것이다. 대기업의 소모성 자재 구매 대행기업(MRO, maintenance-repair-operation) 설립이나 불공정 내부 거래에 대한 논란에서 볼 수 있듯이 소비자들은 대기업 중심의 독점적 체제에 대한 불만이 크다. 얼마 전에는 동반성장위원회가 중소기업 적합 업종을 지정해 대기업의 시장 철수를 권고하거나 진입 자체를 막아버리는 조치를 취하기도 했다. 대기업과의 물량 경쟁에서 패배할 수밖에 없는 영세 상인이나 중소업체를 바라보는 소비자들의 마음이 편치 않은 것이다. 위기의 시대일수록 대중은 '다 함께' 살아야 한다는 배려와 결단력을 원한다. 눈앞의 이해관계를 버리고 대승적인 차원에서 협력하는 모습이 소비자로 하여금 힘이 나게 하고 희망을 갖게 만든다. 위기의 시대에 소비자의 지지를 얻으려면 공동의 위기를 함께 풀어가려는 새로운 차원의 협력 방안과 대안적 시스템의 모색이 요구된다. 대기업과 협력 중소기업이 뭉쳐 탄생시킨 '그린 크레딧'이 하나의 좋은 모델이 될 수 있을 것이다.[4] 이는 녹색성장이라는 공동의 목표를 달성하기 위해 대기업이 중소기업에 부족한 투자여력을 보완해

### 그린 크레딧

정부가 추진 중인 대·중소기업 녹색 동반성장 지원 방안의 하나인 그린 크레딧은 2011년 5월 발표되었다. 이 제도에 의하면, 대기업은 중소기업이 온실가스 및 에너지를 감축하는 데 소요되는 기술과 자금을 지원하는 대신 감축 실적 중 일부를 크레딧으로 이전받아 자기업의 온실가스 감축 실적으로 인정받을 수 있다. 이로써 대기업은 온실가스 목표관리제의 부담을 덜 수 있게 되고 중소기업 출연자금의 7%를 세액 공제받는 혜택을 본다. 현대자동차, 포스코 등과 협력 중소기업이 그린 크레딧 양해각서를 체결한 바 있다.

주고 이를 통해 업계 전체의 경쟁력을 끌어올림으로써 대기업과 중소기업 모두 윈-윈하는 새로운 협력 모델이다.

소비자의 구매 행태 측면에서 본다면 윤리적 소비도 이러한 측면과 관련이 있다. 친환경 제품이나 공정무역 제품 구매로 대표되는 윤리적 소비의 본질은 자본주의체제가 초래한 환경의 위기와 약자의 고통에 대한 공감을 포함한다. 윤리적 소비는 소비자가 공동체가 처한 위기에 공감하고 위기 극복에 힘을 보태고자 하는 협력 행위로서의 성격이 짙다. 위기 상황일수록 기업의 윤리성에 대한 소비자의 감시는 더욱 강화될 것이다. 이제 기업은 생산과정에서뿐만 아니라 협력 기업과의 관계, 소비자 접점에서의 행보 등 전방위적 차원에서 눈앞의 이익보다는 대승적인 가치를 중시하는 모습을 보여줘야 할 것이다.


## 보살핌의 사회를 향해

고통분담형 위기도 마찬가지지만, 개인적 위기는 당사자의 극복 능력이 더욱 중요하다. 비슷한 규모의 부채라도 사람에 따라 충분히 감당할 만한 것인가 하면, 도저히 감당하기 어려울 수도 있다. 같은 우울증을 앓더라도 어떤 사람은 가벼운 감기처럼 쉽게 떨쳐낼 수 있는 반면, 어떤 이는 자살이라는 극단적인 방법을 선택하기도 한다. 물론 당사자의 극복 능력이 부족할 경우라도 사회적 안전망이 충분히 구축되어 있다면 위기를 극복하는 것이

보다 쉬울 수 있다. 하지만 지금의 한국 사회는 범죄 피해를 입고도 제대로 된 관심과 보상을 받지 못할 만큼 각박한 것이 사실이다. 따라서 경제위기 와 개인주의의 심화로 무너진 사회 안전망을 하루빨리 재구축해야 한다. 위기 극복에 필요한 자원이 부족해 허덕이는 사람들에 대한 보다 전폭적인 보살핌이 절실하게 요구된다. 2012년은 위기에 빠진 개인과 가정에 대한 관심이 더욱 촉구되는 한 해가 될 것이다.

한 신문사의 조사에 의하면 현재 소득 수준을 유지하지 못하고 하위계 층으로 탈락할 것 같은 불안에 빠져 있는 계층이 무려 전 국민(4,589만 명)의 35.2%에 해당하는 1,622만 명에 달한다.[5] 전술한 삼포세대나 NEET족이 증 가하고 있는 청년층은 제대로 된 기회마저 주어지지 않을까 노심초사하며 갈피를 잡지 못하고 있다. 중년의 갤러리맨들은 자아실현을 고민하지만 (〈Over the generation〉 키워드 참조) 몸담은 조직과 각자의 가정에 또 다른 위기 요인이 되고 있고, 무방비 상태의 타조세대는 흐르는 시간만 바라보고 있 다. 삼포세대나 NEET족, 타조세대, 갤러리맨은 모두 희망을 놓아버렸다는 공통점을 가진다.

---

**NEET족**

"Not in Employment, Education or Training"의 약어로, 학업이나 직업훈련도 하지 않고 일도 하지 않는 젊은이들을 일컫는 말이다. 이들은 고용 악화로 취업이 힘들어지자 취업하려는 의지를 아예 상실한 젊은이들로, 나이가 들어서도 부모에게 의존하는 등 무기력한 모습을 보인다.

2012년에는 내적 위기를 겪고 있는 개인과 가정에 대한 더 적극적인 관심이 촉구될 것이다. 이미 현실화된 위기를 극복하기 위해서는 자신감과 희망이 무엇보다 중요하다. 무의미하고 형식적인 응원이 아닌 개개인의 상황에 맞는 위로와 구체적인 코칭이 필요하다. 동일 유형의 위기를 실제로 극복한 사람들과 실질적인 도움을 줄 수 있는 전문가들로 구성된 네트워크를 조직하는 것도 한 방법이다. 공공 부문뿐만 아니라 기업의 사회 공헌 사업에 있어서도 개인들의 위기 극복을 지원하고 아픔을 보듬어주는 기능이 요구될지도 모른다.

사회적 차원에서 위기에 처한 누구라도 의탁할 수 있는 체계적인 시스템을 마련해야 한다. 세계 여러 나라와 부산·부천을 비롯해 우리나라 일부 지역에서 시도되고 있는 지역화폐제도는 일종의 품앗이 제도로서, 노동

### 갤러리맨 gallery man

현재 다니는 직장의 일을 마치 남의 일 보듯 하는 사람들을 골프 관람객에 빗댄 것으로, 갤러리맨들은 대체로 조직 일원으로서의 정체성 없이 언젠가는 직장을 그만두고 자신의 진정한 꿈을 찾아 떠나겠다는 생각에 빠져 있다. 주로 50대 이상의 직장인 사이에서 많았으나, 최근에는 20~30대 직장인들 사이에서도 그 수가 늘어나고 있다.

### 타조세대 ostrich generation

노후생활에 대한 마땅한 대비책이 없어 문제 자체를 애써 무시하는 자포자기 상태의 사람들을 가리키는 말이다. 맹수가 다가오면 머리만 모래 속에 파묻는 타조처럼 현실에서 도피한다고 하여 '타조세대'라고 부른다.

Lessen your risk

력이나 재화를 제공할 능력이 있는 사람이면 누구나 공동체 내부에서만 거래되는 화폐를 벌어 기본적인 경제생활을 유지하는 것이 가능하다.[6] 이러한 제도는 실직이나 장애, 건강 등의 문제로 기존의 화폐경제 시스템에서의 탈락한 사람들이 다시 일어설 수 있도록 돕는 장치로 응용될 수 있다. 이제 위기에 빠져 삶의 의지를 잃어버린 사람들이 방치되지 않도록 지혜를 모을 때다.


## 시사점

우리는 불확실성을 피할 수 없는 시대에 살고 있다. 위기를 피할 수 없다면 가능한 한 위기로 인한 피해를 줄이는 것이 답이다. 그 피해를 줄이기 위해서는 내부적인 위기 대응 능력과 외부적인 의사소통 능력을 높이는 것이 필요하다.

먼저 내부적인 위기 대응 능력 향상을 위해서는 위기관리 조직을 강화하고 발생할 가능성이 상존하는 각종 유형의 위기에 대처해 시나리오를 작성할 수 있어야 한다. 최근에는 트위터를 비롯한 SNS가 발달하여 여론의 전파가 즉각적으로 이루어지고 있다. 이런 환경은 아무리 적절한 대책도 시간이 지체되면 효과가 반감될 수밖에 없는 여건을 만들어 내기도 한다. 예기치 못했던 사태의 발생에는 미리 준비된 시나리오를 중심으로 해당 조직에 대한 여론 악화에 신속하게 대응할 수 있는 역량을 평소에 키워놓아

> 2011년 대한민국 국민의 행복지수(100점 만점)는 52.86점으로,
> 2003년의 64.14점에 비해 대폭 하락했다.
> 놀라운 사실은 소득과 무관하게 모든 계층에서
> 자신이 8년 전보다 불행하다고 느낀다고 응답했다는 점이다.
> 우리 사회는 총체적인 우울감에 빠져 있다.

야 하는 것이다.

하인리히 법칙처럼 위기에는 언제나 징후가 앞선다. 징후는 산재되어 있기 때문에 이를 포착하려면 가능한 한 많은 사람들의 다양한 시각을 경청하고 모을 필요가 있다. 특히 기업은 소비자의 목소리를 더 폭넓게 모니터링할 필요가 있다. 여기서 중요한 것은 말하는 소통이 아니라 듣는 소통이다. 기업에게 리스크가 될 수 있는 소비자 이슈에 항상 기민하게 대처해야 한다. SNS를 광고나 호객 용도의 돈벌이 수단으로만 보는 협소한 시각에서 벗어나, 소비자들이 직면한 위기의 심각성에 공감하고 함께 대처하고자 하는 의지를 전하는 메신저로 이용하고자 하는 자세가 요구된다. 상업적 목적 없이 순수하게 소비자의 경험과 생각을 청취하는 것이 무엇보다 우선되어야 한다.

대외적인 공감과 소통을 강화하기 원하는 기업이라면 위기의 시대를 살고 있는 소비자에게 어떤 방식으로든 힘을 실어주고 어려움을 함께 극복해나가자는 메시지를 전달할 수 있어야 한다. 기업은 현대사회에서 가장 지

Lessen your risk

능적이고 전문성과 행동력이 높은 조직체다. 소비자가 겪는 위기에 대해 일관성 있고 지속적으로 책임감 있는 행보를 보일 때 소비자의 신뢰는 높아간다. 기업은 이제 내부의 위기뿐만 아니라 소비자의 위기에도 스마트하고 신속하게 대처하길 요구받는다. 소비자와 기업의 작지만 실현 가능한 새로운 유형의 협력과 공생 방안이 시급히 마련되어야 할 것이다.

지금 우리 내부가 어떻든 간에, 한국은 위기 극복의 달인으로 평가받고 있다. IMF를 조기 졸업했고, 세계를 강타한 2008년의 금융위기와 불황 속에서도 가장 선전한 나라가 대한민국이다. 세계은행은 우리나라의 위기관리 경험을 높이 사 개도국을 대상으로 하는 '동아태 금융자문센터'를 서울에 설치하기로 결정했다.[7] 그러나 밖으로 보이는 빠르고 강한 면모와는 별개로, 내부적으로는 아직 넘어야 할 산이 많고도 높다. 위기관리의 시급성이 그 어느 때보다도 절실한 2012년이다.

D
R
A
G
O
N
B
A
L
L

부록

2007-2011년 소비트렌드 키워드 요약표

트렌드 코리아 2012 집필진

미주

| | |
|---|---|
| **G** | **Global**<br>소비의 세계화 |
| **O** | **Open to public**<br>과시의 시대 |
| **L** | **Lively moms**<br>활동적인 엄마들 |
| **D** | **Duality**<br>두 얼굴의 소비자 |
| **E** | **Empathy**<br>감성의 재발견 |
| **N** | **Networked by mobile**<br>무선통신의 진화 |
| **P** | **Proteurs**<br>프로추어의 시대 |
| **I** | **Individualization**<br>나만의 것을 찾아서 |
| **G** | **Glittering**<br>블링블링 |
| **S** | **Simple**<br>단순함을 팔아라 |

# 2007년 10대 소비트렌드 키워드
# GOLDEN PIGS

■ 소비의 세계화는 나라 안과 밖으로 한층 심화된다. 원화 강세로 소비자 부담이 가벼워지고, 해외 휴가 · 여행 · 투자 · 유학 열풍이 거세질 전망이다. 소위 미드 · 일드를 비롯한 해외 문화상품 마니아층이 두터워지고, 외국의 라이프스타일과 소비 행태를 추종하는 소비가 늘 것이다.

■ 이제는 과시의 시대다. 싸이월드 · 블로그 · UCC 열풍은 자신을 드러내지 않고는 견디지 못하는 세대가 늘어나고 있음을 단적으로 보여준다. 2007년에는 과시욕구가 오프라인으로까지 넘쳐 흐를 것으로 예상된다. 일반인 대상 스타 발굴 프로그램의 인기, 여성들의 섹시한 과시 욕망 등의 경향도 주목된다.

■ 386세대 엄마들이 자녀 교육과 생활에 필요한 소비를 활발하게 수행할 것이다. 쌍춘년(06년)과 황금돼지해(07년)의 영향으로 결혼 · 출산율이 다소 증가하고, 2000년 태어난 즈믄둥이들이 초등학교에 입학한다는 점도 주목해야 한다. 전반적인 경기 침체와 소비 부진이 예상되지만 교육 · 육아 관련 소비는 불황기 소비의 마지막 보루다.

■ 100원이라도 저렴한 샴푸를 사기 위해 멀리 대형 할인점까지 가는 것을 마다하지 않지만, 명품 핸드백에는 100만 원도 아깝지 않다는 양면적인 소비가 늘고 있다. 구매 품목에 따라 상반된 가치를 적용하는 '두 얼굴의 소비자' 가 크게 늘어난다.

■ 친숙한 것에 대한 감정이입이 화두다. 문화계에서는 리메이크 열풍이 이런 경향을 주도한다. 문화기획자들은 검증된 원작을 기반으로 '안전한' 투자를 선호할 것이다. 광고에서도 스타 파워가 감소하고, 스타성보다는 광고 자체의 이야기 · 유머 등에서 오는 공감이 성패를 좌우할 것이다.

■ 무선 · 모바일 기기의 시대가 될 것이다. DMB, 블루투스, 와이브로 등을 비롯해 특히 HSDPA(고속 하향 패킷 접속) 서비스에 주목한다. 1997년 TV 토론, 2002년 인터넷에 이어 2007년 대선은 모바일 정국으로 진행될 가능성이 있다. 휴대폰의 무한 진화가 돋보이는 한 해가 될 것이다.

■ UCC가 PCC(Proteurs Created Contents)로 진화하고 있다. 프로추어(Proteur)란 전문가(Professional)와 아마추어(Amateurs)의 합성어로 프로급 전문성을 갖춘 아마추어를 말한다. '영양가 있는' UCC를 생산하는 프로추어의 확보를 위해 NHN · 다음 등 여러 인터넷서비스 업체들이 힘겨운 전쟁을 벌일 전망이다.

■ 개인화된 '맞춤형' 제품과 서비스가 히트 상품을 가르는 시금석이 될 것이다. 현대 소비의 역사는 개인화의 역사다. 소비물이 개인화될수록 소비자는 '나만의 것' 이라는 증거를 남기고 싶어 한다. 소비자의 개별적 수요에 부응하는 노력이 성공 키워드가 될 것이다.

■ 여성들의 스타킹이 반짝이기 시작했다. 2007년 디자인 키워드는 반짝임이다. 패션계에서 퓨처리즘이 각광받으면서 메탈릭 · 실버 등 '광택' 소재가 주목받고 있다. 자동차, 가전제품, 디지털 기기 등 다양한 장르에 걸쳐 반짝이는 아이템과 디자인이 소비자들의 호응을 얻을 것으로 보인다.

■ 심플하고 슬림한 것들이 인기를 끈다. 쉬운 멜로디가 단순 반복되는 후크송, 컬러링에 맞춰 길이가 짧아지는 음악, 핵심 기능만 남긴 사용자 인터페이스와 리모컨 등에 주목하라. 이것저것 따지지 않고 단지 느낌만으로 구매하는 젊은 소비자들의 소비 성향으로 인해 단순함의 미덕이 돋보이는 2007년이 될 것이다.

**M** Multi
복합화

**I** Inspired by reality
날것에의 동경

**C** Colorddiction
색채에 중독되다

**K** Kitsch & Retro
키치적 복고

**E** Eco-friendly
환경 지킴이

**Y** Year of patriotism
아, 대한민국

**M** Mr. & Ms. Consumer
행동하는 소비자들

**O** Only for me
나는 나

**U** Ultra-mobile
울트라 모바일

**S** Smart
알뜰한 소비자들

**E** Economic anxiety
재테크 전쟁

# 2008년 11대 소비트렌드 키워드
# MICKEY MOUSE

■ 제품 하나, 혹은 한 장소에서 다양한 소비 가치를 실현시킬 수 있는 멀티 상품이 각광 받는다. 멀티카페, 파티 장소로 이용 가능한 모텔, 문화체험 갤러리 공간, 원스톱 쇼핑이 가능한 드럭스토어 등 다양한 형태의 복합 공간이 출현할 것이다.

■ 생생한 '날것' 에 대한 선호가 커진다. 미숙하더라도 솔직하고 자연스러운 일상의 가치들이 주름잡는다. 주변에서 흔히 접할 법한 리얼 스토리 광고가 많이 기획될 것이고, 영화나 드라마에서도 등장인물의 내면적 갈등과 인간관계에 집중하는 에피소드가 부각될 것이다.

■ 화려한 컬러가 소비자들을 즐겁게 한다. 경제위기가 닥칠 때면 오히려 더 화려하고 낭만적인 디자인이 인기를 끌었다. 녹록치 않을 2008년 세계경제에도 다양한 색채를 자랑하는 제품들이 위안을 줄 것이다. 핸드폰 · MP3 등 은회색이 주류를 이루던 하이테크 제품에도 화려한 컬러의 향연이 펼쳐진다.

■ 키치란 촌스럽고 우스꽝스러운 복고적 취향을 말한다. 어른들의 동심을 자극할 제품은 물론이고, 복고적인 영화나 촌스러운 이름마저도 각광 받는다. 엽기적이고 장난스러운 키치 아이템으로 꾸민 젊은이들이 과도한 럭셔리 문화를 유쾌하게 조롱할 것이다.

■ 환경, 건강, 안전한 삶에 대한 관심이 더욱 커진다. 환경지킴이를 자처하는 에코 매니악이 출현해 분위기를 주도할 것이다. 도심 속에서 자연을 느끼고자 하는 새로운 소비층인 '그린 노마드족' 등 친환경 소비층이 등장한다. 에너지 절약형 상품이나 친환경 재료를 사용한 상품에 대한 관심이 커질 것이다.

■ "대한민국"을 연호하는 함성이 다시 한 번 전국에 울려 퍼진다. 2008 베이징 올림픽, 월드컵 예선 등 굵직한 스포츠 행사부터 새 정부 출범과 경제 회생에 대한 국민적 기대가 대한민국의 존재를 다시금 생각하게 할 것이다. 여기에 기업의 애국심 마케팅이 상승 작용을 일으킬 것으로 보인다.

■ 불만이 있으면 바로 행동으로 나서는 소비자들이 크게 늘어날 것으로 보인다. 전통적인 소비자 운동이 해당 기업에 대한 불매운동의 형태로 표출되었다면, 이제는 사회적 책임을 다하는 기업에 대한 구매운동(buycott), 여성 소비자들의 활동을 강조하는 여성주의 구매운동(girlcott) 등으로 발전할 것이다.

■ 나만을 위한 소비가 확실한 트렌드로 자리 잡는다. 미니 와인이나 작은 햇반, 1인용 소형제품 매출이 부쩍 증가한다. 혼자서도 시간을 보낼 수 있는 닌텐도 게임기가 인기를 끌고, 개인별 맞춤 여행도 늘어날 것으로 보인다. DIY를 넘어 RIY(Repair It Yourself), MIY(Make It Yourself)로의 진화도 눈길을 끈다.

■ 모바일 기기의 능력이 점점 강해지고 있다. 구글, 야후 등 주요 인터넷 회사들은 통신업체와 업무 제휴를 통해 핸드폰 검색 기능을 강화하고 있다. 콘텐츠 시장 역시 웹툰 · 라이트 노블 · 엄지소설 등 콘텐츠를 새로운 환경에 맞는 인터페이스로 개발해 제공하게 될 것이다.

■ 특별히 중요한 제품은 명품으로 장만하지만, 나머지 제품군에 대해서는 가격 대비 품질에 극도로 민감해지는 가치지향적 소비가 늘어난다. 필요한 기능만을 탑재한 MP3, 노트북, 휴대전화, 거품을 빼고 혜택을 앞세운 경차에 이르기까지 디버전스 제품이 인기를 끈다.

■ 2008년 투자 환경이 결코 만만하지 않다. 국제적 경기 침체, 국제 유가와 농산물 가격 강세가 우려된다. 주식시장 변동성이 커지는 가운데, 경제적 불안과 열망이 높아지고 단 1%의 수익을 찾아 돈이 몰려다니는 재테크 전쟁의 해가 될 것이다.

| | |
|---|---|
| **B** | **Better me**<br>스펙을 높여라 |
| **I** | **I'm so hot**<br>난 너무 멋져 |
| **G** | **Gotta be cocooned**<br>다시 집으로 |
| **C** | **Cross-internetization**<br>생각대로 인터넷 |
| **A** | **Alpha-mom, Bata-dad**<br>아빠 같은 엄마, 엄마 같은 아빠 |
| **S** | **Simply, Humbly, Happily**<br>소박한 행복 찾기 |
| **H** | **Hobby-holic**<br>취미 대한민국 |
| **C** | **Casual classics**<br>고급문화, 일상 속으로 |
| **O** | **Off-air attitude**<br>무심한 듯 시크하게 |
| **W** | **Wanna-be-star, Wanna-be-mass**<br>스타와 대중, 자리 바꾸기 |

# 2009년 10대 소비트렌드 키워드
# BIG CASH COW

■ 스펙을 높이기 위해 끊임없이 노력하는 사람들. 어린이부터 대기업 CEO에 이르기까지 학습의 열기에는 남녀노소 구분이 없을 것이다. 배움은 불안에 대한 자구책이다.

■ 제멋으로 살면서 자신의 감정과 일상을 솔직하게 표현하고 전파하는 데 놀라우리만큼 적극적인 소비자. 소비자의 자기애(自己愛)적인 놀이 성향이 그 어느 해보다도 강해질 것이다.

■ 안전 · 안정 · 재충전 등을 위해 자발적으로 집에서 시간을 보내는 사람들이 많아진다. 이번 코쿠닝은 혼자만의 세계에 몰두하는 내향적 성향보다는 집에서도 적극적으로 여가생활을 즐기려는 활동적인 성향이 강하다. 이 점이 기존 '방콕족' 과의 차이다.

■ 인터넷으로 하나 되는 세상이 시작됐다. 휴대폰 · 전화 · TV · 네비게이션 등과 같은 다양한 생활밀착형 기기를 통해 시간과 장소에 구애받지 않고 남녀노소가 일상적으로 인터넷을 활용하게 될 것이다. 효율성 향상의 대가로 정보 경쟁 스트레스를 치러야 할지도 모른다.

■ 자녀 교육 · 재테크 · 정보 수집 등 각종 가정생활 문제해결에 주도적인 역할을 하는 적극적인 엄마와 부드럽고 자상하게 자녀를 돌보고 언제라도 가사 일을 도울 수 있는 따뜻한 아빠가 늘어난다. 가정 내의 부부 파트너십과 역할 구분이 점점 유연해질 것이다.

■ 거창한 출세나 성취보다는 정서적 · 심리적 · 신체적 불안의 해소와 안전에 초점을 둔, 소박하고 작은 행복을 선호하는 트렌드가 자리 잡는다. 소비 가치의 무게중심이 사회적 성취에서 일상의 행복으로 옮겨가고 있다.

■ 대한민국이 취미에 빠진다. 생활스포츠, 악기 연주 등 다양한 체험형 취미활동 인구가 크게 늘어난다. 이제 사람들은 취미생활에서도 전문가 수준의 지식과 실력을 갖추어 무엇이든 수준급으로 즐기고 싶어하게 될 것이다. 취미 열기에 남녀노소가 따로 없다.

■ 대중의 문화적 취향이 업그레이드되고 있다. 오페라 · 순수미술 · 고전음악 · 발레 · 와인 등 다양한 고급문화가 소비자의 일상생활을 수놓는 아이템 중 하나로 대중화될 것이다. 고급문화가 젊어지고 친절해진다.

■ 사실 굉장히 세심하게 연출한 것임에도 불구하고, 얼핏 보기에는 완전히 무심하게 보일 정도로 노력한 티가 전혀 나지 않는 스타일 · 태도 · 분위기 · 자기연출이 유행할 것이다. 그 마음의 근저에는 가장 평범한 순간에도 특별하지 않으면 안 된다는 고단함이 묻어 있다.

■ 화려한 모습보다는 대중이 동일시할 수 있는 일상적이고 자연스러운 모습을 강조하는 스타와, 스타처럼 치장하고 자기연출에 열을 올리며 매체에도 대거 등장하는 대중이 공존하는 시대가 온다. 스타와 대중의 경계가 허물어진다. 권력은 이제 대중에게 있다.

## TIGEROMICS

**T** — Times for Korean chic
코리안 시크

**I** — Into our neighborhood
떴다, 우리 동네

**G** — Good to be geeks
딴짓의 즐거움

**E** — End of taboos
금기의 종언

**R** — Ready-made to order-made
당신의, 당신을 위한, 당신에 의한

**O** — Omni-U solutions
전지전능 솔루션

**M** — Manner matters
매너남녀

**I** — It's aqua
물의 르네상스

**C** — Challenge your age
나이야, 가라!

**S** — Style republic
스타일에 물들다

# 2010년 10대 소비트렌드 키워드
## TIGEROMICS

■ 한국적인 것이 시크해진다. 대한민국의 기술적 · 경제적 · 사회적 · 문화적 수준이 높아지고 세계화되면서, 대중문화 한류와 전통문화 한류에 이어 제3세대 한류가 본격화될 것이다. 국내외적으로 한국이라는 브랜드가 블루오션을 열기 시작한다.

■ 본격적인 동네 스펙 높이기가 시작됐다. 내가 사는 거주지로서의 동네와 지역에 대한 소비자의 자발적 관심이 증가한 결과다. 도시는 아이덴티티를 가지고, 주거문화에서는 생활가치가 부상한다. 지역사회, 지역주민과 활발히 공조하는 기업과 자치단체만이 지속적인 성장을 구가할 것이다.

■ 본업 이외에 제2, 제3의 딴짓에 몰입하는 괴짜들이 급증한다. 생뚱맞고 별나더라도 좋아하는 일이라면 열정적으로 실행해보는 사람들이 많아질 것이다. 그들의 딴짓에는 일과 놀이의 경계가 분명치 않다. 딴짓이 늘어갈수록 개인의 정체성도 풍성해져간다. 생활문화의 다양성 증가는 물론이다.

■ 금기의 벽이 허물어진다. 열등감도 두려움도 없는 솔직함이 쿨해진다. 스스럼없는 약점 공개, 노골적인 표현, 경쟁 영역 간의 크로스오버, 기술공개 등 신비주의나 배타성을 박차는 움직임이 가속화될 것이다. 개방적인 정서 코드와 융화 경영이 새로운 문화 키워드로 부상한다.

■ 소비자가 주도하는 제품생산 트렌드가 가속화되고 있다. 많은 산업 영역에 대량 맞춤 생산, 소비자 디자인 제품 및 서비스 등이 확산될 것이다. 시장에서 프로슈머와 크리슈머가 기회의 원천으로 부상할 것이다.

■ 소비자 요구와 종합적 충족 능력이 극대화된 솔루션이 대세. 전지전능 솔루션은 인간중심적 인터페이스의 구현, 소비자 지향적인 제품 기능의 재정의, 사용의 편리성과 단순성의 극대화 등을 포함한다. 이러한 경향이 모든 산업의 공통과제로 부상하고 있다.

■ 인격과 매너가 다른 어떤 스펙보다 중요해진다. 개인과 조직을 불문하고 세련되고 인간적인 매너를 갖추기 위한 노력이 온 · 오프라인을 가리지 않고 전개될 것이다. 2010년 이후 한국 사회에서 매너는 사소한 예의범절의 문제를 넘어 성공의 조건으로 떠오를 것이다.

■ 물의 시대가 온다. 물을 중심으로 도시와 문화와 산업이 재편된다. 수자원 관리, 수변도시문화, 수상레저, 워터 테라피, 음료 산업 등의 비약적인 발전이 기대된다. 블루골드 물의 가치와 활용이 어느 때보다 중요해질 것이다.

■ 고령화 사회로 진입하면서 나이의 장벽이 본격적으로 허물어지고 있다. 젊음에 대한 소비자의 열망이 외모 및 건강 관리를 넘어 라이프스타일 자체의 변화로 이어질 것이다. 젊게 살기 위한 소비뿐만 아니라 새로운 생산적 계층으로 거듭나고 싶어 하는 시니어 시티즌의 욕구에 주목해야 한다.

■ 스타일의 독재가 시작된다. 모든 것의 구성적 · 형태적 아름다움이 선善을 결정하는 잣대가 된다. 디자인이 핵심요소가 아니었던 모든 것이 디자인으로 거듭날 것이다. 대세는 양적 성장에서 질적 성숙으로 넘어가고 있다.

# TWO RABBITS

**Tiny makes big**
작은 차이가 큰 변화를 만든다

**Weatherever products**
변하는 날씨, 변하는 시장

**Open and hide**
개방하되, 감춰라

**Real virtuality**
실재 같은 가상, 가상 같은 실재

**Ad-hoc economy**
즉석경제 시대

**Busy break**
바쁜 여가

**By inspert, by expert**
직접 하거나, 전문가에게 맡기거나

**Ironic identity**
내 안엔 내가 너무도 많아

**Tell me, celeb**
스타에게 길을 묻다

**Searching for trust**
신뢰를 찾아서

# 2011년 10대 소비트렌드 키워드
# TWO RABBITS

■ 기술의 전파속도가 빨라지면서 제품 수준이 엇비슷해진다. 치열해진 경쟁 속에서 자사 제품의 차별화 요소를 강조하려는 노력이 '디테일 경쟁'으로 진화하고 있다. 소비자들이 그 어느 때보다도 스마트해진 상황에서 제품의 사소한 차이가 큰 매출 차이로 연결된다.

■ 기상이변이 일상화되며 날씨의 물리적 · 경제적 파급효과가 커지고 있다. 급격하게 변화하는 날씨에 따라 생산시스템 · 판매 방식 · 상품 종류 등이 바뀌고, 보험 상품 · 맞춤형 기상정보 등 기상과 관련된 새로운 분야가 각광받게 될 것이다.

■ 모든 것을 개방하고 공유하는 시대가 왔다. 산업적으로는 영역 간 경계가 허물어지면서 컨버전스 현상이 활발히 진행된다. 사회적 네트워크를 통한 소비자 간의 정보 공유가 늘어나면서, 개인정보 누출과 사생활 침해의 이슈 역시 크게 부각될 것이다.

■ 일상생활의 매순간 소비자에게 필요한 가상의 이미지와 텍스트가 현실과 결합되면서 소비자는 새로운 방식으로 실재를 인식하게 된다. 온라인과 오프라인의 경계가 희미해지고, 온라인상의 논리와 정체감이 오프라인에 지배적인 영향력을 갖게 된다.

■ 경제와 트렌드 변화의 주기가 빨라지고 미래의 예측이 어려워지면서 현재 지향적이고 즉각적인 소비가치가 점점 중요해진다. 소비자는 불투명한 미래보다는 현실에 충실하게 되고, 직관적인 UX 디자인과 경험 기반의 기술개발이 가속화될 것이다.

■ 주5일제가 정착되고 기업의 후생복지가 증진되면서, 여가 활용의 모습이 바뀐다. 단순히 놀고 쉬는 여가가 아니라, 일상의 재충전과 스펙 향상을 위해 생산적인 여가를 보내려는 인구가 크게 늘어날 것이다.

■ 스스로 만들고 창조하는 능동적인 활동을 하려는 DIY(Do-It-Yourself) 성향과 전문적이고 고급스러운 서비스를 누리려는 DIP(Do-It-Professional) 성향이 동시에 늘어난다. 상반된 열망과 양면적 가치를 드러내는 소비의 양가성은 앞으로도 계속 심화될 것이다.

■ 현대인의 정체성이 모호해지면서 다중인격적 소비가 늘어난다. 이제 소비자들은 자신의 성별 · 나이 · 개성의 한계 안에서 고정된 소비를 하지 않고, 상황별 · 시간대별로 전혀 다른 사람처럼 변모한다. 소비를 할 때 마치 지킬 앤 하이드 같은 다중인격자로 변하는 것이다.

■ 연예인의 영향력이 극적으로 커진다. 요즘 소비자들은 패션은 물론이고, 일상생활의 크고 작은 이벤트까지 연예인의 선택을 적극적으로 따라 한다. 스타의 소비 스타일이 일반인에게 미치는 영향력이 한층 커지는 한 해가 될 것이다.

■ 신뢰에 대한 갈증이 커지고 있다. 소셜 미디어의 폭발적인 성장과 함께 정보전염병이 만연하면서, 오프라인 실생활에서의 신뢰에 대한 요구는 갈수록 커지고 있다. 특히 식품 · 개인 안전 · 위생 · 스트레스 해소 등의 영역에서 소비자의 신뢰를 어떻게 확보하느냐가 관건으로 떠오른다.

# 트렌드 코리아 2012 집필진

■ 〈Trenders날 2012〉

| 이름 | 소속 |
| --- | --- |
| 강희은 | 회사원(GS SHOP) |
| 고정석 | 회사원(대홍기획) |
| 김윤혜 | 학생(서울대학교 경제학부) |
| 김정현 | 학생(성균관대학교 소비자가족학과) |
| 김태연 | 강사(고려대학교 일반대학원 가정학과) |
| 손지양 | 학생(성신여자대학교) |
| 오재신 | 회사원(엑스퍼트 컨설팅) |
| 윤상호 | 회사원(KT) |
| 이성환 | 회사원(samoo a&e) |
| 이화지 | 학생(성신여자대학교 식품영양학과) |
| 정영진 | 회사원(포스코 마케팅본부) |
| 정혜성 | 학생(한국외국어대학교 경영대학원) |
| 조경석 | 회사원(친환경건축설계아카데미) |
| 조상범 | 회사원(로레알 코리아) |
| 최대호 | 학생(환일고등학교) |
| 황종하 | 의사(국립암센터) |
| 송승임 | 회사원(CJ 제일제당) |
| 안혜선 | 회사원(CJ 제일제당) |
| 정리오 | 회사원(CJ 제일제당) |
| 한재영 | 회사원(CJ 제일제당) |

## ■ 〈전임 Trenders날〉

| 이름 | 소속 |
| --- | --- |
| 강병모 | 한국소비자원 정책연구본부 법제연구팀 책임연구원 |
| 강이교 | 회사원(LG전자) |
| 공준호 | 학생(서울대학교 사회과학대학 경제학부) |
| 구훈영 | 회사원(닐슨컴퍼니 코리아) |
| 곽노균 | 학생(서울대학교 공과대학 전기공학부) |
| 김미라 | 학생(성균관대학교 대학원 소비자학과) |
| 김민주 | 학생(대원외국어고등학교) |
| 김범준 | 회사원(KT) |
| 김보경 | 학생(대진대학교) |
| 김보미 | 학생(서울대학교 외교학과) |
| 김선옥 | 공무원 |
| 김선우 | 회사원(삼성전자) |
| 김성진 | 학생(용인외국어고등학교) |
| 김아름 | 학생(이화여자대학교 소비자학과) |
| 김우석 | 학생(서울대학교 법과대학 법학부) |
| 김윤정 | 학생(서울대학교 대학원 소비자학과) |
| 김정민 | 회사원(현대자동차) |
| 김종상 | 연구원(서울대학교 생활과학연구소) |
| 김주연 | 2008 SBS 슈퍼모델 3위, 동덕여대 모델학과 졸업 |
| 김지애 | 회사원(LG 애드 미디어전략연구소) |
| 김지운 | 학생(서울 상문고등학교) |
| 김희정 | 회사원(롯데연구소) |
| 노승연 | 학생(서울대학교 인문학부) |
| 마 림 | 학생(연세대학교 대학원) |
| 문 혁 | 학생(서울대학교 대학원 소비자학과) |
| 박가영 | 회사원(한국투자증권) |
| 박나랑 | 학생(서울대학교 대학원 소비자학과) |
| 박남훈 | 회사원(교원 그룹) |
| 박상이 | 회사원(KEDI) |
| 박상희 | 학생(전북대학교 대학원 치의학과) |
| 박성환 | 학생(서울대학교 대학원 기술경영 협동과정) |

| 이름 | 소속 |
| --- | --- |
| 박애화 | 연구원(서울대학교 생활과학연구소) |
| 박지영 | 회사원(한국씨티은행 영업점영업무부) |
| 박진수 | 회사원(KT) |
| 박태훈 | 회사원(넥슨 Global Launching) |
| 박혜상 | 학생(성균관대학교 소비자가족학과) |
| 박희은 | 회사원(이음) |
| 사코토 | 학생(서울대학교 대학원 의류학과) |
| 신수현 | 학생(서울대학교 대학원 소비자학과) |
| 심 영 | 학생(서울대학교 대학원 소비자학과) |
| 안가람 | 회사원(현대백화점) |
| 안경란 | 디자이너(이랜드그룹 클루) |
| 안지현 | 학생(서울대학교 공과대학 재료공학부) |
| 유미경 | 회사원(우리은행) |
| 유영선 | 한국디자인진흥원 정책개발팀 |
| 유인형 | 회사원(KT) |
| 윤정아 | 미국 유학 중 |
| 윤제서 | 주부, 중앙대학교 공예학과 졸업 |
| 이경진 | 회사원(LG전자 DD사업부 전략상품기획그룹) |
| 이나은 | 약사(온누리약국) |
| 이세나 | 회사원(현대자동차) |
| 이재민 | 미국 유학 중 |
| 이채우 | 학생(서울대학교 공과대학 산업공학과 석사과정) |
| 이혜승 | 미국 유학 중 |
| 장민선 | 한국사회과학협의회 사무국 간사 |
| 전광섭 | 교수(부천대 부동산금융정보학과 겸임/Univ. of Birmingham 도시 및 지역연구소 연구원) |
| 전하민 | 학생(서울대학교 인류학과) |
| 전혜정 | GLI Consilting 리테일 코디네이터(서울대학교 의류학과 박사과정) |
| 정연욱 | 회사원(제일기획) |
| 정운영 | 학생(서울대학교 인류학과) |
| 정지윤 | 회사원(포스코 마케팅전략실) |
| 정혜재 | 학생(서울대학교 대학원 기술경영 협동과정) |

| 이름 | 소속 |
|---|---|
| 조강헌 | 회사원(SK텔레시스) |
| 조은숙 | 프리랜서 · 강사 |
| 차슬기 | 회사원(한국신용평가정보) |
| 최규태 | 회사원(다음 커뮤니케이션) |
| 최 연 | 학생(서울대학교 대학원 의류학과) |
| 하지경 | 학생(성균관대학교 대학원 소비자학과) |
| 한혜규 | 학생(서울 압구정고등학교) |
| 허욱재 | 미국 유학 중 |
| 황정아 | 학생(서울대학교 농업생명과학대학 식품공학과 석사과정) |
| 황지연 | 학생(서울대학교 공과대학 지구환경시스템공학부) |
| Mickey Han | 학생(University of Illinois at Urbana-champaign) |

## 진행

- 총괄 : 전미영(서울대 소비트렌드분석센터 수석연구원)
- 윤문 : 고은경(서울대 소비자학과 조교, 박사수료)
- 행정 : 이일순(서울대 소비트렌드분석센터 상임연구원)
- 통계자료 및 조사 : 이다혜, 이다희, 조남은(서울대 소비자학과 대학원 석사과정)
- 프레젠테이션 제작 : 김영순(홍익대 국제디자인대학원)

## Trendiary 작성 · 보고

- 서울대학교

| | | | | | | |
|---|---|---|---|---|---|---|
| 강동희 | 강연모 | 고은택 | 김민서 | 김병태 | 김보경 | 김분이 |
| 김성희 | 김은아 | 김 진 | 김하준 | 김현정 | 노승준 | 담호월 |
| 당 연 | 박순옥 | 박지윤 | 박찬민 | 백승동 | 서주연 | 손명훈 |
| 신윤정 | 신재은 | 안항길 | 안혜수 | 오민아 | 우나민 | 이다혜 |
| 이은별 | 이인영 | 정은선 | 하수정 | | | |

- 성신여자대학교

| | | | | | | |
|---|---|---|---|---|---|---|
| 박선영 | 신경랑 | 신선아 | 윤미경 | 이남지 | 이슬아 | 이혜주 |
| 조은샘 | 주은옥 | 진민지 | 최명은 | 허정은 | | |

# 미주

**제1부**

1. 김난도 외(2010), 『트렌드 코리아 2011』, 미래의창, pp. 180.
2. "거창군, 물가 및 서비스 두 마리 토끼 잡는다", 뉴시스, 2011. 9. 8.
3. "인기돌풍 '그린카드' 매력은?", 머니투데이, 2011. 10. 13.
4. "재정부 '코카콜라 · 스타벅스, 이윤 · 환경보호 두 마리 토끼 잡아'", 경제투데이, 2011. 7. 8.
5. "'경제'와 '사회공헌' 두 마리 토끼 잡는다", 〈아시아투데이〉, 2011. 9. 12.
6. "KT&G, 품질. 친환경 두 마리 토끼 잡는다", 〈아시아투데이〉, 2011. 7. 28.
7. "공정사회 강조하지만… 행복지수는 곤두박질", 〈매일경제〉, 2011. 9. 22.
8. "'사회현실 불만족' 67.2% '지지 정당 없다' 73.6%", 〈경향신문〉, 2011. 10. 4.


## Tiny makes big

1. "후발 남양유업 '우린 천연원료' 까페믹스 돌풍", 〈중앙일보〉, 2011. 3. 4.
2. "잘 지은 이름 하나, 고객 손길 '확' 네이밍 마케팅", 〈매일신문〉, 2011. 10. 23.
3. "감각적 디자인 위해 나사 모듈 공학적 효율도 버렸다", 〈한국경제〉, 2011. 5. 3.
4. "아반떼는 위에둥 아토스는 쌍트로", 〈조선일보〉 위클리비즈, 2011. 7. 25.
5. "분명한 비전 제시한 잡스는 '현명한 독재자'", 〈중앙SUNDAY〉, 2011. 10. 16.
6. "스티브 잡스, 세상을 바꾼 남자", 〈조선일보〉 위클리비즈, 2011. 10. 6.


## Weatherever products

1. "날씨를 팝니다", 〈조선일보〉, 2011. 3. 12.
2. "이상한파 대비한 기업 '겨울외투 대박'", 〈중앙일보〉, 2011. 2. 2..
3. "기후변화의 시대, 삶의 패턴도 바뀐다", 〈중앙SUNDAY〉, 2011. 1. 30.

4. "기상정보 공익성 강화하되 민간사업과 관련 콘텐츠 육성 필요", 〈천지일보〉, 2011. 2. 9.
5. "기후변화 기업들 비즈니스 위기-기회 동시에 부른다", 뉴시스, 2011. 7. 3.

## Open and hide
1. "이용자 위치정보 노출 '앱' 인기 "나를 알리고픈 미포머족 성향", 〈경향신문〉, 2011. 5. 2.
2. "'SNS로 고객과 소통 강화' 캠코, 공식 페이스북 오픈", 디지털타임스, 2011. 10. 24.
3. "현대차, SNS 마케팅 본격 '시동'", 아이뉴스24, 2011. 10. 24.
4. "[세상의 중심 SNS]소통의 달인들", 〈강원일보〉, 2011. 10. 24.
5. "모바일카드·스마트러닝·U헬스케어… 통신시장도 융합 빅뱅", 〈서울경제〉, 2011. 8. 4.
6. "예술도 융복합이 대세… '탈장르' 공연 쏟아져", 경향신문, 2011. 9. 21.
7. "운동화 박스가 음식 담는 그릇으로… 진화하는 콜라보레이션", 〈조선일보〉, 2011. 10. 14.
8. "클라우드와 모바일의 목적지 '스마트워크'", 아이뉴스24, 2011. 8. 17.
9. "옷·車·집까지 바꿔쓰기… '공유 소비' 뜬다", 〈한국경제〉, 2011. 6. 23.
10. "[세상의 중심SNS]역기능 우려-개인정보 유출 마녀사냥 전략", 〈강원일보〉, 2011. 10. 24.
11. "개인정보보호법 개정… '배상책임보험 뜬다'", 서울파이낸스, 2011. 10. 12.
12. "결함 찾아내면 상금 준다는 페이스북", 〈조선일보〉, 2011. 8. 31.
13. "누군가 내 SMS를 훔쳐보고 있다… 문자 비밀복제 앱 등장", 전자신문, 2011. 5. 11.

## Real virtuality
1. "도둑맞은 2500만원 사이버 전설의 검 돌려주오", 〈한국경제〉, 2011. 1. 26.
2. 네이버 백과사전
3. "차기 아이폰 증강현실 카메라 앱 탑재", 지디넷코리아, 2011. 8. 20.
4. "노팅힐'의 한 장면에 내가? 기발한 증강현실 앱 화제", 〈헤럴드경제〉, 2011. 6. 23.
5. "스마트폰으로 과자를 먹다니… 홈플러스 '가상스토어'에 반하다", 〈아시아경제〉, 2011. 9. 30.
6. "3D 신문, 올드 미디어 고정관념 깨", 〈중앙일보〉, 2011. 9. 22.
7. "오사마 빈라덴 추적한 증강현실 기술 진화", EBN산업뉴스, 2011. 5. 25.
8. "당신도 스마트 아일랜드족?", 〈매일경제〉, 2011. 4. 1.

## Ad-hoc economy
1. "[한기호의 책동네 이야기]아깝다, 법정스님 책 100만 부", 〈주간동아〉, 2011. 1. 10.
2. "소셜커머스 매출은 10배, 소비자 피해는 125배 증가", 〈아시아투데이〉, 2011. 9. 22.
3. 불황으로 인한 경기 침체 속에 전반적으로 소비를 줄이는 대신 만족감을 대체할만한 소

비 품목으로 '작은 사치'를 누리고자 하는 현상.

4. 국내 최대 IT/디지털 미디어 케이벤치 www.kbench.com

5. "'미리 써보고 사세요' 팝업스토어 뜬다", 〈한국경제〉, 2011. 4. 6.

6. "날개 단 외국 SPA브랜드 3년간 매출 4배 '껑충'", 조선일보 위클리비즈, 2011. 9. 9.

7. "소셜커머스 매출은 10배, 소비자 피해는 125배 증가", 〈아시아투데이〉, 2011. 9. 22.

8. "금주의 키워드 slow finance", 〈조선일보〉, 2011. 10. 29.

### Busy break

1. "직장인 24% 점심시간 밥보다 개인적 시간!", 〈데이터뉴스〉, 2011. 5. 2.

2. "스펙 벼락치기, 서머리 바캉스", 〈매일경제〉, 2011. 7. 18.

3. "급증하는 1·2인 가구, 휴가풍속도 바꾼다", 〈매일경제〉, 2011. 8. 13.

4. "대형마트, 스포츠 전문 매장 경쟁 '후끈'", 뉴스핌, 2011 7. 4.

5. "석유화학 CEO 색다른 여름휴가", 〈아시아경제〉, 2011. 7. 15.

6. "설 연휴 필리핀 의료봉사 다녀온 여의사들", 〈매일경제〉, 2011. 2. 7.

### By inspert, by expert

1. "2011 피트니스 트렌드 ①-고학력 강사, 근력운동, PT", 엠파이트, 2011. 1. 10.

2. "똑똑하게 이사하기", 〈중앙일보〉, 2011. 10. 18.

3. "맞춤셔츠로 슬림 핏 살린 그 남자 남다르네" 〈한국경제〉, 2011. 10. 28.

4. "콩다방·별다방 맛을 안방으로," 〈매일경제〉, 2011. 6. 8.

5. "10명 중 6명, '이제 집에서도 커피전문점 커피 즐기고 싶다'", OSEN, 2011. 9. 15.

6. "Pro's Cosmetics", 〈조선일보〉, 2011. 10. 5.

7. "주말 근교농장 찾던 '도시 농민'들 옥상·베란다 활용한 텃밭으로 이동", 〈신동아〉, 2011. 9(624호), pp. 400-405.

8. "연회비 350만 원짜리 '럭셔리 목수클럽'", 〈조선일보〉, 2011. 2. 19.

9. "온라인 쇼핑몰은 지금 DIY 가구 열풍", 〈중앙일보〉, 2011. 10. 7.

### Ironic identity

1. HS애드 전략연구소, 「줌마트렌드 보고서」.

2. "나도 드라저씨? 중년남 드라마에 빠지다", 〈머니투데이〉, 2011. 8. 15.

3. "톡톡 튀는 프로야구단 마케팅 '경기 보며 삼겹살 굽고 파티도'", 〈이코노미스트〉, 2011. 4. 28(1083호).

4. "남녀 속옷 빼고 다 바꿔 입는다!", 〈조선일보〉, 2011. 2. 18.

5. "편의점 화장품 매출 신장, '남성이 이끌었다'", EBN산업뉴스, 2011. 10. 7.
6. HS애드 전략연구소, 「줌마트렌드 보고서」.
7. "씀씀이 커진 40-50대 남성고객 핵심소비층 부상", 〈매일경제〉, 2011. 10. 6.
8. "미국 명품 거리 '뉴욕 5번가'의 굴욕", 〈중앙일보〉, 2011. 4. 19.
9. "젊은 남자 69% '아내가 경제력 있다면 전업주부 할 것'", 〈매일경제〉, 2011. 5. 1.
10. "신모계사회, 처가살이 세 배로, 시집살이는 절반으로", 〈조선일보〉, 2011. 7. 25.

## Tell me, celeb
1. "유행창출? 디자이너보다 연예인에게 맡겨라", 〈중앙SUNDAY〉, 2011. 4. 24~25
2. "연예인 셀렙샵 젊은층에 인기", 〈한국경제〉, 2011. 3. 30.
3. "연예인 꽃배달 가게란… 연예인은 없고 꽃만 파는 가게", 〈조선일보〉, 2011. 3. 5~6
4. "재벌을 이용하는 마케팅", 〈조선일보〉, 2011. 6. 15.
5. "세계가 '로열룩' 열풍 한국의 '로열룩'은?", 〈조선일보〉, 2011. 5. 27.

## Searching for trust
1. "'비 한 방울도 싫다' 우산 판매 7배… 불안과 불신 사이", 〈중앙일보〉, 2011. 4. 8.
2. "대전구단, 눈물로 사죄했지만 관중 절반 줄어… 팬들 'K리그 중단하라'", 〈조선일보〉, 2011. 5. 30.
3. "에스테틱·U헬스… '스트레스 산업'에 돈 몰린다", 〈한국경제〉, 2011. 6. 16.
4. "'신뢰마케팅' 시대… 단골을 만들려면 믿음부터 심어라", 〈매일신문〉, 2011. 10. 5.
5. "손님 앞 고기 썰고 무게 측정 '소비자에게 신뢰를…'", 〈머니투데이〉, 2011. 5. 23.

## 신조어로 돌아본 2011
1. 알바인
2. "日 '프리터 세대' 美 '부메랑 키즈' 英 '아이팟 세대'", 〈문화일보〉, 2011. 8. 12.
3. "日 '프리터 세대' 美 '부메랑 키즈' 英 '아이팟 세대'", 〈문화일보〉, 2011. 8. 12.
4. "日 '프리터 세대' 美 '부메랑 키즈' 英 '아이팟 세대'", 〈문화일보〉, 2011. 8. 12.
5. "中 신세대 자린고비 80년생 '샤미주' 등장", 〈아주경제〉, 2011. 4. 12.
6. "엘리트 혐오, 세라 페일리니제이션(평범한 페일린이 인기 끄는 현상) 불러", 〈조선일보〉, 2011. 6. 17
7. "중국인이 입맛 들이면… 광어 한 마리 150만 원", 〈스포츠서울〉, 2011. 6. 29.
8. "日 '나홀로 세대' 30%도 넘었다", 〈문화일보〉, 2011. 6. 30.
9. "매출 2467억, 시총 1조 '인강' 돌풍의 주역", 〈중앙SUNDAY〉, 2011. 6. 26.

10. "'콘텐츠의 힘', 올해 콘텐츠 수출 38억 달러 예상", 전자신문, 2011. 2. 23.

11. "조기유학 귀국생들, 정착 못해 다시 나간다", 〈조선일보〉, 2011. 7. 14.

12. "떼돈 버는 '카칭KaChing족'이 돼보시겠습니까?", 〈매일경제〉, 2011. 1. 28.

13. "'SNS 연애 시대' … SNS사이트 통해 만남·이별", 〈AM7〉, 2011. 4. 7.

14. "보다 빠른 맞춤형 만남 '스마팅' 인기", 〈서울경제〉, 2011. 2. 22.

15. "美 IT시장, 인재 영입에도 거품꼈나", 이데일리, 2011. 5. 19.

16. "女心 잡는 디자인 '테크파탈'", 〈한국일보〉, 2011. 2. 18.

17. "[스마툰 코리아] 신음하던 한국 만화 스마툰Smart+Cartoon이 '구세주'", 〈이코노미스트〉,
    2011. 8. 29(1102호).

18. "'아빠, 힘내세요~' 이젠 그만! 이 시대 마미옴므의 고민", 〈중앙일보〉, 2011. 4. 19.

19. "저출산으로 아기 노는 물도 달라요", 〈포커스신문〉, 2011. 5. 2.

20. "'얼리키즈' 잘 키우려다 눈물짓는 부모들 왜?", 〈헤럴드 경제〉, 2011. 8. 30.

21. "1인가구 증가로 '애묘족'이 는다", 〈경향신문〉, 2011. 8. 19.

22. "'전력난' 일본, 무더위와 전쟁 '슈퍼 쿨비즈'가 구원투수로", SBS CNBC TV, 2011. 6. 22.

23. "남자를 놀게 하라, 쇼핑할지니… '펀핑' 바람", 〈조선일보〉, 2011. 6. 10.

24. "셀렙(유명인) 마케팅 전성시대", 〈매일경제〉, 2011. 9. 3.

25. "50대도 30대처럼 '백투족'", 〈중앙일보〉, 2011. 7. 14.

26. "신제품 月 400개… 화장품도 '패스트' 시대", 〈한국경제〉, 2011. 5. 29.

**제2부**

1. "경제3주체 빚 '3200조' 사상 최대", 노컷뉴스, 2011. 9. 19.

2. "경제3주체 빚 '3200조' 사상 최대", 노컷뉴스, 2011. 9. 19.

3. "미 금리인상, 중 부동산 붕괴… 내년 7대 '꼬리위험' 주의보", 〈조선일보〉, 2011. 10. 24.

4. "선거열풍 '글로벌 경제리더십' 실종", 〈매일경제〉, 2011. 9. 27.

5. "'가구의 변신은 무죄' 지각변동에 주가도 꿈틀", 〈머니투데이〉, 2011. 10. 16.

6. "국가정책·금융상품 '100세 시대'에 맞춘다", 〈중앙일보〉, 2011. 9. 16.

**Deliver true heart**

1. 황혜정, 「현명해진 소비자, '진정성'에 주목한다」, LG Business Insight, 2011. 9. 7.
   pp. 14-15.

2. 조경식, "한 번의 진정성 표현이 열 번의 외침보다 낫다", 〈매일경제〉, 2011. 10. 29.

3. 〈동아비즈니스리뷰〉, 2011. 4. 13(79호).

## Rawganic fever

1. 네이버 백과사전
2. "독재의 종언? '재스민 혁명'이 民主化 '제4의 물결'로 출렁인다", 〈월간중앙〉, 2011. 4월호.
3. 네이버 백과사전
4. "피부 면역력 높여주는 '발효 화장품' 인기", bntnews, 2011. 10. 24.
5. "'웰빙 종결자' 채집 음식", 〈주간한국〉, 2011. 5. 18.
6. "'웰빙 종결자' 채집 음식", 〈주간한국〉, 2011. 5. 18.
7. "가격보다 '퀄리티' 따진다", 〈머니투데이〉, 2011. 10. 16
8. "소문난 화장품 비결은 '희귀원료'?", 〈헤럴드경제〉, 2010. 10. 27.

## Attention! Please

1. "논란 '짝', 방탄조끼는 없나?", 〈매일경제〉, 2011. 9. 3; "가학적·구태의연·자화자찬 '짝', 언제까지 봐야하나?", 조이뉴스24, 2011. 9. 1.
2. http://www.gartner.com/it/page.jsp?id=1820015
3. "엄태웅 예스맨 별명 얻은 속사정… 예능 신인다운 '겸손'에 감탄", 프라임경제, 2011. 3. 7.

## Give' em personalities

1. 위키피디아, http://ko.wikipedia.org/wiki/안드로이드_(운영_체제)
2. "동심 자극?… '어른 감성' 흔든다!", 〈문화일보〉, 2011. 10. 25.
3. "외식업계, 웹툰 마케팅 뜬다", 〈시티신문〉, 2011. 10. 13.
4. "기업, '캐릭터 마케팅'으로 소비자 心 사로잡기 나서", 〈아주경제〉, 2011. 7. 5.
5. "내 차는 여자일까 남자일까… 전조등 길면 男·창 넓으면 女", 〈동아일보〉, 2011. 10. 21
6. 김난도·이준영(2010), 「소비욕망의 개념에 관한 연구」, 『소비자학연구』
7. "[DBR 리포트]감정 마케팅", 〈동아일보〉, 2010. 6. 26.
8. http://www.12manage.com/methods_aaker_brand_personality_framework_ko.html
9. 최순화·이민훈, 「소비자의 브랜드 사랑 : 7가지 사랑의 유형」, 삼성경제연구소 CEO Information 542호 ; 최순화·이민훈, 「사랑받는 브랜드의 조건 : from like to love」, 삼성경제연구소 Issue Paper, 2006. 4. 25.

## Over the generation

1. "환갑에 스킨·에센스… 남자, 화장품에 빠지다", 〈조선일보〉, 2011. 8. 30.

2. "할리우드 대작 누른 '7080세대의 공감'", 〈동아일보〉, 2011. 6. 28.

3. "은퇴 후 '남 위한 새 삶' 활짝", 〈포커스신문〉, 2011. 8. 7.

4. "'유니버설 디자인' 편리함 넘어 감동까지 선사", 이데일리, 2011. 4. 21.

5. "어르신표 아메리카노 좋아 좋아 좋아", 〈한겨레〉, 2011. 10. 7.

### Neo-minorism

1. 정덕현, "'최종병기 활'과 관객들의 입소문", 〈Chief Executive〉, 2011년 10월호, pp. 124–125.

2. "[스타일 리포트] '유니클로', 공룡이 되다", 〈아시아경제〉, 2011. 9. 14.

3. http://cafe.daum.net/realtyacademy/WEj/643

4. 네이버 백과사전


### Blank of my life

1. "뉴욕타임즈 '한국 전 국민 신경쇠약 걸리기 직전'", 〈경향신문〉, 2011. 7. 7.

2. 삼성경제연구소, 「2012년 세계경제 및 한국경제 전망」, 2011. 9. 21.

3. "휴가시즌에 아무도 모르게 모발이식으로 변신"(취업포털 '커리어' 조사), 뉴시스, 2011. 8. 18.

4. 문영미(2010), 박세연 역, 『디퍼런트』, 살림Biz, p. 60.

5. 문영미(2010), 박세연 역, 『디퍼런트』, 살림Biz.

6. "단순한 세련미, 거실에 북유럽 바람 분다", 〈한국일보〉, 2011. 9. 16.

7. "대중은 왜 '강연콘서트'에 열광하나, 탈권위적 소통 '공감'을 부른다", 〈경향신문〉, 2011. 5. 24.

8. 네이버 백과사전.


### All by myself society

1. "온라인으로 하는 해외 쇼핑", 〈중앙일보〉, 2011. 2. 22.

2. http://www.springwise.com/food_beverage/tweetjemee/

3. "[세계적 브랜드 탄생 비화] ②크록스 지비츠 탄생 스토리", 〈스포츠경향〉, 2011. 1. 18.

4. "2011/12 F/W Industry Trend", 한국디자인진흥원www.designdb.com.

5. 패션넷코리아, 2011. 4. 28.

6. "알바자 리노, '한국 사람들, 남 의식 말고 자신감 있게 옷 입어라'", MBN, 2011. 9. 5.

7. "올 세계 명품판매액 300조 원 예상… 8% 증가", 〈파이낸셜뉴스〉, 2011. 5. 4.

8. 네이버 지식사전.

9. LG경제연구원, 「당신의 고객은 '주인공' 입니까」, LGERI 리포트, 2011. 2. 22.
10. LG경제연구원, 「기업들의 SNS 활동, 한계에 봉착했나, 이제 시작인가?」, LGERI 리포트, 2011. 10. 10.

## Let's 'plan B'

1. "땅콩 주택과 깡통 주택", 〈머니투데이〉, 2011. 8. 21.
2. "홍대 앞 좀먹은 힙스터들, 다음 타깃은 이태원?", 프레시안, 2011. 7. 8.
3. "반항과 혁명을 쇼핑하는 힙스터", 〈주간한국〉, 2011. 8. 9.
4. "하루 최대 3만 명 찾는 요리 사이트 '나물이네'의 김용환씨… 그 '밥상'의 비밀", 〈조선일보〉, 2011. 10. 15.
5. "마트표 상차림… 이시대의 '밥상별곡'", 〈이코노믹리뷰〉, 2011. 9. 27.
6. "2008년 美대선 제3세력으로 급부상 '리버테어리언'은 누구", 〈동아일보〉, 2009. 9. 27.
7. "차기 대통력의 역사적 소명", 〈중앙일보〉, 2011. 9. 28.
8. "'TV광고 가라' 페이스북, 광고계도 장악", 〈아시아투데이〉, 2011. 5. 31.
9. LG경제연구원, 「사업 초기부터 해외로 진출하는 기업 늘고 있다」, Weekly 포커스, 2011. 8. 3.

## Lessen your risk

1. "'양치기 리더십' vs '불도저 리더십' 전격 비교", 〈일요시사〉, 2011. 4. 26.
2. "공정사회 강조하지만… 행복지수는 곤두박질", 〈매일경제〉, 2011. 9. 22.
3. "'좋은 회사 다녔다' … 신세계 퇴직자 학비지원 '감동'", 연합뉴스, 2011. 4. 5.
4. "녹색성장+동반성장, 두 마리 토끼 잡는 '녹색 동반성장' 본격 시동", 지식경제부 보도자료, 2011. 5. 25.
5. "두 집 중 한 곳은 분노계층… 신진대사 꽉 막힌 한국", 〈매일경제〉, 2011. 9. 22.
6. "[새로운 공동체 모색 – 부산 시민단체로부터 듣는다] 34. 부산 최초 지역화폐 '송이' 쓰는 사하품앗이 이현정 대표", 〈부산일보〉, 2011. 9. 3 ; "['지역 화폐'로 돈을 버는 부천지역 주부들]가진 재능만 사용해도 통장에 잔고가 쌓인다!", 내일신문, 2011. 10. 12.
7. "동아태 금융위기 예방 허브 서울에 생긴다", 〈머니투데이〉, 2011. 10. 11

# 저자 소개

## 김난도

교수, 트렌드 연구자, 컨설턴트, 작가. 그리고 대한민국 청춘의 멘토 '란도샘'이라는 별칭을 최근에 얻었다. 서울대학교 생활과학대학 소비자아동학부에서 학생들을 가르치고, 소비트렌드를 연구하며, 학부장과 서울대발전기금전략기획위원 등의 보직을 맡고 있다. 현재 삼성그룹 · 아모레퍼시픽 · CJ제일제당 · 롯데마트 · 제일기획 · 한라마이스터 · 웅진코웨이 · 애경백화점(AK플라자) · 아이패션 비즈니스 센터 등을 자문하며, 이론적 지식과 실무적 경험의 시너지를 도모하는 데 힘을 쏟고 있다. 다양한 경험을 쌓아 '소비자의 비밀을 가장 많이 아는 남자'가 되는 것이 변함없는 꿈이다.

이 시대 청춘의 아픔을 따뜻하게 보듬고 격려해 30주간 종합 베스트셀러 1위를 차지했던 『아프니까 청춘이다』, 우리 사회의 명품열기를 비판적으로 연구해 '정진기 언론문화대상'을 수상했던 『럭셔리 코리아』, 다양한 통계자료를 해석해 대한민국 소비자의 성향을 산업별로 분석한 『2011 대한민국 소비지도 : 소비자는 무엇을 원하는가?』(공저) 등을 썼다.

## 이준영

서울대학교 생활과학대학 소비자학과에서 학사 · 석사 학위를 받고 동대학원 〈소비자행태연구실〉에서 「소비 욕망의 개념화와 소비 욕망—구매 전환모델 연구」라는 논문으로 박사 학위를 취득했다. 2011년 한국소비자학회 우수논문상과 2009년 한국소비자학회 Doctoral Consortium 우수발표논문상을 수상했다. 서울대학교 생활과학연구소 소비트렌드분석센터에서 수석연구원으로 재직하였고, 서울대학교 · 상명대학교 · 성신여자대학교 등에서 소비트렌드분석론, 소비자행태론 등의 강의를 했다. 현재는 LG전자 LSRLife Soft Research 연구소에서 선임연구원으로 재직하고 있다.

## 권혜진

서울대학교 생활과학대학 소비자학과에서 학사·석사 학위를 받고 동대학원 〈소비자행태연구실〉에서 「소비자 혁신성의 측정과 결정요인 분석: 신제품 확산에 대한 영향력을 중심으로」라는 논문으로 박사 학위를 취득했다. 2006년 한국소비자학회 최우수논문상, 2006년 춘계 대한가정학회 논문발표우수상 등을 수상했다. 현재 한국소비자교육지원센터 선임연구원으로 재직하면서 중앙대학교 대학원 심리학과에서 소비자에 대한 질적 연구 방법에 대하여 강의하고 있다. 소비자 선택, 트렌드 확산, 소비자연구방법론 등의 주제에 관심이 많다.

## 전미영

서울대학교 생활과학대학 소비자학과에서 학사·석사 학위를 받고, 동대학원 〈소비자행태연구실〉에서 「소비자 행복의 개념과 그 영향요인의 구조」라는 논문으로 박사학위를 취득했다. 삼성경제연구소에서 리서치 애널리스트로 근무했으며, 「누가, 어떤상품에 싫증을 느끼는가?」라는 논문으로 2008년 한국소비자학회 최우수논문상을 수상했다. 현재 서울대학교 생활과학연구소 소비트렌드분석센터에서 수석연구원으로재직하고 있으며 서울대에서 트렌드 측정방법론을 강의하고 있다. 소비트렌드를 추적하고 이를 산업과 연계하는 방법론 개발에 관심이 많다.

## 이향은

인하대학교 사범대학 미술교육학과에서 학사 학위, 경희대학교 경영대학원에서 예술경영학 석사 학위를 받았다. 이후 런던으로 건너가 Central Saint Martins에서 디자인경영 전공으로 두 번째 석사 학위를 취득했다. (재)서울디자인센터 국제협력팀장으로 근무했으며 이후 한국디자인산업연구센터KDRI 선임연구원으로 활동했다. 현재는서울대학교 미술대학 디자인학부에서 박사과정을 이수하며 성신여자대학교 겸임교수로 재직 중이다. 디자인과 소비문화, 트렌드와 디자인의 역학관계에 관심이 많다.

## 김서영

서울대학교 생활과학대학 소비자학과 〈소비자행태연구실〉에서 「20~30대 기혼여성과 미혼여성의 소비가치 연구」라는 논문으로 석사 학위를 받았으며, 현재는 동대학원에서 박사과정을 이수하고 있다. 서울대학교 소비트렌드분석센터 책임연구원으로'중국 소비자들의 특성과 트렌드'에 관한 책을 준비하고 있다. 소비 심리, 소비 가치, 그리고 글로벌 소비자들의 특성과 트렌드 분석에 관심이 많다. 2012년 흑룡띠로 태어날 아기와 함께 『트렌드 코리아 2012』 출간의 기쁨을 나누기를 기대하고 있다.

# 〈Trenders날 2013〉 모집

서울대학교 생활과학연구소 소비트렌드분석센터는 2013년 소비트렌드 예측을 위한 트렌드헌터그룹 〈Trenders날 2013〉을 모집합니다.
소비트렌드에 관심 있는 분이라면 누구나 트렌드헌터가 될 수 있습니다. 트렌드헌터로 활동하면서 소비트렌드 예측의 생생한 경험과 개인적인 경력뿐만 아니라 트렌드헌터 간의 즐겁고 따뜻한 인간관계까지 덤으로 얻을 수 있습니다.
아래의 요령에 따라 응모하시면, 소정의 심사와 절차를 거쳐 활동 가능 여부를 개별적으로 알려드립니다. 많은 참여를 바랍니다.

## 1. 모집개요

가. 모집대상 : 우리 사회의 최신 트렌드에 관심 있는 사람(일체의 제한이 없습니다)

나. 모집분야 : 경제, 정치, 정보통신, 광고, 패션, 소비문화, 통계, 과학기술 등 사회 전반

다. 모집기간 : 수시

라. 지원방법 : 〈trendersnal@gmail.com〉으로 자기소개서를 첨부해 보내주시면 충원절차를 실시합니다.

마. 전형 및 발표 : 수시로 개별 통보합니다.

## 2. 활동내용

가. 활동기간 : 2012년 1월 ～ 2012년 12월 (3개월에 1회 정도 미팅)

나. 활동내용 : trendiary 제출 (월 1회 정도)

분기 트렌드 점검 워크숍 (3개월 1회 정도)

2013년도 트렌드 키워드 도출 브레인스토밍

기타 트렌드 예측 관련 세미나 및 단합대회 (본인 희망시)

다. 활동조건 : 센터 소정의 훈련과정 이수 후, trendiary 3회 이상 제출

라. 혜택 : 각종 정보 제공

트렌드 관련 세미나·워크숍 등 무료 참석

경력/활동 증명서 발급

『트렌드 코리아 2013』에 트렌드헌터로 이름 등재 등